中世学研究 2

琉球の中世

中世学研究会 編

高志書院

目　次

趣旨説明

高橋慎一朗

中世学研究会第二回シンポジウム「琉球の中世」のコーディネーターを務めた立場から、まずはシンポジウムのねらいについて述べておきたい。

筆者はもともと文献史学の研究者であり、日本中世史、とりわけ都市や寺院の歴史を研究しているが、これまで琉球・沖縄の研究を専門にしてきたわけではなかった。最近になって興味・関心をもって琉球の勉強を始めたばかりの人間であり、いわば専門外の素人である。しかしながら、素人なりにいろいろと知りたいことが出てきたため、その道のプロに質問をぶつけてみようかと考えたのが、そもそもの企画の発端である。

今回のテーマは「琉球の中世」としたが、「琉球に中世なんて、ないじゃないか」という批判が当然あると思われる。その批判を承知の上で設定したテーマなのであるが、その背景は以下の通りである。

日本（ヤマト）の中世とほぼ併行する時期を、琉球史では、「古琉球」と呼んでいる。言うまでもなく「古琉球」という用語は、沖縄学の父・伊波普猷の著書である『古琉球』にちなんでいるわけであるが、実は『古琉球』を読んでも、明確な時代区分として「古琉球」を位置づけるような文章には、ついぞ出会えないのである。この「古琉球」に時代区分としての概念を初めて与えたのは、安良城盛昭氏であったことは安里進氏が『沖縄県史　各論編　古琉球』（二〇一〇年）の総論ですでに指摘している。

今回のシンポジウムでは、この古琉球の時期を対象としたいと考えているが、この時期のあらましについて自分自

表１　古琉球略年表

10 ～ 11 世紀	グスク土器（広底土器）出現。農耕の開始。	
11 世紀	キカイガシマにヤマト国家の拠点形成。	
	玉縁白磁碗・カムィヤキ・滑石製石鍋の流通。奄美・沖縄・先島の一体化。	
12 世紀末～ 13 世紀	奄美・倉木崎海底遺跡。	
13 世紀	奄美、北条得宗家の支配下に。	
13 世紀前半	泉州船。	
1261	英祖王、浦添に王陵を築く（浦添ようどれ）。	
13 世紀後半	鷹島沈没船。福建産白磁の大量流入。	中世？
	今帰仁グスク築城開始。	↓
14 世紀	三山成立か。大和系瓦・高麗系瓦出現。仏教伝来。	↓
	先島の「防御された村」出現。	↓
	南島路の活況。中継貿易の時代始まる。	↓
1323	新安沈船。	↓
14 世紀中頃	那覇港の成立。	↓
1368	明の建国。	↓
1372	中山王察度、明へ進貢。	↓
1392	閩人三十六姓の渡来と伝えられる。	↓
15 世紀	奄美、琉球国の支配下に。	↓
1406	尚巴志、中山王武寧を滅ぼす。	↓
1429	三山統一（第一尚氏王朝）。	↓
1450 年代	明の下賜船から琉球自弁の造船へ。	↓
1458	万国津梁の鐘。	↓
1470	尚円即位（第二尚氏王朝）。	
1477	尚真即位（～ 1526）。中央集権化の進行。	
16 世紀	グスクの廃絶。	
1500	アカハチ・ホンガワラの乱。先島支配の確立。	
1511	ポルトガル人のマラッカ占領。	
16 世紀後半～	中継貿易の衰退・終焉。	
1609	薩摩の侵入。	

身の整理をかねて作成したのが表1の年表である。古琉球時代の主な出来事や遺跡・遺物に関する情報などを、筆者の目についた範囲の先行研究から取捨選択して作成している。

　ただし、たとえば「一四〇六年に尚巴志が中山王武寧を滅ぼす」という政治的事件などは時間をピンポイントで示せるが、遺構や遺物に関する実年代の付与に関しては、いろいろな説があり、時間の幅もあると思われる。そういった意味では、あくまでも「たたき台」となる年表であり、修正しながら使ってもらえればと考えている。

　なお、今回のシンポジウムでは船の話が重要な論点になるが、表

1で一四五〇年代のところで「明の下賜船から琉球自弁の造船へ」とあるのは、正確に言うと、琉球が船を自腹で注文してあつらえるという意味であり、琉球において船を造ったという意味ではない。このあたりは岡本弘道氏の研究(『琉球王国海上交渉史研究』榕樹書林、二〇一〇年)に拠っているのであるが、明から無償で船を提供してもらうのではなく、福建で造った船を自腹で買うようになったのが、一四五〇年代くらいからということである。

ちなみに、琉球の地元で船を実際に造り始めるのは、およそ十六世紀くらいからであるということが、豊見山和行氏(『北の平泉、南の琉球』中央公論新社、二〇〇二年)や山田浩世氏(「古琉球における海船の変遷とその状況」『よのつじ浦添市文化部紀要』三号、二〇〇七年)の研究によって明らかにされている。

そもそも琉球史における時代区分には諸説あるところであるが、代表的な時代区分の表を二つ上げてみよう。

まず表2は、高良倉吉・田名真之編『図説琉球王国』(河出書房新社、一九九三年)所収の時代区分であり、主に文献史学の研究者には馴染みのある区分ではないかと思われる。もう一つの表3は、沖縄考古学会編『南島考古入門』(ボーダーインク、二〇一八年)によるもので、沖縄考古学の最新の見解が示されているものであるが、この表にはそもそも「古琉球」の区分がないことに気づく。

文献史学では、「古琉球」の時代区分が一般的に使用されているが、その中身は表2にあるように、グスク時代・三山時代・第一尚氏王朝・第二尚氏王朝前期と分かれ、一六〇九年の島津侵入で終焉を迎えるとする。考古学では一六〇九年で分ける積極的な意味があまりないわけで、この年で時代を区切ることはせずに、琉球王国時代としてまとめているのである。

このように時代区分そのものも、実はいろいろな説がある。古琉球時代もしくはグスク時代の開始にしても、十世紀に始まるという説や、十一・十二世紀説など、意見が微妙に分かれているが、少なくとも農耕の開始や金属器の使用・開始をメルクマールとして、古琉球・グスク時代が始まるというのは、共通認識になっていると言えよう。

グスク時代の開始に関する考古学の研究史については、すでに宮城弘樹氏が「グスク出現前後の考古学研究史とその論点の整理」（『沖縄文化研究』三七号、二〇一一年）という論文を発表されているので、詳細は宮城氏の論文に譲りたい。

また、二〇一七年の琉球大学史学会の大会においても「古琉球・グスク時代・近世琉球―時代認識を問う―」というテーマで時代区分に関する議論が行われている（『琉大史学』二〇号、二〇一八年）。

筆者が「古琉球」という時代区分に関して疑問を感じている点は、以下の二つである。

一つは、農耕の開始からはじまって、琉球王国の成立、そして島津氏の侵入までの時間を「古琉球」という一つの時代でくるのは、あまりにもスパンが長すぎるのではないかという点である。

もう一つは、十四世紀に三山という三つの小国家のようなものが登場してから一〇〇年ほどの間に中央集権的な琉球王国が成立して、国家による中継貿易が盛んになるというイメージがあるが、そのような急激な国家形成が本当に可能だったのか、ということである。

表2　琉球時代区分表

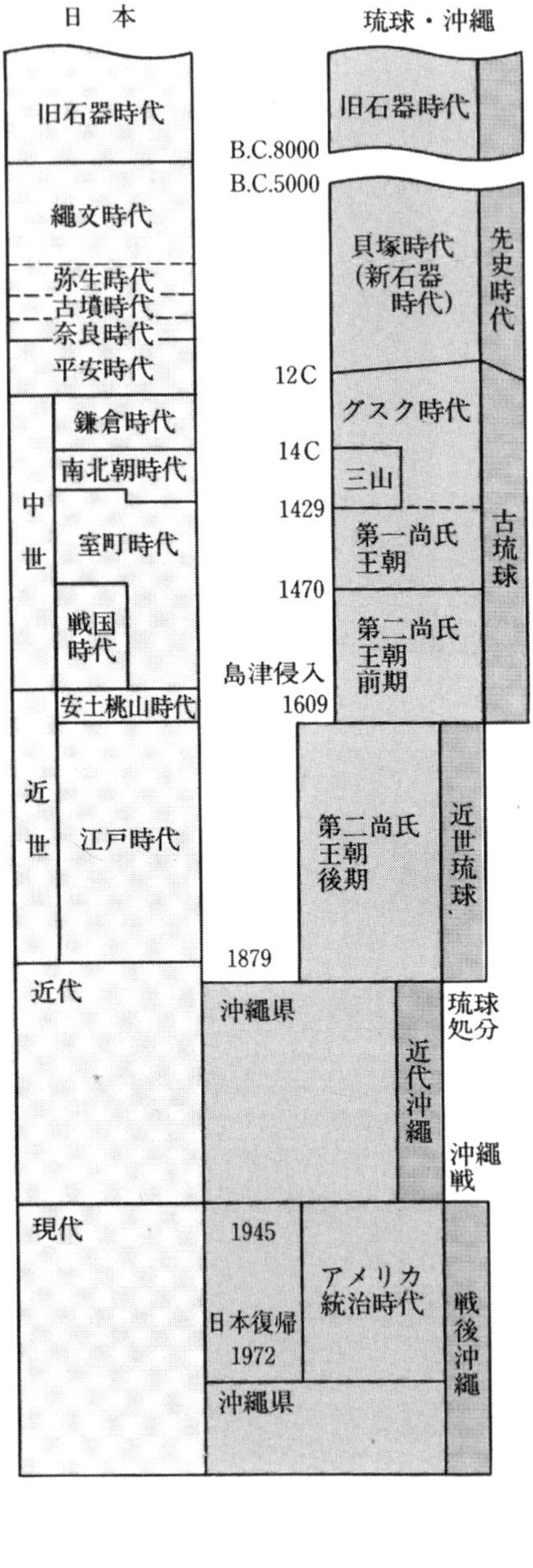

「三山」の詳細は必ずしも明らかではなく、三山の間で明への朝貢の船や人員など、お互いに共有していたのではないかと思われる節もあり、三山が「国」としての実態をどれだけ備えていたかは不明である。

琉球王国の中央集権的な側面については、国家主導の交易といったことが強調されるが、それのみが琉球の交易を

表3　琉球考古編年

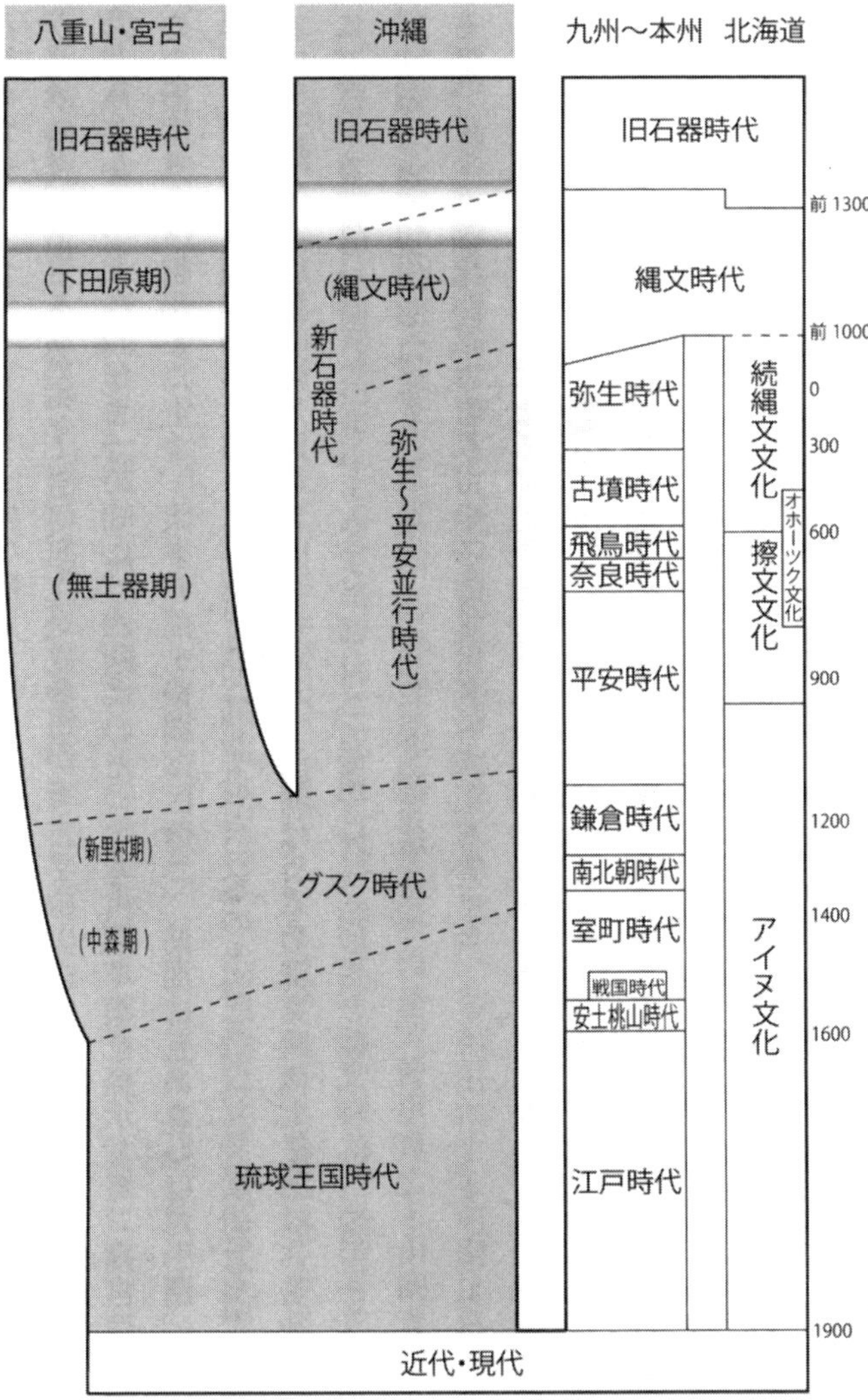

担っていたのだろうか？　という疑問もある。国家主導の広範囲な貿易が行われたという意味で、十四世紀から十六世紀までを「大交易時代」と呼ぶことが広く見られるが、現実としてはその前の十三世紀後半くらいから、いわゆる「ビロースクタイプ」「今帰仁タイプ」といわれる福建産の粗製の白磁が大量に琉球列島に流入しているのである。

さらに中央集権化が進む十六世紀の尚真王までの時代には、すでに中継貿易は最盛期を過ぎていることが岡本弘道氏（前掲著書）や上里隆史氏（「琉球の大交易時代」荒野泰典他編『倭寇と「日本国王」』吉川弘文館、二〇一〇年）の研究などによって指摘されている。したがって、本当に国家直営の交易だけで、琉球の交易を語ってよいのだろうか、と思わざるを得ない。

以上のようなことを踏まえて、支配制度が確立して中央集権化が進行する第二尚氏王朝以前は、別の時代として区切ってもいいのではないかと考える。具体的には、各地の有力者を中心とする、かなり権力分散的な社会があって、ゆるやかに国家が形成されてくる過程だったのではなかろうか。

そこで仮に、「十三世紀後半（大陸との交易が盛んとなり各地に有力者が現れ始める時期）から、一四七〇年の第二尚氏王朝開始まで」を、「中世」という時代区分でくくれないだろうか、というのが筆者の提案である。表1において、右端に「中世？」として示した部分がそれに相当している。中世ということばがあまりにも唐突である、ということであれば、「中世的状況」の時期と言い換えても構わない。もちろん、議論のきっかけとするための作業仮説であり、遠慮なくご批判いただきたい。

なお、この場合の中世は、日本（ヤマト）の中世をそのまま当てはめたものではない。日本の中世については、筆者自身は石井進氏の指摘（『中世のかたち』中央公論新社、二〇〇二年）を受けて、政治権力の分散化と軍事専門家層の優越を特色とする時代である、ととらえているが、もちろんこれをそのまま琉球に当てはめることはできない。

「琉球の中世」の場合は、「政治権力の分立と交易主体の分立」が特色であると考えている。日本のように古代の中央集権国家から権力が分裂・分散化したという流れではなく、分立の状況にあったものが次第にゆるやかにまとまっていく時代、それが琉球の中世である。つまり、琉球の中世と日本の中世とは、時間的には並行するが、概念としては別ということである。今回のシンポジウムのテーマを「琉球の中世」としたのは、以上のような理由によるものである。

このシンポジウムでは、まず琉球における国家の形成が具体的にどのような社会状況のなかで進行したのか、という観点から考古学の池田栄史氏にご報告をいただく。続いて国家や民間の交易がどのような技術・インフラによって支えられていたか、という観点から日本史の黒嶋敏氏と考古学の木村淳氏にご報告をいただく。

各報告の後には小野正敏氏、柳原敏昭氏、荒木和憲氏を軸として、報告に即した討論を行う予定である。また、日程の最後には全体討論を予定しており、村井章介氏に口火を切っていただいて、当該期の琉球社会の実態から琉球国家の内面にまで迫りたいと考えている。

〔付記〕シンポジウム当日の説明では「グスク時代の開始から一四七〇年まで」を中世と呼びたいとしていたが、開始時期については、本稿のように十三世紀後半からと改めた。

なお、シンポジウムに参加された瀬戸哲也氏からご寄稿いただいた。記して感謝申し上げます。

琉球列島史を掘りおこす
――十一〜十四世紀の移住・交易と社会的変容――

池田榮史

1　琉球・沖縄史再検討の動き
―喜界島城久遺跡群の発見―

最近の琉球・沖縄史研究では、狩猟・漁労・採集に依存していた琉球列島社会で農耕が定着するのは十一世紀頃と考えられている。ただし、喜界島城久遺跡群をはじめとする近年の考古学的調査研究の成果によれば、奄美諸島の東北端に位置する喜界島では八世紀末段階に位置づけられる日本本土産の須恵器や、九・十世紀代の土師器を使用する人々が継続的に定住生活を営んでいたことが明らかとなっている。

これらの人々が喜界島において穀物生産を行っていた痕跡は明確ではないが、日本からさまざまな物資の安定的な供給を受けていたことは確実で、なかには穀物食料を含んでいたと考えられる。その理由として日常生活の中で用いられる貯蔵具や調理具、食膳具の土師器は大宰府系の高台坏や南九州系の小型丸底甕、また須恵器は九州系須恵器と思われる製品で構成され、この時期の奄美諸島で用いられていた在地土器はほとんど見当たらないことがあげられる。城久遺跡群の出土資料には南九州を含む九州との関わりが強く認められ、これらを用いた人々は喜界島を拠点として日本へ向けた琉球列島産物の調達に携わっていたことが推測される［喜界町教委 二〇一五］。

これに対して、喜界島の対岸に位置する奄美大島の東海岸側の遺跡では、城久遺跡群と同様にこの時期の土師器や須恵器の出土は認められるものの、その出土量は極めて限られる[池田 二〇〇五a]。このことは奄美大島東海岸域の人々は喜界島に定住した人々と接触を図りつつも、基本的には従前からの狩猟・漁労・採集に依存する生活を維持していたことを示す。日本から移住して喜界島に住み着いた人々は奄美大島東海岸域の人々と接触しているものの、在地の人々の社会的・文化的あり方を大きく変えるような動きはとらず、琉球列島の産物を調達することに終始する関係を構築していたと理解される。

このような琉球列島産物の調達を図るための日本からの接触は、六世紀代に位置づけられた奄美市小湊フワガネク遺跡群でも認められる。フワガネク遺跡群では大型の夜光貝貝殻を用いた貝匙を製作しており、朝鮮半島南部の王陵から出土する夜光貝製貝匙の生産を行っていた五世紀代の遺跡に後続する段階の遺跡であると評価されている[朴天秀 二〇〇七]。

フワガネク遺跡群では、南九州系の平底長胴甕の他、大量の鉄器が出土する。南九州系平底長胴甕は奄美諸島で製作される兼久式土器の祖型の一つになったとされており、鉄器は夜光貝製貝匙の製作に際して用いられたと考えられている[名瀬市教委 二〇〇五]。このことは夜光貝製貝匙の調達と流通に、南九州地域の人々が深く介在したことを推測させる[高梨 二〇〇五]。南九州地域と奄美諸島北部の人々は、縄文時代から続く海上航路を利用した相互交流の延長上に、日本の古墳時代の夜光貝製貝匙や古代・中世段階に南島産物と呼ばれた夜光貝や檳榔、赤木、さらには硫黄や法螺貝などの調達を担っていたと考えられるのである。

鈴木靖民はこのような南九州と奄美諸島北部の人々による相互交流の関係が進められる中で、日本の古代国家からの南島に対する働きかけとこれに応える南島側の動きが起こり、南島社会の階層化が起こった可能性を予測した[鈴木[靖] 一九八七]。しかし、鈴木の論考が発表された段階では、日本史でいう古代段階の奄美諸島をはじめとする琉球列島の遺跡において、社会の階層化を示す明確な考古学的兆候を見出すことはできなかった。その後に進んだフワガネク遺跡群における夜光貝製貝匙製作址の検出や、奄美大島東海岸部の遺跡における九・十世紀代の日本産土師器・須恵器の出土によって、琉球列島と古代日本との接触が考古学的に明らかになってきたのである。しかし、未だこの時期の琉球列島における社会構造の内実について明確化するにはいたっていない。

2　土器文化に見る農耕社会への変化
―十一世紀後半〜十二世紀前半―

このような研究状況の中で、二〇〇三年から開始された喜界島城久遺跡群の調査は琉球・沖縄史研究に大きな変化をもたらした。城久遺跡群は喜界島の標高一五〇㍍前後の高台に位置する城久地区の小字名を取った山田中西遺跡、山田半田A・B遺跡、半田口遺跡、小ハネ遺跡、大ウフ遺跡、前畑遺跡、赤連遺跡からなる複合遺跡であり、総面積は約一三万㎡に及ぶ。八世紀後半から十四世紀に位置づけられる遺物と遺構が検出され、なかでも十一世紀後半から十二世紀前半にかけて、遺跡群内の遺構と出土遺物の量が飛躍的に増大することが明らかとなった。

総括報告書ではこの時期(十一世紀後半から十二世紀前半)を城久遺跡群のⅡ期としている。Ⅱ期の遺構と遺物についてはもう少し年代的細分が必要と考えるが、報告書では大宰府条坊跡出土貿易陶磁器の分類編年案(以下、大宰府編年とする)［太宰府市教委二〇〇〇］にあるC期(十一世紀後半〜十二世紀前半)の遺物組成に準拠して、Ⅱ期の年代観を想定している。城久遺跡群で検出された遺構や遺物のほぼ半数がこのⅡ期に位置づけられることからすれば、城久遺跡群

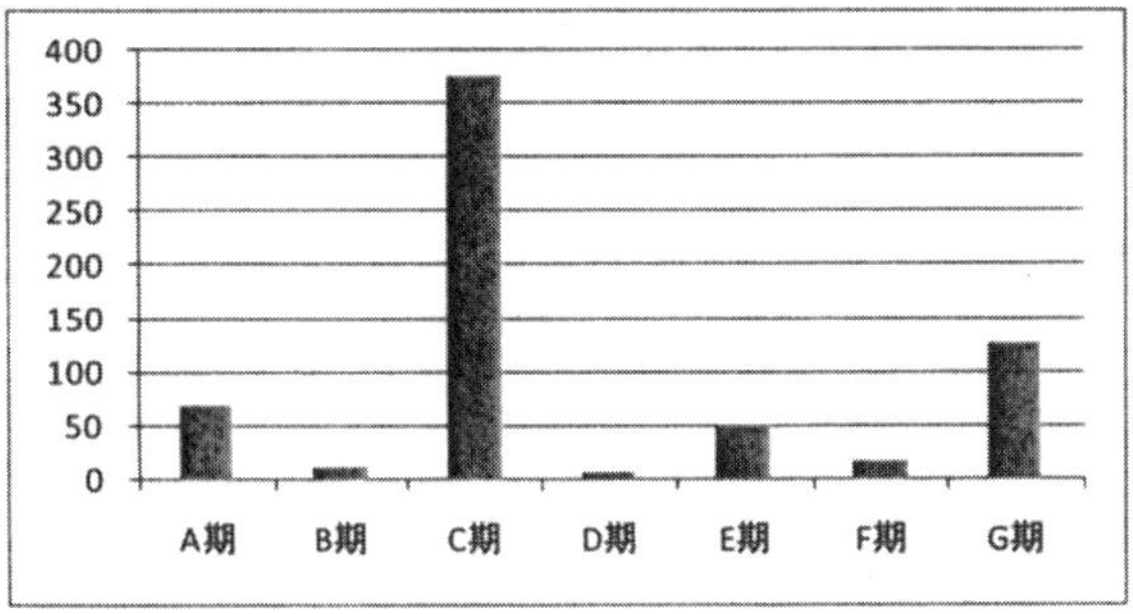

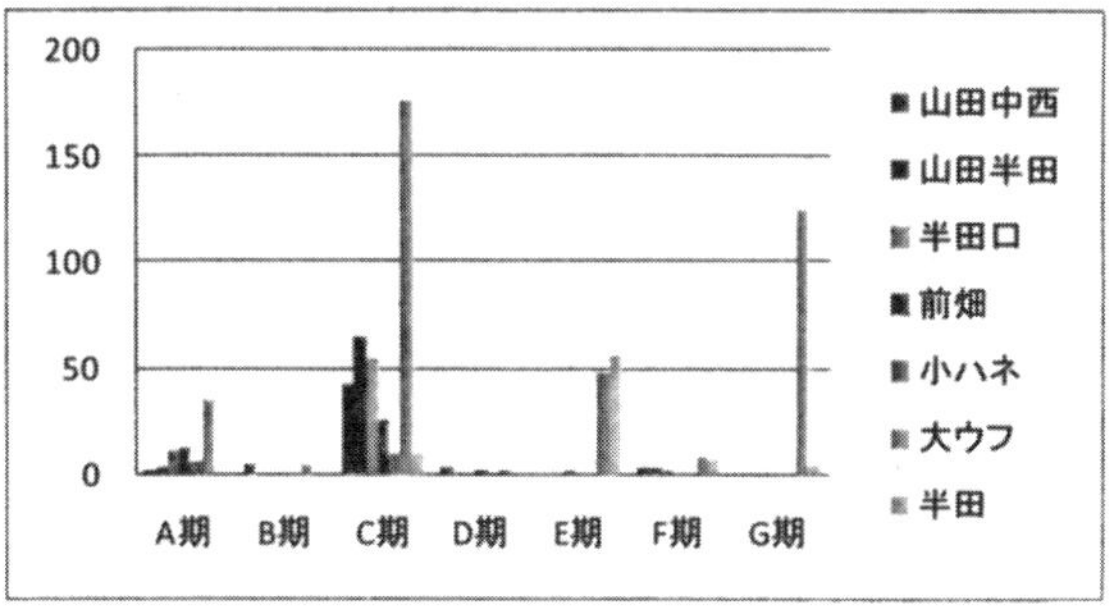

第1図　喜界島城久遺跡群出土陶磁器の時期別分類表
(上：全体図　下：遺跡ごと)［喜界町教委二〇一五より引用］

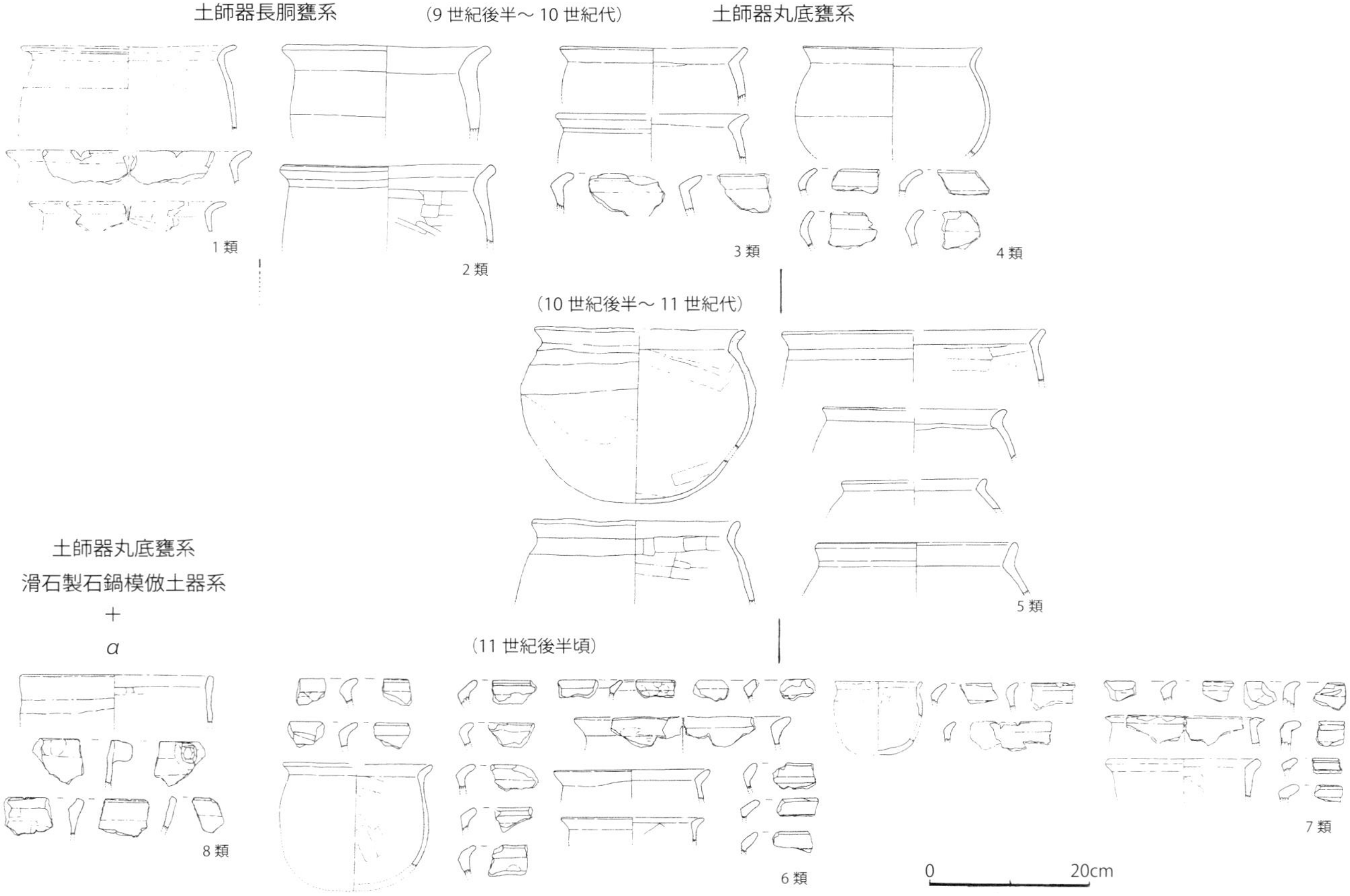

第２図　城久遺跡群出土の土師器甕形土器変遷図［喜界町教委 2015，池田 2017b より］

ではⅡ期の段階に遺跡規模が最大化したことが明らかである。このことは当然、Ⅱ期にはここに居住した人々の数も急速な増加を見せたことが推測される（第1図）。

なお、Ⅱ期の遺物をみると、前段階（城久遺跡群Ⅰ期＝大宰府編年によるA期：八世紀末～十世紀中頃とB期：十世紀後半～十一世紀中頃の並行段階）で出土していた日本産九州系須恵器や土師器に加えて、東海系中世陶器や中国産白磁製品、朝鮮半島産高麗青磁や高麗陶器、滑石製石鍋破片など、産出地の異なる多種多量の遺物が認められるようになる。さらにⅠ期から認められた南九州系の土師器丸底甕では土着化（小型化・製作技法の簡略化）が進むとともに、滑石粉末を混入した丸底甕や滑石製石鍋模倣土器が出土する（第2図）［池田 二〇一七b］。また、Ⅱ期の遺構では大型掘立柱建物を中心とした建物群の分布域が大きく拡がり、さらにはそれぞれの分布域の中をいくつかに区画することが見られるとともに、砂鉄を含む製鉄を行ったと考えられる鍛冶遺構と鉄製品、中国産白磁製品を副葬した埋葬遺構が新たに確認されるようになる［喜界町教委 二〇一五］。

このような城久遺跡群の遺物や遺構のあり方からすれば、城久遺跡群Ⅱ期の居住者はⅠ期に見られた南九州を中心とする九州地域だけでなく、広く九州以外の地域からも移動してきたことが推測される。また、城久遺跡群内の遺構の規模や構造、立地などにも違いが発生しており、居住者の中に階層や職能の異なるさまざまな人々が存在していたことが想定される。想像を逞しくすれば、城久遺跡群には日本本土各地からの大量の移民があり、規模は小さいながらも博多や鎌倉のような中世の都市的な場に似た景観を形成していた可能性が推測されるのである。

ただし、大宰府編年のC期（十一世紀後半～十二世紀前半）に位置づけられる貿易陶磁器の出土量は城久遺跡群だけでなく、西日本全域で増加することが知られている。これはこの時期の日宋貿易の拡大が原因であると考えられる。琉球列島においてもC期の貿易陶磁器の分布域は奄美諸島から沖縄諸島、そしてそれ以前には交流のなかった宮古諸島、八重山諸島へと一気に拡散しており、城久遺跡群で見られたような中国産白磁製品や滑石製石鍋破片、徳之島産カムィヤキ製品を出土し、掘立柱建物跡を持つ遺跡が琉球列島全域に広がる。

しかしながら、これらの遺跡の規模はさまざまで、貿易陶磁器の出土状況も喜界島城久遺跡群とは比較にならないほど少ない。また、これらの遺跡では滑石製石鍋模倣土器や、持ち込まれたカムィヤキ製品、中国産陶磁器の器形を模倣した土器の製作が始まり、これが新たな在地の土器様式となって拡がりを見せる。これらの点では城久遺跡群と琉球列島全域の遺跡のあり方は大きく異なっている(1)。

ところで、琉球列島で出現する新たな土器様式について、これまでの琉球・沖縄史研究では狩猟・漁労・採集に依存していた琉球列島の人々が日本列島を含む地域から穀物栽培の技術を導入し、農耕に依存する段階へと推移したことの証左と解釈してきた[安里 一九八七ほか]。しかし、筆者は新たな土器様式を生み出す動きは琉球列島の人々が主体となった動きではなく、むしろ喜界島城久遺跡群を介在した日本列島からの人の移住によって引き起こされたと理解している[池田 二〇一二]。

この人の移住は喜界島城久遺跡群Ⅰ期(八世紀末~十一世紀中頃)に始まり、Ⅱ期(十一世紀後半~十二世紀前半)の段階に至って琉球列島全域に一気に広がり、奄美諸島から沖縄諸島、そして宮古諸島、八重山諸島において、掘立柱建物と中国産白磁製品や滑石製石鍋破片、カムィヤキ製品、新たな土器様式を持つ遺跡を出現させる原因になったと理解するのである。

喜界島城久遺跡群Ⅱ期の段階で日本列島から琉球列島に移住してきた人々は、城久遺跡群Ⅰ期の人々と同様に南島産物の調達と琉球列島周辺の航路の維持を役割として担っており、見返りに喜界島城久遺跡群を介して日本からのさまざまな物資の供給を受けたと推測される。

しかし、これらの新たな遺構や遺物を持つ遺跡のあり方を観察する限り、移住してきた人々は日本からの物資の供給を待つだけでなく、定住化した島々において自活するための食糧生産活動を積極的に進めた気配が濃厚である。むしろ、このような琉球列島への移住が発生した要因には、南島産物の調達と琉球列島航路の維持を役割とするだけではなく、琉球列島への大量の人の移住そのものを進めなければならない状況が、日本列島の側に生じていたことを想起させる。ただし、日本列島から琉球列島への人の大量移住が起こる要因については、現段階の琉球列島と日本本土の考古学研究では、明確な答えを見いだすことはできていない。

3　搬入品の評価

琉球列島において大宰府編年のC期（十一世紀後半〜十二世紀前半）に先立つA期（八世紀末〜十世紀中頃）やB期（十世紀後半〜十一世紀中頃）に位置づけられる貿易陶磁器が出土する資料例は極めて少なく、喜界島城久遺跡群や同島五つカメ伝承地に中国越州窯青磁製品や高麗青磁製品がわずかに見られる程度に過ぎない。

これに対し、C期になると、琉球列島各地の遺跡から出土する中国産陶磁器の量が一気に増加するとともに、滑石製石鍋破片やカムィヤキ製品などの外部から持ち込まれた製品が大量に出土するようになる。これはC期段階からの人とモノの移動の量的拡大を示していることは前段で述べた通りである。琉球・沖縄史研究では、この現象が起こる背景として、中国宋朝による火薬原料となる硫黄需要の増大を含めた日宋貿易の拡大に理由を求めてきた［山内 二〇〇九］。

そこで、この時期の琉球列島へ持ち込まれた製品について再確認すると、白磁を主とする中国産陶磁器については日宋貿易によって中国から日本を経由し、琉球列島に持ち込まれたと考えざるを得ない。しかし、滑石製石鍋破片やカムィヤキ製品を日宋貿易の拡大に伴う南島産物との交換物資として琉球列島にもたらされたと理解するには上手く説明がつかない部分も多い。

いうまでもなく滑石製石鍋は長崎県西彼杵半島一帯を主な生産地とし、煮沸容器として十〜十六世紀の西日本の各地域で流通した日本産品である。すなわち滑石製石鍋は日本列島内で生産・流通した製品であり、日宋貿易の拡大に伴って琉球列島から南島産物を調達するための交換物資とされるまでの過程の説明が難しい。もちろん、滑石製石鍋の流通を宋商人による商品価値の認知とその後の西日本への流通拡大であると指摘する見解［鈴木（康）二〇〇六］が出されており、これを援用すれば日宋貿易の拡大と結びつけることができないわけではない。

これに対して筆者は、滑石製石鍋破片を砕いて胎土に混入し、滑石製石鍋模倣土器を製作することを目的として、琉球列島に滑石製石鍋の破片が持ち込まれた可能性を提起している。その理由は二つある。一つは、琉球列島の滑石製石鍋は完形もしくは全形が復元できる状態で出土するものがほとんどなく、ほぼ全てが破片の状態で出土し、しかも出土する破片には破損後の穿孔や切断痕が多く施されていることである〔池田 二〇〇三a〕。もう一つは琉球列島では滑石製石鍋破片の出土量に遺跡や時期による偏りが見られ、滑石製石鍋破片の流通を管理していたと推測されることがあげられる〔池田 二〇一七a〕。

琉球列島に持ち込まれた滑石製石鍋(破片)は、基本的に口縁部に四つの突起を持つ製品の破片であり、その製作年代は十一世紀代に位置づけられる〔森田 一九八三、木戸 一九九三〕。また、琉球列島に持ち込まれた年代は大宰府編年のC期(十一世紀後半〜十二世紀前半)の段階であったと考えられる。

十二世紀に入ると滑石製石鍋は四つの突起を持つ縦耳付石鍋から、口縁外端に一周する鍔を設けた鍔付石鍋へと推移するが、琉球列島で出土する滑石製石鍋片は四つの突起を持つ石鍋がほとんどであり、鍔付石鍋の出土例は極めて少ない。また、琉球列島では滑石製石鍋を模倣した土器の製作が始まる際に、模倣する形態は四つの突起を持つ滑石製石鍋が中心であり、鍔付石鍋はほとんど認められない。さらに、琉球列島で製作された滑石製石鍋模倣土器を見ると、十一世紀中頃から十二世紀中頃にかけては、比較的原形に近い四つの突起を持つものが製作されるものの、十二世紀中頃から十三世紀中頃にかけては四つの突起が次第に形骸化し、十三世紀中頃から十四世紀中頃には突起が消滅する(第3図)〔新里〔亮〕二〇一七〕。

この滑石製石鍋模倣土器の変化過程からすれば、滑石製石鍋は製品としての需要よりも模倣土器製作のモデルとして、さらには土器製作の際の混入材として用いる素材として、はじめから破片の形で琉球列島に持ち込まれた可能性が高い。製品としての滑石製石鍋が南島産物の交換物資として広く重用されたとは考えられないのである。

もう一つのカムィヤキ製品については、筆者は以前に出土遺跡地名表を作成し〔池田 一九八七・二〇〇三b〕、生産窯跡である徳之島伊仙町カムィヤキ窯跡群の分布調査を行っ

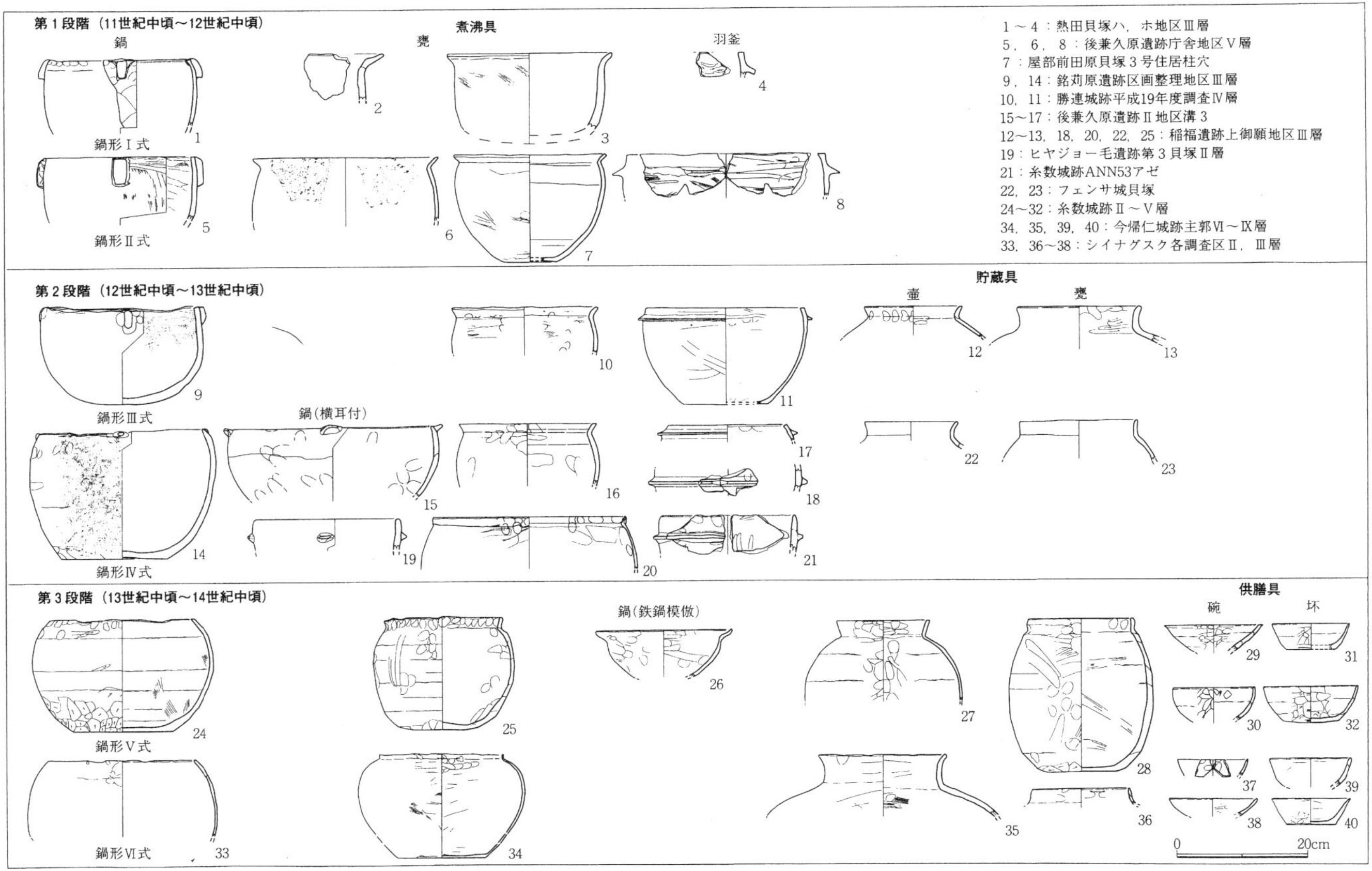

第３図　新里亮人による沖縄諸島出土土器の器種構成変遷図［新里 2017 より］

て、窯跡の広がりと生産活動の推移について検討したことがある［池田二〇〇五b］。これを含めたこれまでの研究によって、カムィヤキ製品には高麗陶器の製作技術の影響が強く認められるとともに［白木原一九七五、赤司一九九二］、日本の中世陶器と中国陶磁器の器種構成が加味された製品であると評価されてきた［吉岡二〇〇二］。また、生産年代は十一世紀後半から十三世紀後半（十四世紀前半）に及び、分布範囲は奄美・沖縄諸島を中心とした琉球列島を対象とすることが知られている（第4図）［新里（亮）二〇〇三］。

カムィヤキ窯が日宋貿易の拡大に伴う南島産物の交換物資となる陶器（カムィヤキ）を生産するために開窯されたとすれば、高麗の窯業生産技術と日本や中国の陶器生産に関する情報を持った日宋貿易に従事する者が、その情報に基づいて奄美諸島の徳之島に陶工を招来し、生産を開始したと考えなければならない。しかし、日宋貿易は宋と日本の間の交易であり、南島産物との交換物資としての陶器生産を開始するにあたって、高麗の陶器生産技術の影響が強く認められることの説明は難しい。

さらにいえば、カムィヤキ窯跡の分布状況と規模を見ると、東西約五キロ、南北約二キロの山林中に七支群二〇地区二五地点、総数一〇〇基以上の窯が構築されており、日宋貿易に用いる交換物資の生産を目的とした窯跡群と考えるには、あまりにも規模が大きい［伊仙町教委二〇〇五］。この点からすれば、カムィヤキ窯の創設はそれまで陶器が存在しなかった琉球列島全域に広く製品を流通させることを本来の目的として、原料となる粘土が採掘でき、燃料の調達も可能な徳之島を選択し、徳之島に近い九州や朝鮮半島から陶工を招来して、開窯したとする方が理解しやすい。

すなわち、滑石製石鍋破片やカムィヤキ製品は、南島産物の交換物資としてではなく、はじめから琉球列島へ移動する人々を対象として持ち込まれた製品や製作技術であると考えられる。なお、この考え方は前述した日本列島の側に琉球列島への人の移住を進めなければならない状況が生じ、大量の移住民が琉球列島へと移動したとする筆者の前述した理解とも結びつけやすい。滑石製石鍋破片やカムィヤキ窯の製陶技術は、移住民の生活必需品である調理具や供膳具、貯蔵具を琉球列島内で供給するために、九州から南下する人々によって伝えられたと考えるのである。

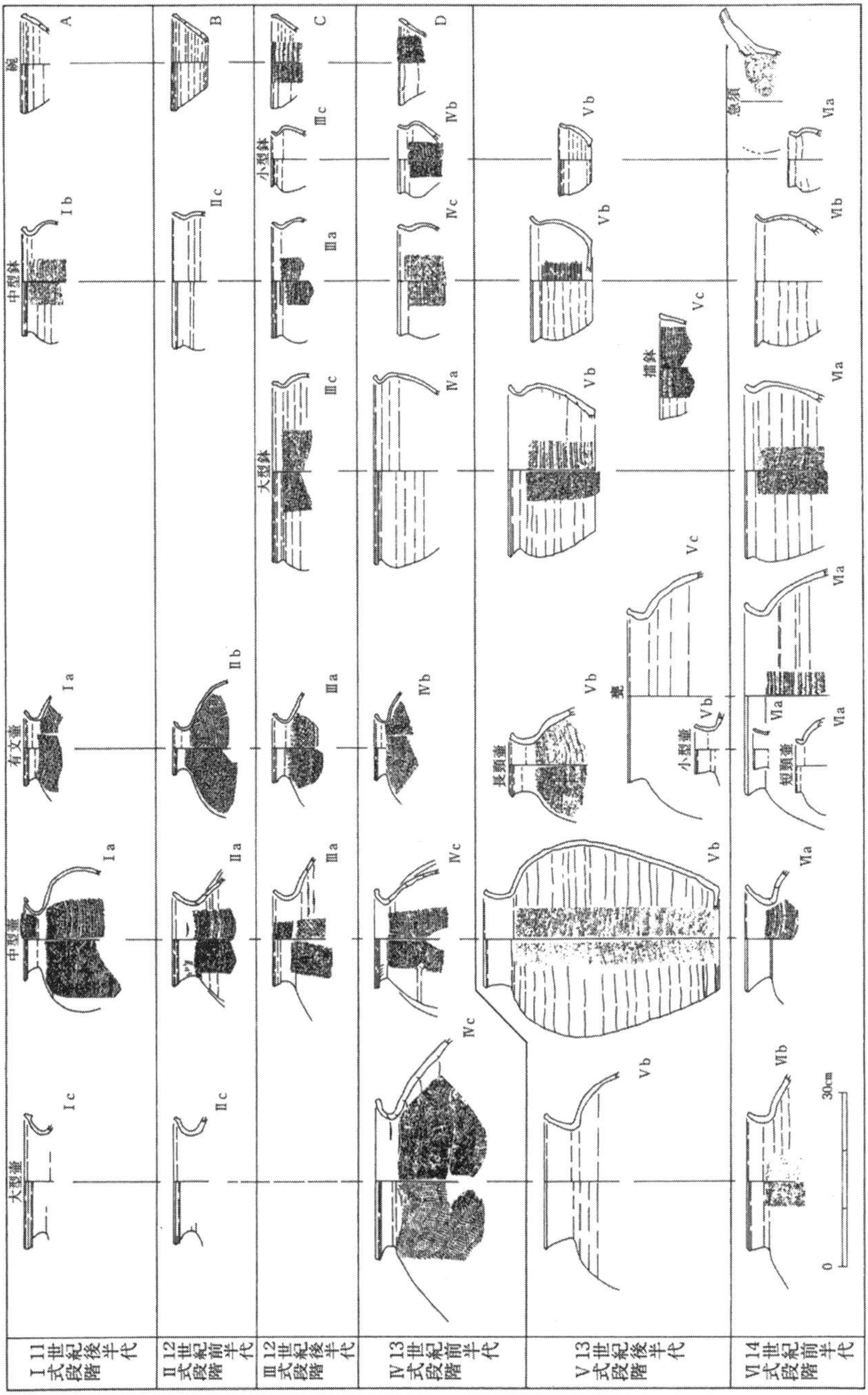

第4図　新里亮人によるカムィヤキ古窯における器種構成変遷図［新里 2013 より］

このような動きに伴って、十一世紀代から増加する中国産陶磁器も琉球列島へともたらされたのであり、それぞれの製品は土器しか用いていなかった琉球列島内に移住した人々、およびその影響を受けた琉球列島の人々の貯蔵具や調理具、食膳具としての役割を担うことになったと考えられる。なお、これらの技術や製品の導入には、九州の西海岸を介して朝鮮半島と琉球列島を結ぶ海上航路の航行に長けた人材や集団の参画が欠かせないことはいうまでもない。

4　琉球列島社会の変化
—十一世紀後半~十三世紀—

大宰府編年C期(十一世紀後半~十二世紀前半)に日本から南下する人々の移住が始まる前の琉球列島の人々は狩猟・漁労・採集に依存していた。日本では弥生文化の成立以降、水稲栽培を基幹とした生業が広がり、政治組織の統合も進む。しかし、弥生時代以降、十一世紀代までの琉球列島では狩猟・漁労・採集を生業とする生活を続けていた。鉄器の入手などを目的とする琉球列島以外の人々との交易・交渉もあったが、基本的にはそれぞれの島々で自給自足的な生活を営んでいた。また、日本と琉球列島との交易・交渉は奄美諸島を経由して沖縄諸島までの島々で行われていたものの、宮古諸島や八重山諸島には及んでいなかった。沖縄島と宮古島の間は約三〇〇キロ離れていることが障壁となって、両島の間を結ぶ安定的な通交は行われていなかったと考えられる。

しかし、大宰府編年C期に入ると、日本から南下した人々の移住は沖縄島から約三〇〇キロの海を超えた宮古島、さらに八重山諸島まで到達し、琉球列島全域において文化的共通性を持つ文化圏の形成が進む。これは大宰府編年C期に起こる日本から南下移住する人々の増大に対して、琉球列島の人々は従前からの狩猟・漁労・採集に依存する生活をしばらくは続けるものの、次第に移住してきた人々との交流を深め、文化的にも社会的にも融合していく状況を示していると考えられる。

このことは沖縄諸島周辺における狩猟・漁労・採集段階の土器型式であるくびれ平底土器が十三世紀前半頃には消滅し、移住してきた人々が持ち込んで成立した土器型式であるグスク土器のみになってしまう現象によって示される

〔池田 二〇〇四〕。
　なお、奄美諸島では土師器を模倣した小型丸底土器や滑石製石鍋模倣土器が出現する大宰府編年C期の段階で、在地の土器であった兼久式土器が消滅に向かう現象が見られ、奄美諸島での在地土器の消滅は沖縄諸島よりもいち早く進行することが明らかとなっている〔高梨 二〇〇六〕。これに対して、宮古・八重山諸島はそれまで土器を製作しない無土器文化であったが、人の移住によって持ち込まれた滑石製石鍋模倣土器や土師器小型丸底甕の器形を模倣した在地土器の製作が始まる〔新里(貴)二〇〇四〕。

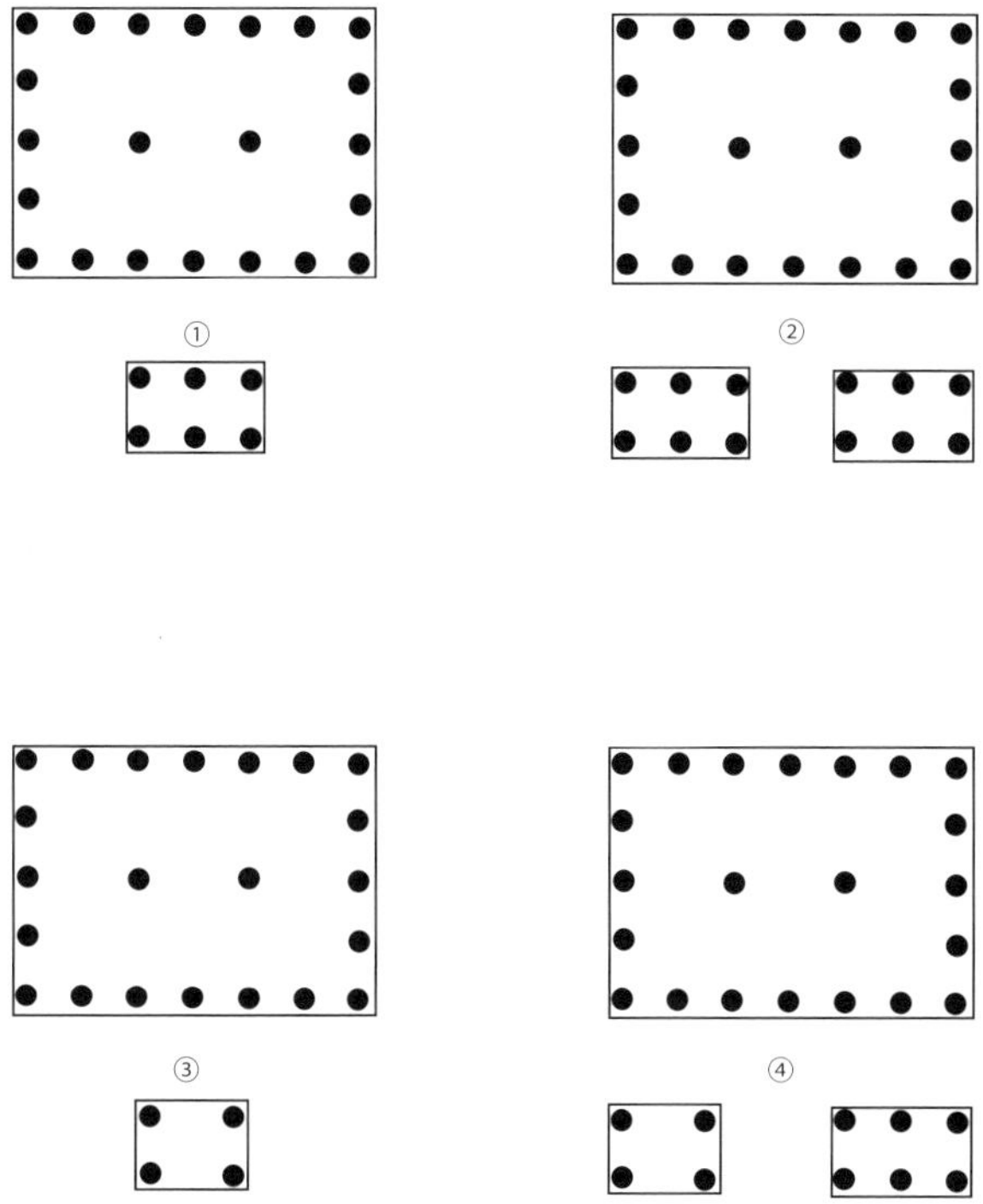

第5図　吹出原型掘立柱建物模式図〔仲宗根 2003 より一部改変〕

　こうして見ると、大宰府編年C期の段階から一気に進むように見える日本からの人の移動と移動先の島々での土着化の現象は、移住先となったそれぞれの島によって、さまざまな違いが生じたと考えられる。たとえば連続する島の並びや、同じ島内でも河川流域や平地などの地理的条件、移住が起こった時期、移住者の規模、あるいはそもそも移住者があったかどうかなど、島ごとにいくつかの段階や相違があり、かつ多様であったと想定される。

　なお、琉球列島において狩猟・漁労・採集に依存する生活を営んでいた人々は、基本的に海岸砂丘周辺に居住地を構えていた。これに対して、新たに移住してきた人々は喜界島城久遺跡群に見られるように丘陵地を選んで遺跡を構築する傾向がある。これは沖縄島の当該時期の掘立柱建物の組み合せについて類型化を試みた「吹出原型掘立柱建物」の提唱(第5図)〔仲宗根 二〇〇三〕以降、この類型に含まれる遺跡の多くが丘陵上に立地することによって追認されている。このことは旧来からの住民と新たな移動民は居住環境を異にしていたことを示す。

しかし、明確な掘立柱建物は検出されていないものの、滑石製石鍋破片や中国産白磁製品、カムィヤキが出土した小湊フワガネク遺跡上層は砂丘上にあり、「吹出原型掘立柱建物」が確認された沖縄県北谷町後兼久原遺跡や小堀原遺跡は砂丘地と接する低地に立地することが知られている。したがって、以前からの居住者と新たに移住した人々はいずれの島々においても明確な棲み分けを行っていたのではなく、島々の自然条件によっては極めて隣接した場所に居住したことが知れる。あるいは砂丘地に設けられた吹出原型掘立柱建物と滑石製石鍋片・中国産白磁製品・カムィヤキを持つ遺跡は、もともと狩猟・漁労・採集で生活していた人々が新たに移住してきた人々といち早く融合して構築した遺跡であることもあり得る。これを確認するには、砂丘地の遺跡において狩猟・漁労・採集を行っていた段階と、新たな段階の遺構や遺物がどのような関係のもとで出土するのかを層位的に検証することが必要となる。

考古学の情報として参考になるのは、沖縄諸島周辺では狩猟・漁労・採集段階の土器様式であるくびれ平底土器が十三世紀後半代には消滅し、移住してきた人々が持ち込んだ新たな土器様式であるグスク土器のみになってしまうという前述した現象である〔池田 二〇〇四〕。これを示す遺跡例として、砂丘部の遺跡ではないが、双方の土器の共伴関係を層位的に検討できた沖縄県うるま市の喜屋武グスク遺跡を紹介しておきたい(第6図)〔池田 二〇一五a〕。

喜屋武グスクは、いくつかの調査区が設定されており、その中のR68グリッドは地山の泥岩層(沖縄ではクチャ土:第Ⅶ層)から表土(第Ⅰ層=二次堆積土)まで七枚の堆積層があり、第Ⅵ層から第Ⅳ層までは狩猟・漁労・採集段階の土器様式であるくびれ平底土器が優先し、第Ⅲ層からは移住してきた人々が持ち込んだ新たな土器様式であるグスク土器が安定して出土する。また、第Ⅳ層以下には貿易陶磁器

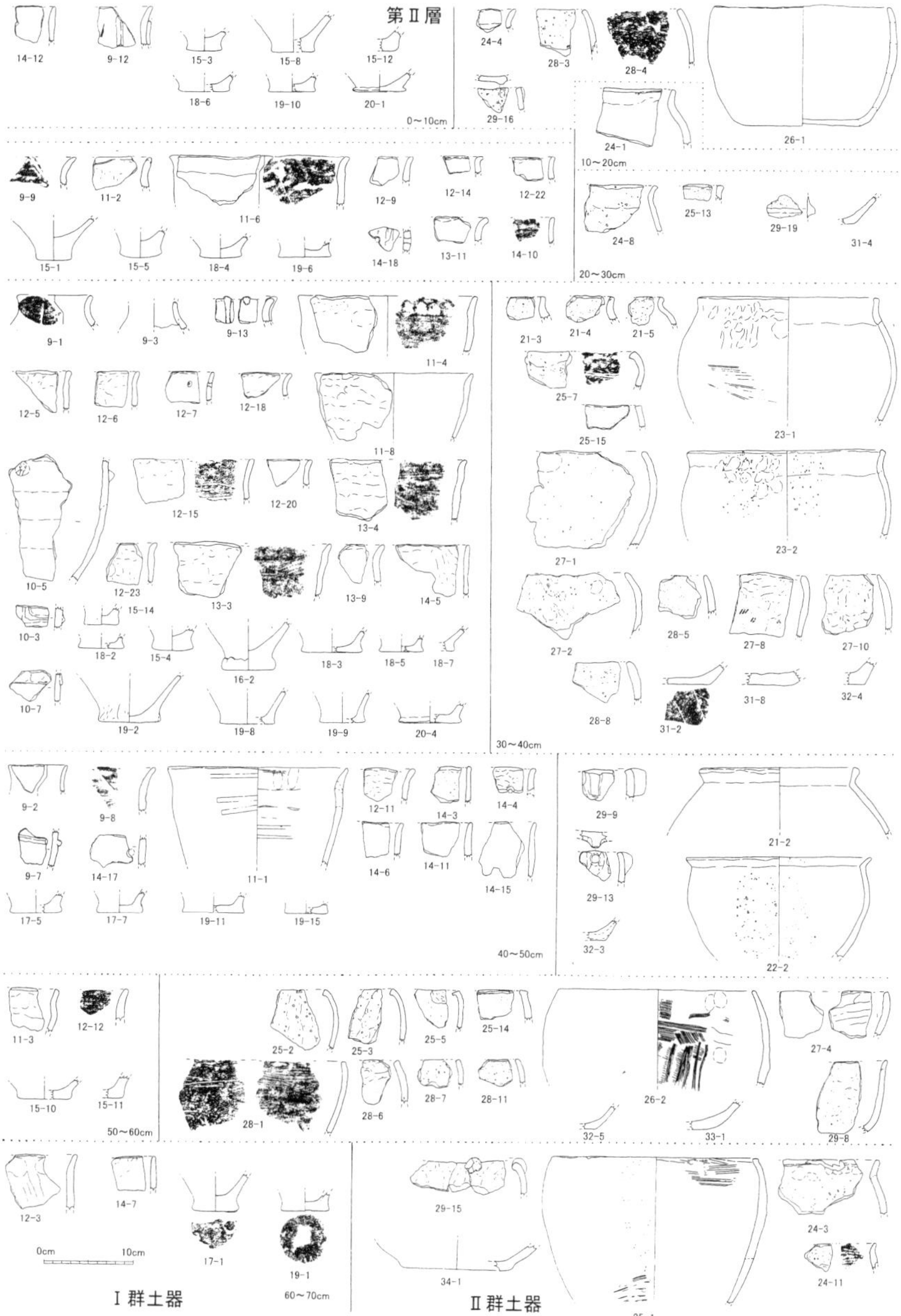

第６図　喜屋武グスクⅡ地区 R-68 グリット第Ⅱ層出土土器
左：Ⅰ群土器（くびれ平底土器）　右：Ⅱ群土器（グスク土器）［池田 2015a より］
（実測図下の数値は図版と実測番号）

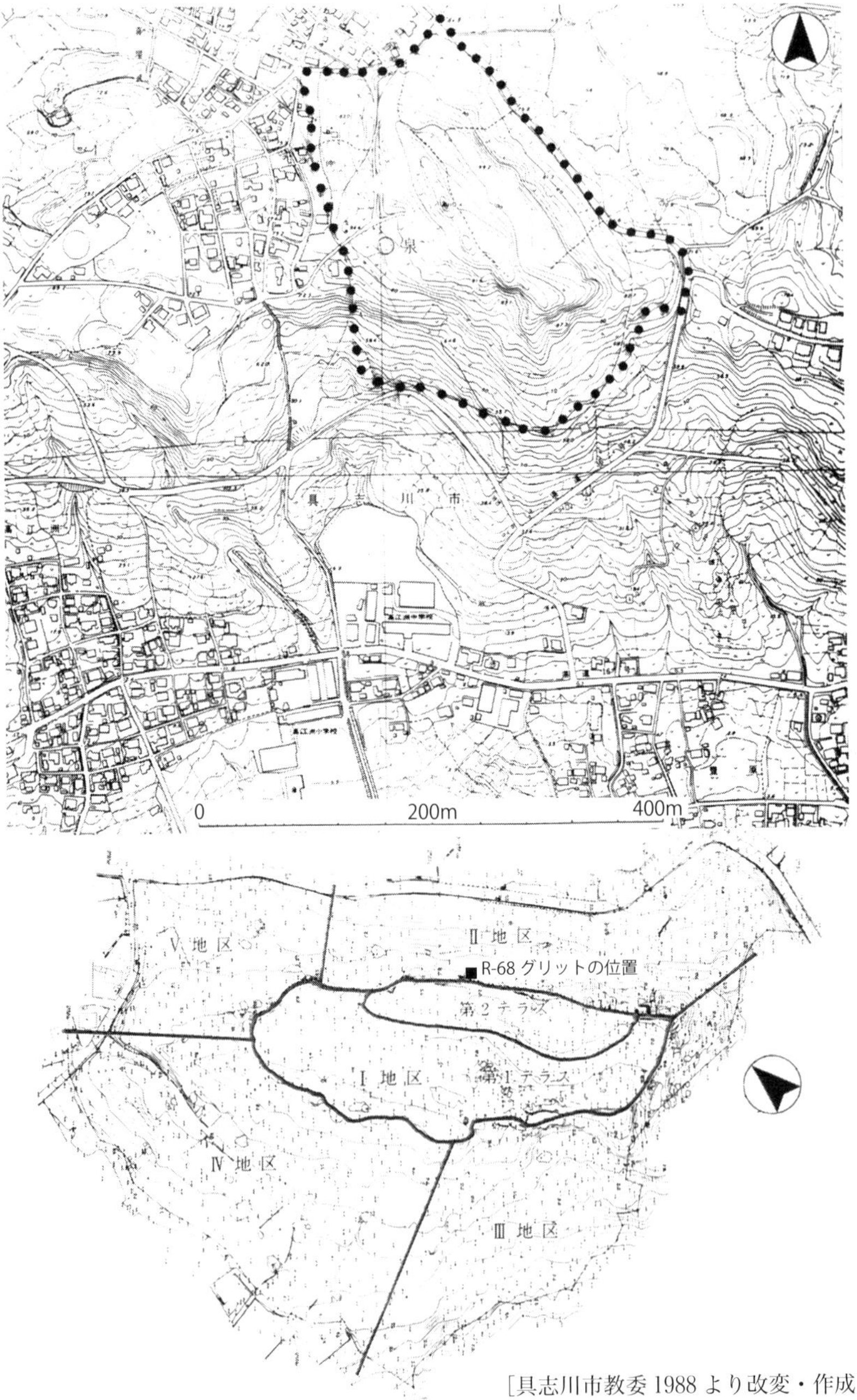

[具志川市教委 1988 より改変・作成]

第 7 図　うるま市喜屋武グスク周辺地形図と調査地区割り図

やカムィヤキ製品が含まれず、その出土は第Ⅲ層以降となる。第Ⅲ層で出土した貿易陶磁器は大宰府分類E期(十三世紀前後〜前半)に位置づけられる龍泉窯系青磁椀Ⅱ類、第Ⅱ層で出土した貿易陶磁器は大宰府分類G期(十四世紀初頭〜後半)に位置づけられる龍泉窯系青磁椀Ⅳ類である。しかし、第Ⅱ層は旧表土であり、層序的な信頼性に欠ける部分がある。

これに対して第Ⅲ層は安定した層序と考えられ、出土した貿易陶磁器が大宰府分類E期(十三世紀前後〜前半)に位置づけられることから、くびれ平底土器とグスク土器はこの時期まで並存していると理解される。あるいは不安定ながら第Ⅱ層の出土状況を参考にすれば、両土器様式は大宰府分類G期(十四世紀初頭〜後半)に位置づけられる貿易陶磁器の段階まで並存した可能性もある。

喜屋武グスク遺跡は小高い丘陵地に立地しており、沖縄でグスクと呼ぶ遺跡の一例である。しかし、喜屋武グスクでは隣接するうるま市勝連グスクや中城村中城グスク、あるいは那覇市首里グスクなどのように、石積み囲いや基壇建物などの大規模な構造は確認できない。喜屋武グスクのようなグスクは沖縄諸島各地に多く分布しており、沖縄諸島のグスクには規模や構造の異なるさまざまな種類があることを示している。この点においては首里グスクや勝連グスクなどの構造化した大規模グスクの方がむしろごく特異な存在と言えるのである(第7図)［具志川市教委 一九八八］。

5　構造化したグスクの成立
―十三世紀後半〜十四世紀初頭―

勝連グスクにおいて石積み囲いや基壇建物が出現するのは十四世紀代である。それ以前には、同じ丘陵上を居住地として利用しながら、くびれ平底土器とグスク土器が並存する十二・十三世紀の段階があった。勝連グスクに限らず、丘陵上の居住地からグスクへ発展する過程については、一九六〇年代から始まったグスク論争の中で、まず防御を目的として集落の周辺に石積みが登場し、その後に地域領主(按司)の居城となるグスクが出現することを嵩元政秀が指摘していた［嵩元 一九六六］。その後、沖縄での考古学的調査研究が進む中で、グスク出土遺物の年代観が明確となり、石垣囲いと基壇建物を持つグスクの出現は、十四世紀代で

	首里城正殿	今帰仁城正殿	勝連城	浦添城
12世紀以前			第Ⅰ期（居住地）	
12世紀				
13世紀前半				
中頃			第Ⅱ期（13c代／居住地）	
後半				
14世紀前半		第Ⅰ期（13c末～14c初／掘立柱建物）		第Ⅰ期（13c末～ 14c初／野面積石垣／掘立柱建物）
中頃	第Ⅰ期（14c代／高麗瓦）	第Ⅱ期（14c前～中／石垣・基壇建物出現）	第Ⅲ期（14c代／石垣出現）	
後半		第Ⅲ期（14c～15c前／礎石建物）		第Ⅱ期（14c後～15c初／高麗瓦建物）
15世紀前半	第Ⅱ期（基壇建物）		第Ⅳ期（14c代～1458／高麗瓦・基壇建物）	
中頃	（志魯・布里の乱〔1453〕で焼失）			第Ⅲ期（規模縮小）
後半	第Ⅲ期 第Ⅳ期			第Ⅳ期
16世紀前半	第Ⅴ期（15c後～16c前）	第Ⅳ期（15c前～17c中）	第Ⅴ期（15c～16c）	
中頃				
後半				第Ⅴ期
17世紀以降		第Ⅴ期		

第8図　主なグクスの消長［池田 2015b より］

あることが明らかになった。勝連グスクや喜屋武グスクのくびれ平底土器の出土状況からすれば、グスクになり得る丘陵上を居住地として占地することは十二・十三世紀代から行われており、十四世紀代にその中から石垣や基壇建物を持つ構造化したグスクが出現するのである（第8図）［池田二〇一五b］。

丘陵上の居住地から嵩元が指摘した防御を目的とする石積みをめぐらす初源的なグスクが出現する時期を見極める上で、一つの目安を提供するのが今帰仁城跡の調査成果である。今帰仁城跡では発掘調査を行った主郭部分の版築層序を含む検出遺構と、出土遺物の検討を踏まえて5期の時期区分が行われている。

第Ⅰ期は地山成形による平場造成が行われ、掘立柱建物と柵列が設けられた段階である。掘立柱建物はすべての柱穴が確認されていないものの、四間×六間の建物に復原され、南側に庇があったとされる。柵列はこの建物を取り囲む状態で確認されており、十三世紀末～十四世紀初頭に位置づけられる。第Ⅱ期は第Ⅰ期の遺構の上に盛土して、平場を造成した上に翼廊付基壇建物を建築するとともに、平場を囲む城壁（石垣）が設けられた段階である。十四世紀前半～中頃に位置づけられる。第Ⅲ期は第Ⅱ期の遺構を埋めて平場面積を拡張し、礎石建物が建てられた段階で、十四世紀後半～十五世紀前半に位置づけられる。第Ⅳ期は表土である第1層で検出された礎石建物であり、十五世紀前半～十七世紀中頃の年代が推定されている。第Ⅴ期は第Ⅳ期以降、発掘調査が行われるまでの段階となる［今帰仁村教委一九九一］。

その後、今帰仁グスクについては発掘に関わった金武正紀および貿易陶磁器研究者の森本朝子・田中克子による出土遺物の中の今帰仁タイプおよびビロースクタイプとした白磁の分類と共伴関係、年代的位置づけに関する検討が進められている［森本・田中 二〇〇四、金武 二〇〇九、田中 二〇〇九］。これによると次のように出土遺物の組み合わせの変化が見られるという（第9図）。

- 今帰仁城跡の主郭版築層の第9層：築城前夜　今帰仁タイプ白磁碗1類、青磁劃花文碗（龍泉窯系青磁椀Ⅰ類）、青磁鎬蓮弁文碗（龍泉窯系青磁椀Ⅱ類）、青磁櫛描文皿（同安窯系青磁皿Ⅰ類）、白磁口禿碗・皿（白磁Ⅸ類）

・同第7層：今帰仁城跡第Ⅰ期　今帰仁タイプ白磁碗Ⅰ～Ⅲ類およびビロースクタイプ白磁碗Ⅰ・Ⅱ類、青磁蓮弁文碗（龍泉窯系青磁椀Ⅱ類）、青磁ラマ式蓮弁文碗・青磁弦文帯碗（龍泉窯系青磁椀Ⅳ類）、青磁口折皿（龍泉窯系青磁坏Ⅲ類）、青磁酒会壺（龍泉窯系青磁椀Ⅲ類並行）、茶入れ（大海茶入・肩衝茶入）

・同第6・5層：今帰仁城跡第Ⅱ期　ビロースクタイプ白磁碗Ⅰ～Ⅲ類および白磁大型外反碗、青磁内面印花文碗（龍泉窯系青磁椀Ⅳ類）、高麗青磁

第9層の出土遺物のうち、青磁劃花文碗（龍泉窯系青磁椀Ⅰ類）と青磁櫛描文皿（同安窯系青磁皿Ⅰ類）は大宰府編年D期（十二世紀中頃～後半）、青磁鎬蓮弁文碗（龍泉窯系青磁椀Ⅱ類）は大宰府編年E期（十三世紀前後～前半）、白磁口禿碗・皿（白磁Ⅸ類）は大宰府編年F期（十三世紀中頃～十四世紀初頭）に見られ、この中では青磁鎬蓮弁文碗がもっとも多く出土している。また、今帰仁タイプ白磁碗Ⅰ類は、一二八一年に起こった蒙古襲来の際の遺跡である鷹島海底遺跡（長崎県松浦市）でも出土している。これらのことを踏まえ、今帰仁城跡第9層は、十三世紀後半の年代が想定されている。

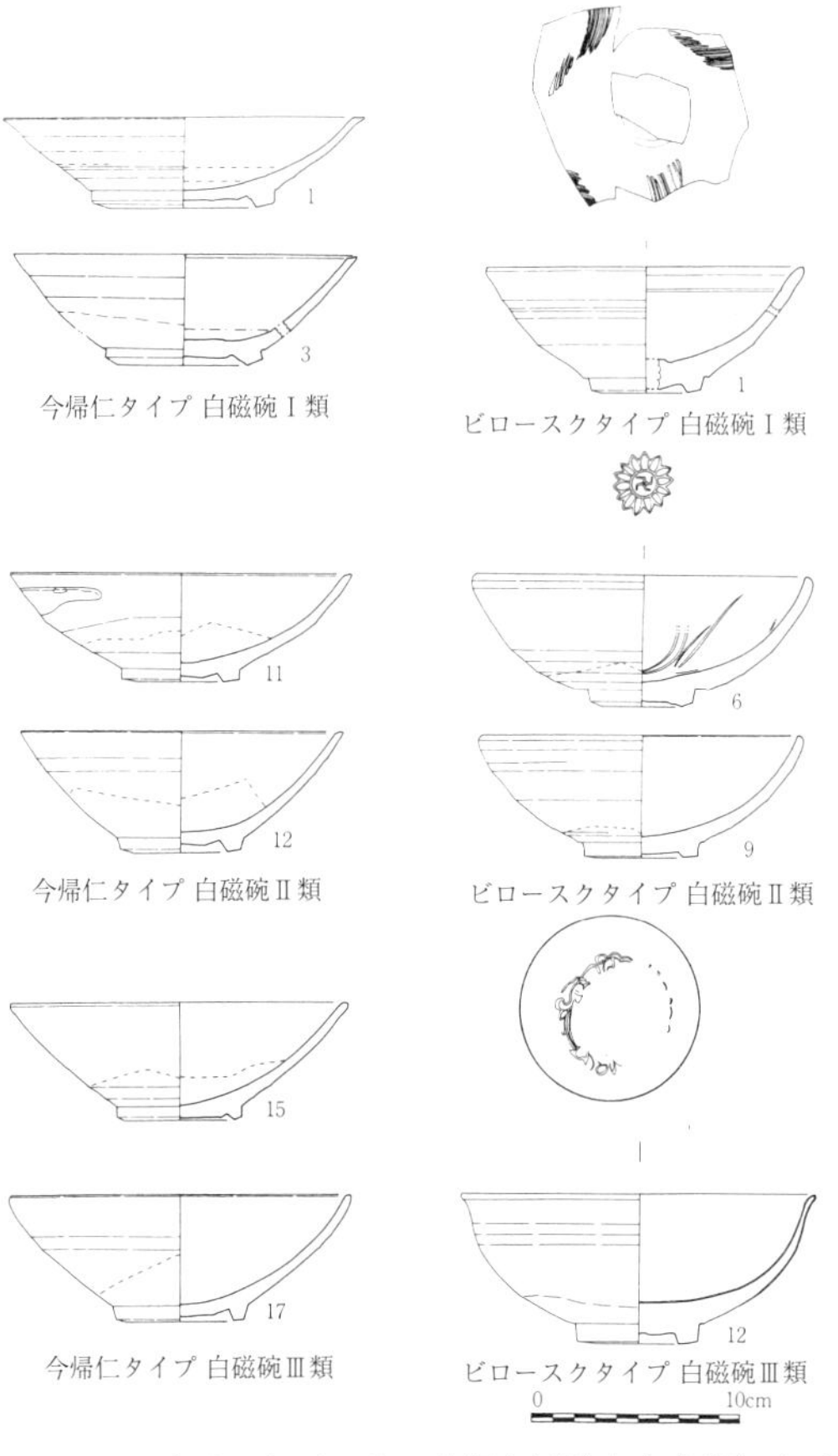

第9図　金武正紀氏による今帰仁城跡出土今帰仁タイプ・ビロースクタイプ白磁碗の分類
［金武 2009 より改変・作成］

第7層の青磁鎬蓮弁文碗

（龍泉窯系青磁椀Ⅱ類）は大宰府編年E期（十三世紀前後～前半）、青磁口折皿（龍泉窯系青磁坏Ⅲ類）および青磁酒会壺は大宰府編年F期（十三世紀中頃～十四世紀初頭）、青磁ラマ式蓮弁文碗・青磁弦文帯碗（龍泉窯系青磁椀Ⅳ類）は大宰府編年G期（十四世紀初頭～後半）に位置づけられる。第7層では第9層で見られた青磁劃花文碗（龍泉窯系青磁椀Ⅰ類）と青磁櫛描文皿（同安窯系青磁皿Ⅰ類）がなくなり、新たに今帰仁タイプ白磁碗Ⅱ・Ⅲ類とビロースクタイプ白磁碗Ⅰ・Ⅱ類が加わる。これを手がかりとして、今帰仁城跡第7層には十三世紀末～十四世紀初頭の年代が与えられている。

第6・5層の青磁内面印花文碗（龍泉窯系青磁椀Ⅳ類）は大宰府編年G期（十四世紀初頭～後半）である。第6・5層では第7層まで出土していた今帰仁タイプ白磁碗Ⅰ～Ⅲ類が見られず、代わりにビロースクタイプ白磁碗Ⅲ類が新たに加わる。第6・7層には十四世紀中頃の年代が想定されている。

これを見ると、今帰仁城跡の主郭版築では下層から上層に向けて、貿易陶磁器の組み合わせが少しずつ変化し、これに応じて比定年代も推移していることがわかる。考古学の研究法の層位論からすれば、異なった年代を示す遺物が同一層序内に含まれる場合、もっとも新しい年代を示す遺物に基づいて層序の年代を決定する。この点において、今帰仁城跡版築層序で示された第9層：十三世紀後半、第7層：十三世紀末～十四世紀初頭、6・5層：十四世紀中頃の年代は整合性を持っている。また、この成果からすれば、今帰仁城跡では嵩元が類型化した防御を目的とする石積みをめぐらす初源的なグスクの出現時期が十三世紀後半であり、その後、十三世紀末～十四世紀初頭に石垣囲いと基壇建物を持つ構造化されたグスクが出現することとなる。

6　貿易陶磁器の変化とその評価
——十三世紀後半～十四世紀——

今帰仁城跡の主郭版築層から出土した遺物は、グスク年代論だけではなく、琉球列島をめぐる貿易陶磁器の評価について新たな問題を提起している。すなわち田中は今帰仁城跡の出土貿易陶磁器の中に、今帰仁タイプ白磁碗やビロースクタイプ白磁碗Ⅰ～Ⅱ類など、日本の中世遺跡からはほとんど出土しない貿易陶磁器があることを踏まえ、「十三世紀後半を境に、それまで形成されていた九州と琉球列島を繋ぐ大きな国内流通圏とは別に、沖縄諸島から先島諸島にかけて、琉球諸島を巡る流通圏が形成され、今帰仁タイプ・ビロースクタイプは、この中で消費された製品と考える」［田中 二〇〇九：一三九頁］とし、その上で「今帰仁タイプ・ビロースクタイプⅠ・Ⅱ類は、福建から八重山・宮古諸島、さらに沖縄諸島へと北上する交易ルートによって運ばれてきた可能性は十分考えられる」［同 一四〇頁］と述べている。

今帰仁タイプ白磁碗はⅠ〜Ⅲ類に分類され、今帰仁城跡の主郭版築では第9層でⅠ類、第7層でⅠ〜Ⅲ類が出土し、第6・5層では出土しない。また、ビロースクタイプ白磁碗はやはりⅠ〜Ⅲ類に分類され、今帰仁城跡主郭版築の第9層ではいずれも出土せず、第7層でⅠ・Ⅱ類、第6・5層でⅠ・Ⅱ類に加えてⅢ類が登場していた。田中はこれらの貿易陶磁器は福建省閩江流域で生産され、いち早く八重山・宮古諸島へもたらされ、その後、沖縄諸島へ持ち込まれたとしており、今帰仁城跡の主郭版築層での出土状況はこの過程を反映すると考えている。すなわち、十一世紀後半以降続いてきた日本国内に中国陶磁器をもたらす博多を中心とした交易システムに対して、十三世紀後半に福建省から琉球列島へと至る新たな交易システムが加わる証左と考えるのである。

この新たな交易システムについて、田中は「最終目的地はあくまでも「博多」」［田中 二〇〇九：一四〇頁］としている。しかし、筆者はこれが中国明朝の成立に伴う琉球国の朝貢貿易の開始と、その後に展開する琉球国によるアジア地域を対象とした貿易陶磁器の交易システムの前触れであると考えている［池田 二〇〇七・二〇一二］。

すなわち、南宋の滅亡と蒙古襲来をはじめとする十三世紀後半の東アジア世界の状況変化の中で、それまで日本との関係に基づいて推移してきた琉球列島の交易システムが中国との関係を重視するあり方へ転換することによって、この現象が起こると考えるのである。具体的には南宋の滅亡によって南宋の支配地域であった浙江・福建・広東などの沿岸地域における対外交易のあり方に影響が及び、この地域で交易に関わっていた人々、なかでも福建の人々の琉球列島への働きかけを活発化させ、琉球列島へ進出したことを想定している。

十三世紀後半の宋元戦争最終末と日本やベトナムへの侵攻を計画する蒙古(元)の動きは、沖縄諸島におけるグスクの成立時期に重なっている。筆者はこれを重視し、東アジアの軍事的緊張が琉球列島における防御的な施設の設置を誘発したと考えている。そして、これに新たな人の移動を伴う中国の浙江・福建・広東などの人々による交易システムとの接触が加わって、琉球列島社会の中に旧来の日本との交易システムを基軸とする人々と、新たな中国との交易システムを基軸とする人々の間に軋轢が生じた結果、防御的な機能に加えて人の紐帯や社会関係を確認する儀礼を行うための、政治的な機能を持つ基壇建物を伴うグスクが成立すると考えるのである。

さらに石垣囲いや基壇建物を持つグスクが沖縄島を中心として構築されるのは、沖縄島が琉球列島のほぼ中央に位置する列島最大の島であり、旧来の日本との交易システムを基軸とする人々と新たな中国との交易システムを基軸とする人々の軋轢が最も先鋭化しやすかったことによると想定される。

おわりに

沖縄島をはじめとする琉球列島において、日本や中国との交易システムに関わった人々の多くは、もともと日本や中国からの移動民とその土着化した子孫たちと考えられる。かれらは当初、南島産物の調達を目的として日本から琉球列島へ移動し、琉球列島の人々と融合し土着化する。加えて十三世紀後半以降には中国南部沿岸域で対外交易に関わった浙江・福建・広東などの人々の琉球列島への働きかけが強まり、これらの人々との関わりの中で日本との間の南島産物の調達に止まらない、アジア島嶼地域を対象とした交易が開始される。当然、この過程で中国南部沿岸地域の人々も琉球列島へ移動し、やはり当該地域の人々と融合し土着化する。

十三世紀以降の宋元戦争やその後の中国南部沿岸地域の人々の働きかけは、琉球列島社会に緊張を生み、この緊張が最も先鋭化した沖縄島ではグスクの構築が始まる。十四世紀には交易システムの維持と交易利益の拡大競争の進行に伴って、その拠点となるグスクが増加する。しかしその後、沖縄島では交易利益拡大競争の淘汰が進み、十四世紀後半には中国明朝との朝貢関係を結ぶ三つの王権に収斂する。最終的には中山王権による沖縄島での交易システムの独占化が指向され、十五世紀前半に交易システム独占化を達成した中山王権は沖縄島だけでなく、琉球列島全域の島々を自らの交易システムの中に統合する動きを進め、十六世紀初頭に琉球国の版図が完成するのである。

註

（1）琉球列島の土器研究において、筆者は小林達雄による日本の縄文土器研究の様式論を用いることが有効であると考えている。このことについてはすでに述べたことがある[池田 二〇〇四]。

参考文献

赤司善彦　一九九一「朝鮮製無釉陶器の流入～高麗期を中心として～」『九州歴史資料館研究論集』16

安里　進　一九八七「琉球～沖縄の考古学的時代区分をめぐる諸問題(上)」『考古学研究』第34巻第3号(通巻一三五号)考古学研究会

池田榮史　一九八七「類須恵器出土地名表」『琉球大学法文学部紀要―史学・地理学編―』第30号　琉球大学法文学部

池田榮史　二〇〇三a「穿孔を有する滑石製石鍋破片について」『名瀬市文化財叢書』4(奄美大島名瀬市小湊フワガネク遺跡群―遺跡範囲確認発掘調査報告書)

池田榮史　二〇〇三b「増補・類須恵器出土地名表」『琉球大学法文学部人間科学科紀要人間科学』第11号　琉球大学法文学部

池田榮史　二〇〇四「グスク時代開始期の土器編年をめぐって」『琉球大学考古学研究室集録』第5号

池田榮史　二〇〇五a「兼久式土器に伴出する外来土器の系譜と年代」『名瀬市文化財叢書』7(奄美大島名瀬市小湊フワガネク遺跡群Ⅰ―学校法人日章学園「奄美看護福祉専門学校」拡張事業に伴う緊急発掘調査報告書)

池田榮史　二〇〇五b『南島出土類須恵器の出自と分布に関する研究』(平成14～16年度科学研究費補助金基盤研究(B)～(2)研究成果報告書)

池田榮史　二〇〇七「古代・中世の日本と奄美・沖縄諸島」『東アジアの古代文化』第一三〇号　大和書房

池田榮史　二〇一二「琉球国以前―琉球・沖縄史研究におけるグスク時代社会の評価をめぐって―」鈴木靖民編『日本古代の地域社会と周縁』吉川弘文館

池田榮史　二〇一五a「琉球列島グスク社会の形成―土器文化にみる継続性と断続性―」『平成26年度琉球大学中期計画達成プロジェクト経費(戦略的研究推進経費)研究成果報告書』(池田栄史編)

池田榮史　二〇一五b「グスクの構造化」『琉球史を問い直す』(叢書・文化学の越境23)森話社

池田榮史　二〇一七a「琉球列島出土の滑石製石鍋破片について」『人間科学』(琉球大学法文学部人間科学科紀要)第37号

池田榮史　二〇一七b「奄美諸島における土師器甕形土器―喜界島城久遺跡群の評価をめぐって―」『南島考古』第36号　沖縄考古学会

伊仙町教育委員会　二〇〇五「カムィヤキ古窯跡群Ⅳ―平成13年度～平成16年度カムィヤキ古窯跡群発掘調査等事業―」『伊仙町埋蔵文化財発掘調査報告書』(12)

喜界町教育委員会　二〇一五「城久遺跡群―総括報告書―」『喜界町埋蔵文化財発掘調査報告書』（14）
木戸雅寿　一九九三「石鍋の生産と流通について」『中近世土器の基礎的研究』Ⅸ 中世土器研究会
金武正紀　二〇〇九「今帰仁タイプとビロースクタイプ―設定の経緯・定義・分類―」『13～14世紀の琉球と福建』平成17～20年度科学研究費補助金基盤研究（A）研究成果報告書（研究代表者：熊本大学文学部教授木下尚子）
具志川市教育委員会　一九八八「喜屋武グスク―公園計画に係る遺跡群詳細範囲確認調査概報―」
白木原和美　一九七五「類須恵器の出自について」『熊本大学法文論叢』第35号
新里亮人　二〇〇三「琉球列島における窯業生産の成立と展開」『考古学研究』第49巻第4号　考古学研究会
新里亮人　二〇一七「グスク時代琉球列島の土器」『考古学研究』第64巻第1号　考古学研究会
新里貴之　二〇〇四「先島諸島におけるグスク時代煮沸土器の展開とその背景」『グスク文化を考える―世界遺産国際シンポジウム〈東アジアの城郭遺跡を比較して〉の記録』沖縄県今帰仁村教育委員会
鈴木靖民　一九八七「南島人の来朝をめぐる基礎的研究」『東アジアと日本』歴史編　田村圓澄先生古稀記念会　吉川弘文館
鈴木康之　二〇〇六「滑石製石鍋の流通と消費」『鎌倉時代の考古学』高志書院
高梨　修　二〇〇五「小湊フワガネク遺跡群第一次・第二次調査出土土器の分類と編年」『名瀬市文化財叢書』7（奄美大島名瀬市小湊フワガネク遺跡群Ⅰ―学校法人日章学園「奄美看護福祉専門学校」拡張事業に伴う緊急発掘調査報告書）
高梨　修　二〇〇六「奄美諸島の土器」『鎌倉時代の考古学』高志書院
嵩元政秀　一九六六「ヒニ城の調査報告」『琉球政府文化財要覧』一九六六年度　琉球政府文化財保護委員会
太宰府市教育委員会　二〇〇〇「大宰府条坊ＸⅤ―陶磁器分類編―」『太宰府市の文化財』第49集
田中克子　二〇〇九「生産と流通」『13～14世紀の琉球と福建』平成17～20年度科学研究費補助金基盤研究（A）研究成果報告書（研究代表者：熊本大学文学部教授木下尚子）
仲宗根求　二〇〇三「読谷村発見のグスク時代の掘立柱建物について（「吹出原型掘立柱建物」の提唱）」『沖縄考古学会二〇〇三年度シンポジウム「グスク時代前夜の建物遺構を中心として」』資料集　沖縄考古学会
今帰仁村教育委員会　一九九一「今帰仁城跡発掘調査報告Ⅱ」『今帰仁村文化財調査報告書』第十四集
名瀬市教育委員会　二〇〇五「奄美大島名瀬市小湊フワガネク遺跡群Ⅰ―学校法人日章学園「奄美看護福祉専門学校」拡張事業に伴う緊急発掘調査報告書」『名瀬市文化財叢書』7
朴天秀　二〇〇七『伽耶と倭―韓半島と日本列島の考古学―』講談社メチエ三九八
森田　勉　一九八三「滑石製容器―特に石鍋を中心として―」『佛教藝術』一四八号　毎日新聞社
森本朝子・田中克子　二〇〇四「沖縄出土の貿易陶磁の問題点―中国粗製白磁とベトナム初期貿易陶磁―」『グスク文化を考える―世界遺産国際シンポジウム〈東アジアの城郭遺跡を比較して〉の記録』沖縄県今帰仁村教育委員会
山内晋次　二〇〇九「日宋貿易と「硫黄の道」」『日本史リブレット』75　山川出版社
吉岡康暢　二〇〇二「南島の中世須恵器」『国立歴史民俗博物館研究報告』第94集（陶磁器が語るアジアと日本）

池田報告 質疑討論

司　　会：村木二郎
報 告 者：池田榮史
コメント：小野正敏（国立歴史民俗博物館名誉教授）

小野　池田さんの報告は、奄美から琉球列島を舞台に人が盛んに動いていて、沖縄島の首里王府に収斂していくこの地域の変革期をダイナミックに描いていると思います。これまでの沖縄の研究者は、どちらかというと、内的な要因で琉球は変わっていくという言い方をしていますが、池田さんは、外からのいろいろな外的要素が琉球を変えていくのだと主張しました。そのなかでキーワードになるのは、日本からの人の移住でした。もちろん、人が動くだけでなくて、それに伴う文化なり物資なり、さまざまな要素が琉球の変化を促すのだというところがキーワードになっています。

その変化の画期を池田さんは、大宰府編年でいうC期、十一世紀後半から十二世紀前半の時期に琉球列島全域に爆発的に波及していくのだというスピード感ある変化を主張されました。

池田さんのもっている考古情報を丁寧に説明していたので、「なるほど」と納得することもあるのですが、「ほんとにそうだろうか？」と立ち止まって確認する必要もあると思いました。細かい状況は、沖縄の研究者もたくさん来ていますので、沖縄の中で議論してもらえればよいのですが、私が感じたのは、喜界島の城久遺跡群とそこにいる日本の人たちがどういう形でこの変化に機能していたのか、それは何だったのかです。いまでも議論されている最中だと思いますし、未だによくわかっていませんね。

ご存知のように古代には、中央政府によって北の世界を国域に入れていくための移民の政策がありました（蝦夷移配策)。移民というと、大きな権力との関係で、政治的に実施された移民の動きを思い出しがちですが、池田さんが言った「移民」とか「日本人の移住」とは、いったい何なのか、また、その時の「多くの人を移住」させた原動力は権力? それとも経済権益? そこがよくわからなかったのです。

さらに、城久遺跡群のII期(十一世紀後半から十二世紀前半)には、喜界島を介した沖縄島や先島への移住が一気に拡散するといった、限定された時期に非常に組織的な人の動きを前面に押し出したストーリーが池田さんの報告の軸になっていると思うのです。

ただ十二世紀前半までに、沖縄島を越えてほんとうに先島まで移住は広がるのか? これが疑問です。この移住の理屈としては、南島産物の調達と航路の維持をあげていますが、池田さん自身もいわれるように、先島までの流通の問題はもちろん、先島の物資・産物が何だったのかもわからないですね。私は先島にまで広がるのは、十二世紀前半ではなく、次の段階、十三世紀後半以降だと思うのですが、そうすると十二世紀に先島まで一気に行かず、十三世紀後半にもう一つ大きな画期があると考えられるのです。

十二世紀前半までの人の動きや物の変化が、日本との関係を軸に起きていたとしても、十三世紀後半に起こる変化は、日本だけではなくて、中国大陸など東アジア全体をめぐる大きな動きに連動していたと思うのです。ようするに、日本との関係を軸にした一方的な流れだけでは説明できないのではないか。そのあたりに疑問を感じました。

池田さん自身もまだ答えはないと思うのですが、私は十二世紀代の人の動きも、もっと多様に考えていいのではないかと思います。日本からの一方向だけではなく、次の十三世紀後半ともかかわるような、中国や東南アジアの人々も含めた多様な人の移住や物の動きと理解するほうが池田さんの報告とも整合性をもつと思います。

もう一つ、池田さんの報告で衝撃的だったのは、城久遺跡群の初期段階で(十一世紀後半~十二世紀初頭)、徳之島産のカムィヤキや滑石製石鍋の混入土器が生産されたのは、日本から琉球に移動する人たちが対象だったという話です。私は琉球の在地に向けた商品だと理解していたので、じつはそれは日本からの移住民にかかわる物資だったということになると、いったい、琉球には交換品として何を持って行ったのでしょう。そのことも含めてですが、日本系の移住者との関係だけからで、さまざまな変化を説明していくことには、無理があるのではないかと思いました。

池田さんの報告では、集落論や遺構論は中心になっていなかったのですが、「吹出原型掘立柱建物」といった主屋と倉がセットになる建物の話を紹介されました。この琉球列島の変化を語る重要なテーマです。池田さんは吹出原型掘立柱建物を十一世紀・十二世紀で抑えていますが、その年代観もどうなのかと思うのです。なぜかというと、このスタイルのモデルは、沖縄島にありますね。私は基本的に沖縄島で生まれた形態と考えます。奄美にも笠利町に一つだけ似た建物群をもつ下山田Ⅲ遺跡がありますけど、他にはほとんどない。ましてや城久遺跡群でもごくわずかです。もちろん、日本列島にもない。このスタイルの建物は近年、先島の宮古島でもミズヌマ遺跡が見つかっていますし、琉球諸島では各地で見られるようになっていますけど、奄美を含めて日本に近いほうの島々には見られないのです。

この状況をみると、十二世紀代の初期段階に、日本の移住者たちの影響は強く沖縄島まで及んでいたとしても、その次の十三世紀代に沖縄島で生まれたものが独り立ちして、先島も沖縄島も変化していったと見なければ、吹出原型掘立柱建物の分布状況は評価できないのではないかと思うのです。

つまり琉球列島の外からの影響で変わっていく段階と、その次の段階として、沖縄島から周辺に影響が及ぶ時には、琉球の内部にもさまざまな地域、島々があるのですから、その地域の中で独特の変化が起きているのだと理解したほうがよいのではないか、というのが私の率直な感想です。

この沖縄島を介して拡散する段階では、「移住者」はすでに「日本人移住者」というよりも、もっとマージナルな立場、意識の人々を想定した方がいいのではとも思います。

池田　十一世紀後半から十三世紀のあいだに、常に人が外から琉球にやってくるだけでなく、琉球の中での在地化・内在化は必ず起こりますが、そのプロセスがよくわからないのが実情です。

おそらく最初にやってくる人たちは、かなり大きな影響力を行使していると思うのですが、そうした人々が琉球列島の中で、とくに沖縄島を中心とした地域で、どのような形で在地化していくのかです。たとえば、そのプロセスを土器の変化でみると、次第に原形から離れていくことが考古学では追いかけられます。

土器の編年でいえば、その時間幅は十一世紀後半から十四世紀までの三〇〇年の幅があるのです。そのあいだに当然、内在化・在地化していく状況があるだろうと思うのですが、そのプロセスと遺構論をどのように重ねて説明すればよいのか、それがいまは、なかなか難しい。今回の報告では、非常に特徴的なモノが入ったり、特徴的な遺物の組み合わせが入ってくるという状況が在地の文化を変えるのだろう、というところまでだったのです。

土着化のプロセスは今後の課題ですが、もう一つ私が指摘したのは、在地には在地の土器を作る別の文化をもっている人たちがいて、外から入ってくる人たちと融合していくプロセスです。まだ私の中で在地土器の編年を掴みかねているので、外から入ってきた土器と在地土器がどのような関係をとりながら互いに変化していくのかわかりません。ただ、最終的に十三世紀には、在地の土器はなくなってしまうのですが、そのあたりのプロセスをまだうまく説明できないのです。

それともう一つは、大宰府編年C期に沖縄島を介して宮古・八重山諸島にも一気に人の移動が起きたということへの疑問ですね。今回の報告では、遺物群の組み合わせを意識しているところがあって、大宰府編年のC期で説明したわけですが、でもほんとうは、もう少し後にズレると思います。C期の遺物は十二世紀後半にもかなりの数が残りますから、十一世紀後半で全てをくくれるわけではないのです。実年代でいえば、十一世紀後半から十二世紀初頭に琉球弧で人の移動が起きていたのではなく、時間幅がもっとあるのですが、この間に沖縄島を介して先島諸島に行くのか、大陸側との関係もあるのか、そのあたりのメカニズムをまだ私の中で明らかにできていないのです。

小野　この人とモノの移動の現象は、やはり沖縄島の位置づけの評価からは、大きく二段階に分けて考えたいですね。池田さんは石鍋・カムィヤキ・白磁の三点セットの問題を、運びこまれた時点に注目して説明したわけですが、消えてしまう時期もありますね。たとえばカムィヤキは、十一世紀後半から徳之島で作られて、琉球列島に運ばれていたのに、十三世紀後半頃に作られなくなってしまいます。この遺物が消えていくときのきっかけは、何なのかです。

消えるときの意味づけが、在地化していくプロセスと連動していると思うのです。池田さんは十二世紀前半段階までの日本からの影響でいろいろなモノが動いていたと言いますが、十三世紀後半には違うインパクトが起こり、そこが在地化や遺物の消滅と連動してくるのでしょう。移住者たちが定住化し次第に在地化する中で、必然的にその人たちも変わらざるを得なかったし、社会全体の枠組みも変わっていった。当然、移住者の性格や果たした役割も変化したというのが先の発言です。

村木　先島にまで大宰府編年C期の遺物が流れ込んでいたのは、確かに遺物を見ると、十二世紀初頭頃にいろいろな物が入ってくる印象はあります。でも実際に先島の現地で陶磁器を数えると、宮古島の中心的な住屋遺跡(宮古市・旧平良町)では、一万五四二一点の陶磁器の中でC期は五点しかないのです。ゼロではないのですが、一万点ある陶磁器の中で、五点の出土をどう考えるのかです。それに対して、十三世紀に入ると、陶磁器の数は四四八点と目に見えて増えます。先島にとって大宰府編年C期の遺物に、どれほどのパンチがあったのか、疑問も感じます。

池田　いわれるとおりだと思います。先島にC期の遺物がどのタイミングで入るのかはわからないので、二次的な搬入も含めて考えないといけないと思います。もっとたくさんの遺物が出てくる十三世紀なのかもしれませんが、遺物が出ている状況は抑えないといけないのだろうなと思います。

村木　もう一つ、在地のくびれ平底土器は、貝塚時代後期の様式なので、まだ農耕に入っていないことの目安になりますが、それに対してグスク土器は鉄製品といっしょになって出土するので、農耕開始の指標になるのですよね。この外来のグスク土器と在来のくびれ平底土器が長い間併存するのは、従来の生活様式を維持している人たちとは別に、外来のグスク土器を使う人たちが農耕を営んでいるという評価になるのですか？　それとも在来のくびれ平底土器を使っている人たちも、グスク土器を使う外来の人たちがやってくると、土器は古いけれども農耕段階に入っているということになるのですか？

池田　外からやってくる人たちは農耕を持ち込むわけですね。彼らは自分たちの生活のために穀物を栽培しないと成り立たない暮らしをしている人たちですから、狩猟・採集の生活には戻れません。でも、在地の人たちは狩猟・採集で暮らしています。ということは、狩猟・採集で生活する人たちと農耕を営む人たちは、イメージとしては弥生時代の早期、初期の頃を考えてもらえば良いのですけど、生活のシステムを別にしていて、併存することはあり得ると私は思っています。

島の狭いエリアの中に住んでいますけど、お互いの目的が別にあって、外来の人たちの目的が物資の調達であれば、在地の人と地域を統合していくよりも、お互いの生存システムに関与しなくてもよかったのではないかと考えているのです。

だけど、長いあいだ併存していると、生産力の違いがあったり、鉄器の供給の有無だったりと、さまざまな様相があって次第に在地の文化を担っている人たちは、新しく入ってくる外来の人たちの文化と融合せざるを得なくなる。外から入ってきた人たちも、労働条件などを考えたときに、在地の人々に働き手を求めるとしたら、彼らの生活基盤に踏み込んでいく必要もあるだろうと思うのです。

そういった融合がどのタイミングで、どのように起こっていくのかはわかりません。最初の段階は、おそらく在地の人と外から入ってくる人は別々で併存していたのだろうし、その後の融合の進み方は、何世代かの時間が必要なのでしょうけど、琉球列島の中でどのような社会構造の変化が起きてくるのかは、これからの課題ですね。

ただ、土器の問題に限れば、土器の伝統は残ると思うのです。自分たちが使っていた土器は、生活が変わっても使い続けるのではないかと思います。だから数的に出土量が少なくなっても、遺物としては出土し続けることがあるのは、そういうことなのかなと思います。

小野　「吹出原型掘立柱建物」の問題には、高倉を伴っていて、鉄生産もしていたりと高度な技術もいっしょに入っていますね。そうすると、在来の集落との階層性が当然、生まれるし、貧富差も出てくる。確かに弥生初期の話と非常によく似ていて、外から入ってくる人たちと、在来の人たちのあいだに、階層性の問題があって、集落にもヒエラルキーができることと連動すると思うのです。とくに鉄の問題は、この時代の琉球では大きなインパクトを持っていたはずなのですが、ただ一方で、農耕開始をキーワードにして、弥生時代と「中世」の変化の構図が本当に同じなのかという、そのあたりがいまひとつイメージできないですね。

池田　外からやってくる人たちは、当然、階層化した社会の中で生活しています。在地の人たちは狩猟・採集の生活を続けている。そうすると、ある社会組織が一つになろうとするときに、階層化された社会の中に狩猟・採集で暮らす人たちを取り込んでいかざるを得ないことが起こるのだろうと考えています。

でも、階層の下に従属させるというのではなく、婚姻の関係や労働を対象とした取り込み、あるいは地域の中の有力者層と手を結んで取り込んでいくなど、いろいろなパターンがあると思うのです。そのあたりは、頭の中でイメージしていることはあっても、モノ資料としては難しいので、明確には説明できません。

少し手がかりになりそうなのは、喜界島で見つかっている埋葬遺構です。女性の遺体が多いのですが、この女性たちはたくさんの玉を副葬されていて、一般住民とは職能的に少し違うのではないかと思います。在地の人々が持っていた社会を、外から入ってきた人たちが取り込んでいった状況を考えるヒントが隠されているのかな、とは思いますけど、まだまだよくわからないですね。

集落からグスクへ
――グスク時代における交易と農耕の展開――

瀬戸　哲也

はじめに

日本中世を概ね十一～十六世紀と捉えるなら、琉球列島のグスク時代は中世並行期にあたる。筆者はこのグスク時代を出土陶磁器の組成に基づいて7期に編年しているが〔瀬戸　二〇一七a、第1表〕、グスク時代の始まりを十一世紀後半～十二世紀前半とするのは大方の意見が一致している。すなわち農耕の始まりを示す畑跡や水田跡の検出、掘立柱建物を伴う集落の出現、出土遺物の組成に類似性が認められるといった発掘情報がメルクマールとなっている。

本論のテーマである集落からグスクへの展開を考古学の視点で提言した山本正昭によると、グスク時代初期の沖縄本島における集落には「隔離空間」とする象徴的な建物群がすでにあり（第3図）、それが十四世紀後半以降に確認される石垣造りの城壁で囲まれた「城塞的グスク」と「城下的集落」の関係に発展したとみる。その一方で集落形態は不整然であって明確な区画を持たず、この形態は十七世紀代まで継続するとみている〔山本　二〇〇二・二〇一六〕。

確かに十三世紀以前の沖縄本島の集落では、明確な区画施設はもたない。しかし、建物の軸方向を共有する掘立柱建物群は確認されており、筆者は遺物の多寡と建物の並び方から開拓型と交易型の二タイプを指摘した〔瀬戸　二〇一八、以下前稿とする〕。筆者は、この二タイプのグスク時代初期の集落が変遷して、十四世紀後半以降に今帰仁グスク・勝連グスク・浦添グスクなどの石垣の城壁をもった大型グス

第１表　琉球列島における陶磁器組成の編年・年代観（瀬戸作成）

画期		年代	主要な陶磁型式
１期		11世紀後半～12世紀前半	白磁碗Ⅳ類
２期		12世紀後半～13世紀前半	青磁碗・皿Ⅱ類、櫛描文青磁碗・皿
３期	古	13世紀中頃～後半	青磁碗・皿Ⅱ～Ⅲ類、白磁A群・今帰仁タイプ
	新	14世紀前半	青磁碗・皿Ⅲ～Ⅳ類（古）、白磁ビロースクタイプⅡ、褐釉陶器
４期	古	14世紀後半	青磁碗・皿Ⅳ類（新）、白磁ビロースクタイプⅢ、褐釉陶器２・３類
	新	14世紀末～15世紀初頭	青磁碗・皿Ⅳ´類・Ⅴ類（古）、白磁D群（古）、褐釉陶器５類、タイ産陶器
５期	古	15世紀中頃	青磁碗・皿Ⅴ類（新）、白磁D群（新）、青花（明早期）、褐釉陶器５類、ベトナム産青花、タイ産陶器
	新	15世紀後半	青磁碗・皿Ⅴ類（末）、白磁D群（新）・E群、青花B１群、褐釉陶器５類、タイ産陶器
６期		15世紀末～16世紀前半	青磁碗・皿Ⅵ類、白磁E群、青花C・D群、三彩陶器、タイ産陶器、褐釉陶器５類他、ベトナム産白磁
７期		16世紀後半	青磁碗・皿Ⅶ類、青花E群

ク［安里一九九〇］が形成されてくると考えている。

そこで本稿では、集落からグスクへの変遷過程を農耕や交易との関連とあわせて、沖縄本島と奄美地域との比較などを行うことにより若干でも検討を深めたいと思う。先島については、石積み囲いの集落が遅くても十四世紀には登場しているのは確かであるが、筆者自身の具体的な検討ができていないので、比較の対象から除いている。

１　グスク時代初期の集落と地域性

まず、前稿で沖縄本島における十一世紀後半から十二世紀前半の集落遺跡で設定した交易型と開拓型についての概略を示したうえで、奄美地域と比較してみたい。なお、この時期は陶磁器組成に基づく編年試案では概ね１期にあたるので、グスク時代初期の集落としておく。

沖縄本島では、中南部の西海岸を中心としながらも数量を問わなければ各地で十一世紀後半～十二世紀前半に相当する白磁、滑石製石鍋破片、石鍋模倣を含む在地土器が見られる。しかしながら、調査面積が狭小なものが多く、現時点で集落構成が判明しているものは西海岸中部(宜野湾市・北谷町・読谷村など)のものが多い。これらの遺跡において建物の規模は長辺六〜一〇㍍前後の大型プラン(主屋)、二〜四㍍の小型プラン(倉庫)の二種で建物群が構成され、最初に確認された読谷村吹出原遺跡を冠して「吹出原型掘立柱建物群」と呼ばれている[仲宗根 二〇〇四、第1図]。なお、主屋とされる建物プランの多くには中柱を有し、側柱の間隔にややばらつきがあるというのが沖縄本島の大きな特徴で、奄美地域ではあまりみられない。また、仲宗根はこの

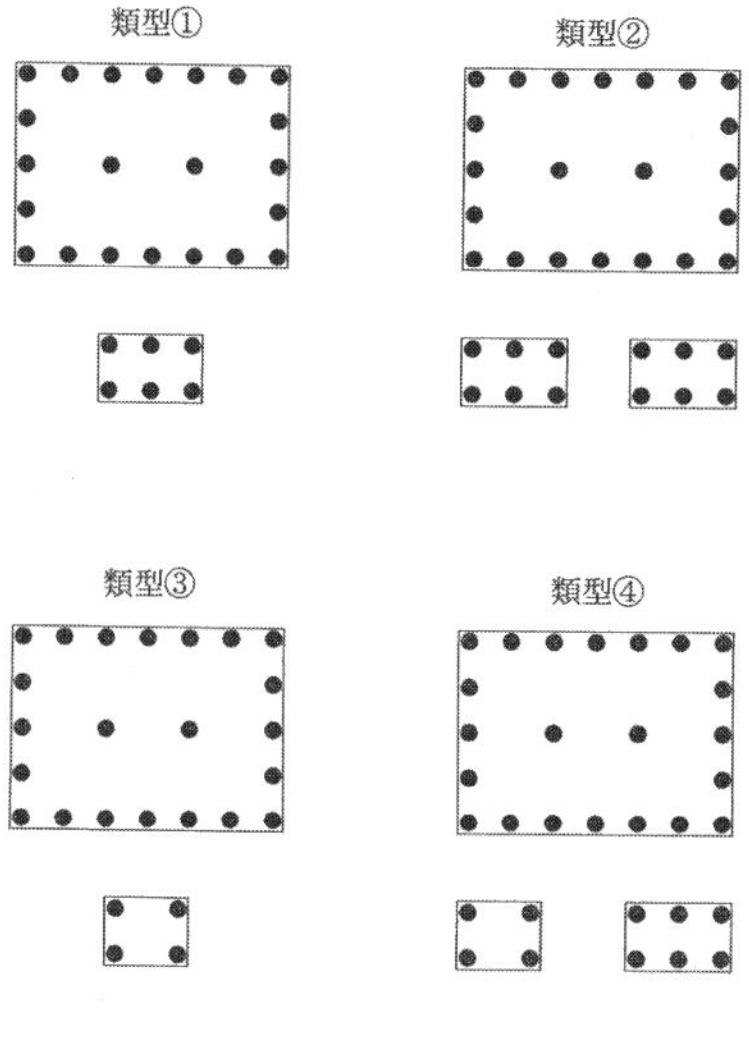

第１図　吹出原型掘立柱建物群(仲宗根 2004)

大型・小型の建物がセット関係をもっており、一つの屋敷地として認識できる可能性を指摘していた。しかし後述するように、調査事例の増加に従いセット関係を明確に判別することが難しく、建物の軸方向の類似性、同一場所の切り合いなどから何らかの関係性は見られるにしても、全てを屋敷地として認識することは困難だと考えている[瀬戸 二〇一八]。

一方、これらの集落には、前代の貝塚時代後期とは異なった規格的な建物、焼骨再葬を伴う土坑墓などの特徴的な遺構があり、中国産白磁・滑石製石鍋破片・徳之島産カムィヤキなど出土遺物の組成も類似していることから、喜界島城久遺跡群との共通性が指摘され、人の移動を含めた外部からの強い影響が想定されている[吉岡 二〇一一、池田 二〇一二、瀬戸 二〇一四]。後述のように畑遺構が伴うものもあるので、農耕の導入に関わった人々の集落とも考えられる。

このような初期の集落ではあるが、白磁や滑石製石鍋などの出土量と建物群の構成の違いから交易型と開拓型の二タイプを設定した。

交易型集落　白磁・滑石製石鍋破片の出土量が数十点以上

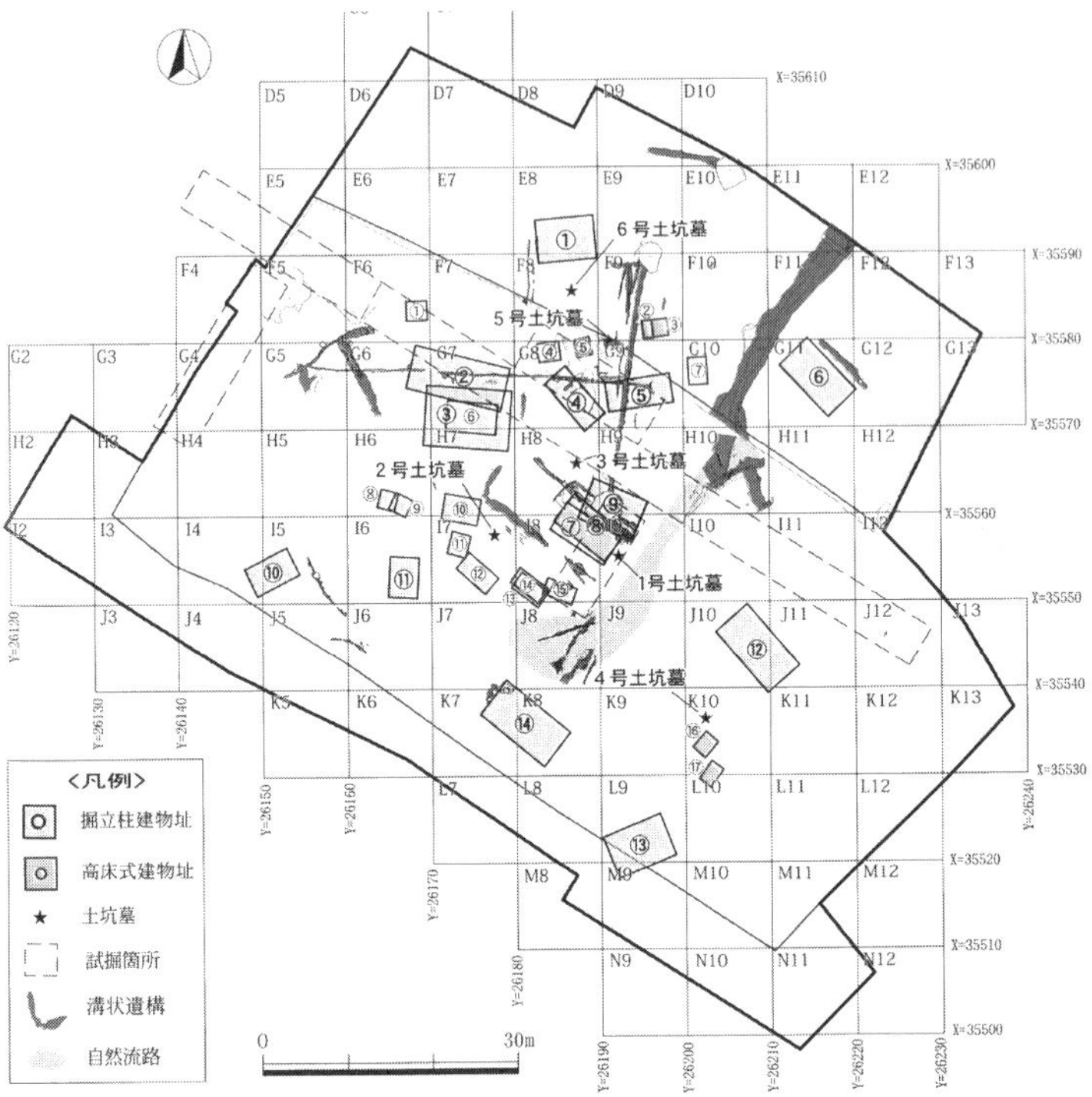

第2図　小堀原遺跡（北谷町 2012）

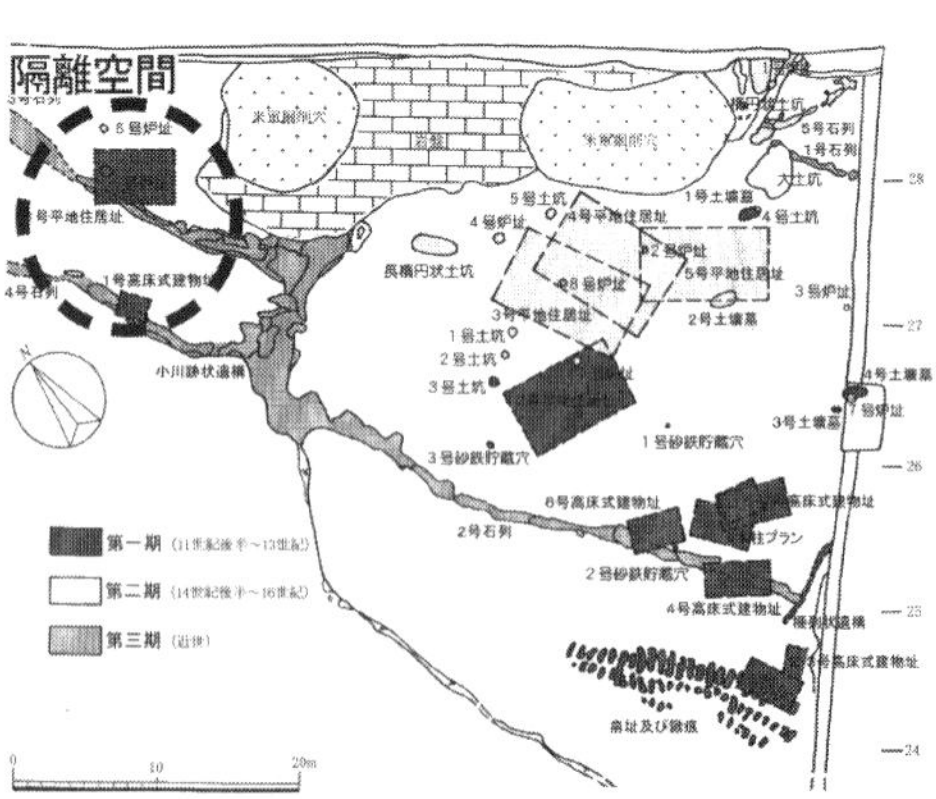

第3図　後兼久原遺跡（北谷町 2003 改変）

と多い集落である。北谷町小堀原遺跡［北谷町二〇一二、第2図］・後兼久原遺跡［北谷町二〇〇三、第3図］が代表例であり、その立地は海岸に近い平地である。建物構成の特徴としては、主屋と倉庫がそれぞれ集中する範囲はあるが、軸方向に強い規格性を読み取れるものは一部を除いてみられない。また、溝はあっても建物群全体を区画するものではない。なお、交易型集落には、後兼久原・小堀原遺跡のように、土葬墓や喜界島城久遺跡群と類する焼骨再葬墓が数基営まれ、それらは建物群に近接し、建物と同じ軸方向に向いているものが大半である。集落の存続期間は十二世紀代に収まるものが多いが、宜野湾市伊佐前原第1遺跡のように十三世紀以降まで継続している集落もある。

海岸近くに立地する集落で建物の配置に規格性が認められないというのは、居住者の継続的・持続的な生活が営まれなかったか、様々な集団で集落が構成されていたことが考えられる。つまり、この交易型集落には後述する開拓型よりも交易を重視していたことが想定され、喜界島など奄美地域を主に拠点とした集団からの移民が居住していたとみられる。一方、貝塚時代後期土器も出土することが多く、前代から居住していた在地の狩猟・漁撈採集民も関係していた可能性を考えたい。つまり、移民と在地民が交流をもちながら展開した集落と位置づけられる。他方、在地民が主体と思われる集落であるが、現時点では貝塚時代後期土器の詳細な型式変化が未だ掴めていないのが現状であり、具体的に集落構成を提示することは困難と考えている。

開拓型集落　白磁・滑石製石鍋破片の出土が数点に留まる集落である。読谷村楚辺ウガンヒラー北方遺跡［仲宗根二〇〇四、第4図］、宜野湾市普天間後原第2遺跡［宜野湾市二〇

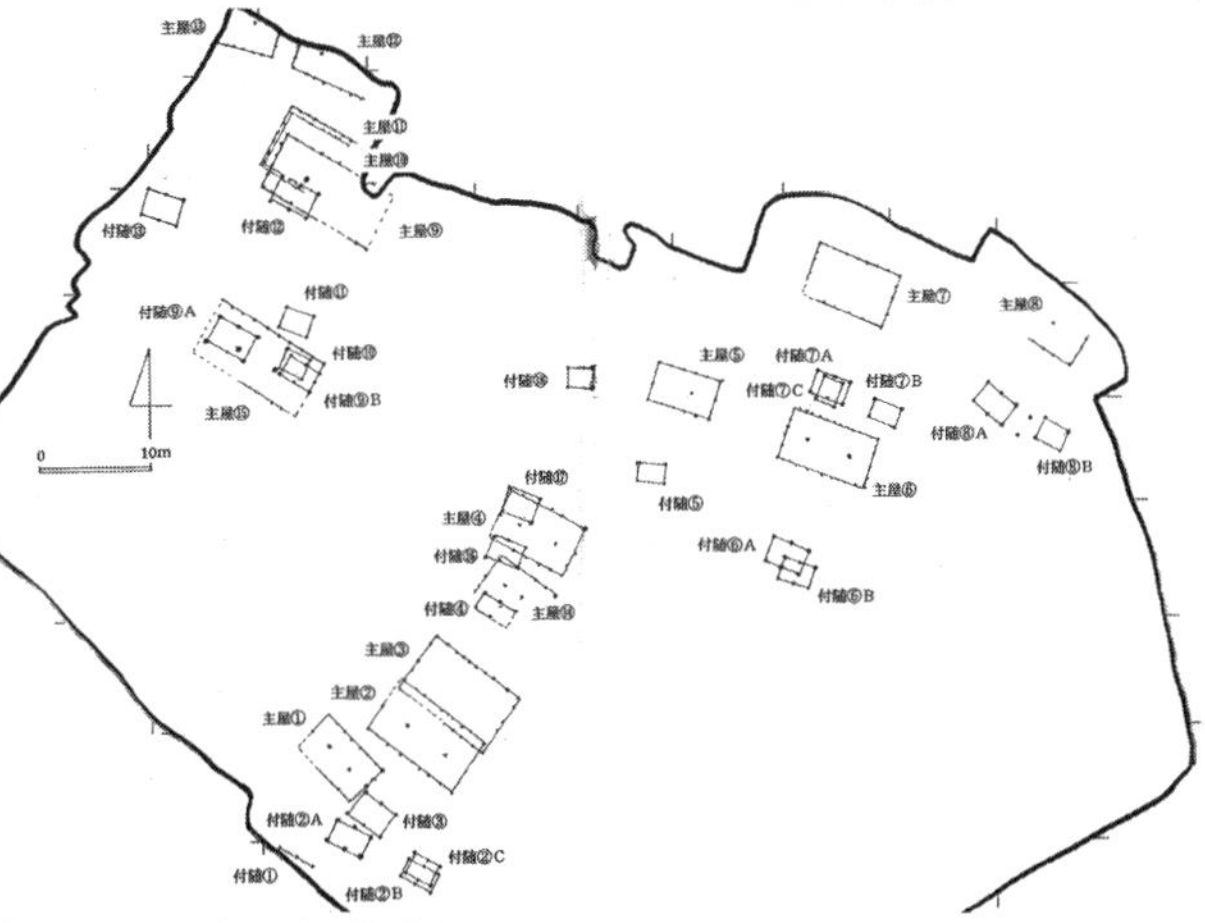

第４図　ウガンヒラー北方遺跡（仲宗根 2004）

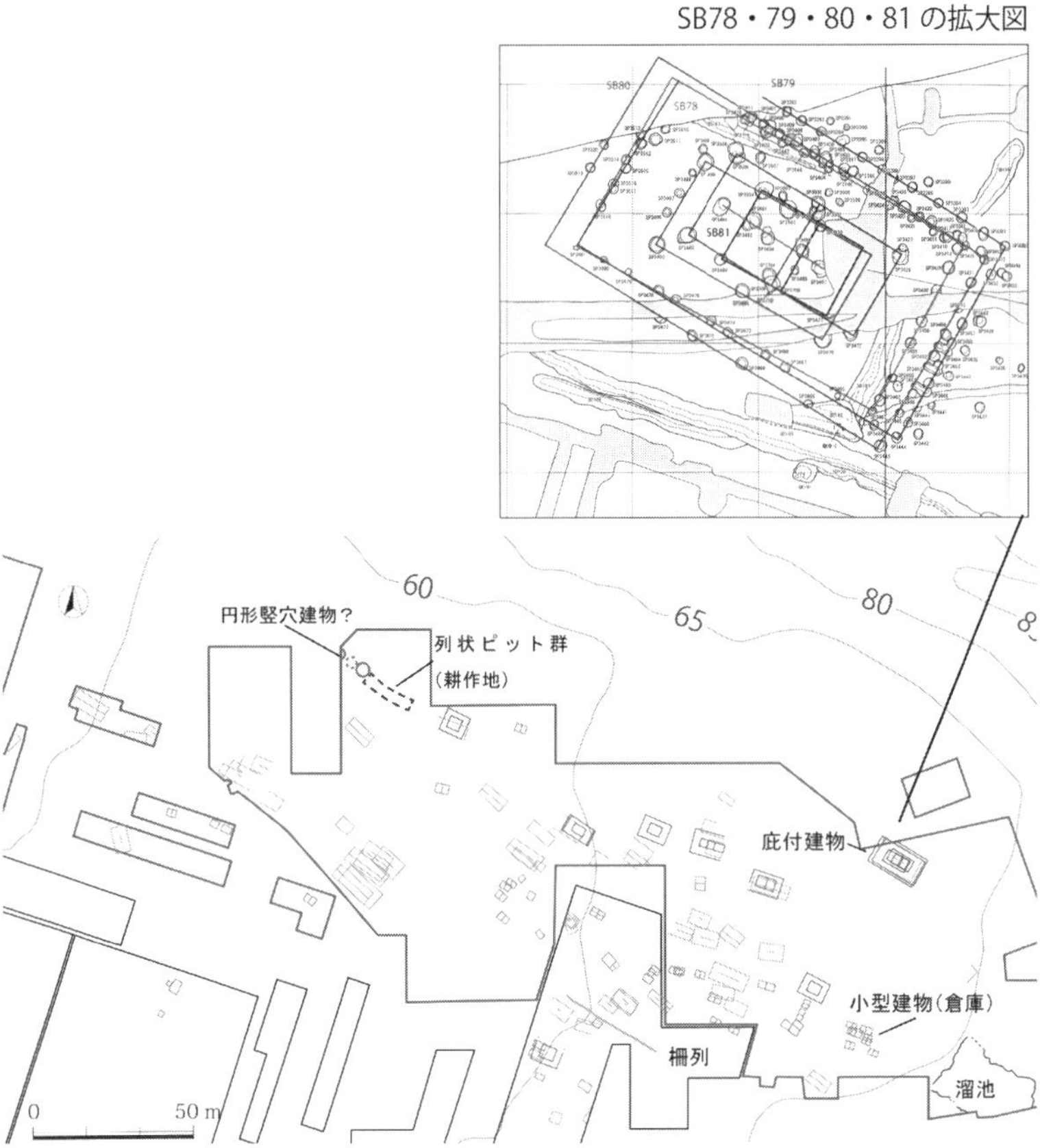

第5図　普天間後原第2遺跡（宜野湾市2017改変）

一七、第5図）などがあり、海岸より約一～二キロ離れた丘陵上に立地する。前述の交易型集落と同様に、主屋と倉庫で構成されているが、全体的に建物の主軸方向がかなり統一されていることに特徴がある。また建物が分布しない空白地帯が明確に存在している。特に、普天間後原第2遺跡の調査区北西端のＳＢ78～81はほぼ同一場所で同一規模の建物が四回建て替えられている。これらの建物群の様相は、建物の構成に強い規制があると考えられる。出土遺物はほぼ十一世紀後半～十二世紀前半に限定でき、集落の存続期間は総じて交易型より短い。

開拓型集落は、丘陵上に立地することから、交易型に比べると内陸部の開発・農耕に関係していたと考えられる。建物の配置に規格性が認められるということは、居住者の継続的・持続的な生活が想定されるし、居住者の関係もまとまりが強かったのではないか。つまり、開発・農耕には多くの人々が組織的に取り組む必要があるため、建物の規制にも反映されたのではないかと想定したい。この集落の担い手については、貝塚時代後期土器はほとんど出土しないので前代からの在地民との関わりが弱いとみるならば、在地民ではなく移民が中心であったと思われる。ただ、このタイプがグスク時代初期の間に終焉する理由としては、結局それほどの生産性が確保できなかったのか、その合理的な説明は今のところ思いつかない。

奄美地域の様相　近年の奄美地域では、喜界島の城久遺跡群を筆頭に十一世紀後半〜十二世紀前半をピークとする集落が次々に確認されている。これらの集落は沖縄本島に比べると遺物の出土量が多く、また南九州の地方官衙などで見られる庇付建物も規模が大きい傾向にある［喜界町 二〇一七］。

集落内の建物構成をみると、城久遺跡群では多くの建物群が検出されているため、建物のセット関係を把握するのは困難だが、数棟が類似した軸方向でまとまっていることは確認できるし、同一場所での切り合いも認められる［喜界町 二〇一五、第６図］。だが、溝などにより明確に区画された状況ではなく、軸方向の統一性も沖縄本島の開拓型集落に比べるとさらに雑然とした印象を受ける。

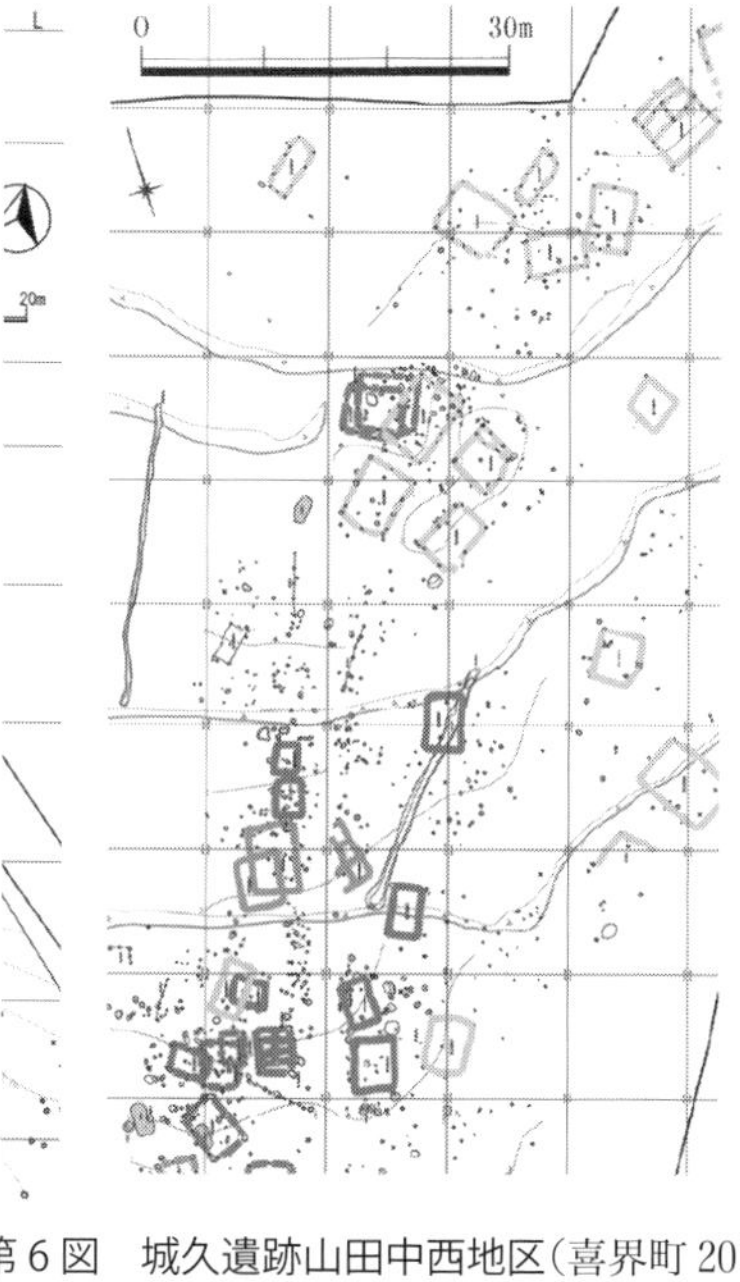

第６図　城久遺跡山田中西地区（喜界町 2015）

また、城久遺跡群の西約八キロに位置する崩り遺跡（第７図）では、十一世紀後半〜十二世紀前半、十四〜十五世紀の建物群が確認されている。前者ではA建物跡とする主屋、それより小型で倉庫などとするB・C建物跡が約四〇〇㎡

の範囲に三・四基前後でセット関係をもち、さらに畑と考えられる畝群が隣接し、建物群の間には道・広場と約二〇メートルの空間があるとする。このような建物群と広場のセット関係は屋敷地として評価されているが［野﨑 二〇一八］、明確な区画施設は認められない。

耕作地と集落の関係はどうだろうか。徳之島前当り遺跡（第8図）では、十一世紀後半〜十二世紀前半に谷部分を段々状の水田とし、隣接する丘陵の平坦地に建物・炉・墓が分布しており、同時期に造営されていたことは明らかである［伊仙町 二〇一八、新里 二〇一八］。建物の構成は、建物の軸方向の類似や同一場所の切り合いがみられるが、明確な区画はなく、崩り遺跡と類似した状況であろう。また、貝塚時代後期土器が少量出土しているが、在地民が積極的に農耕民に転化していったと評価できるのか、その解釈の決定打は未だにない。

また、曲がりくねった面縄川沿いの幅数十メートル程度の谷部に展開する水田は広大な耕地であったとも考えにくい。このような狭小な耕地では生産力が低い段階にあったとみるのか、逆に低地への開発が進行していて集落の近くには家族規模の自給のための耕地が営まれていたと考えることもでき、検討の余地がある。いずれにせよ、徳之島では他に川嶺辻遺跡など、谷部に水田を営んだ同様な遺跡がいくつも確認されており、内陸部の開拓が進行していたことは確かであろう。

小　結　十一世紀後半〜十二世紀前半の集落について、沖

第７図　崩り遺跡（野﨑 2018）

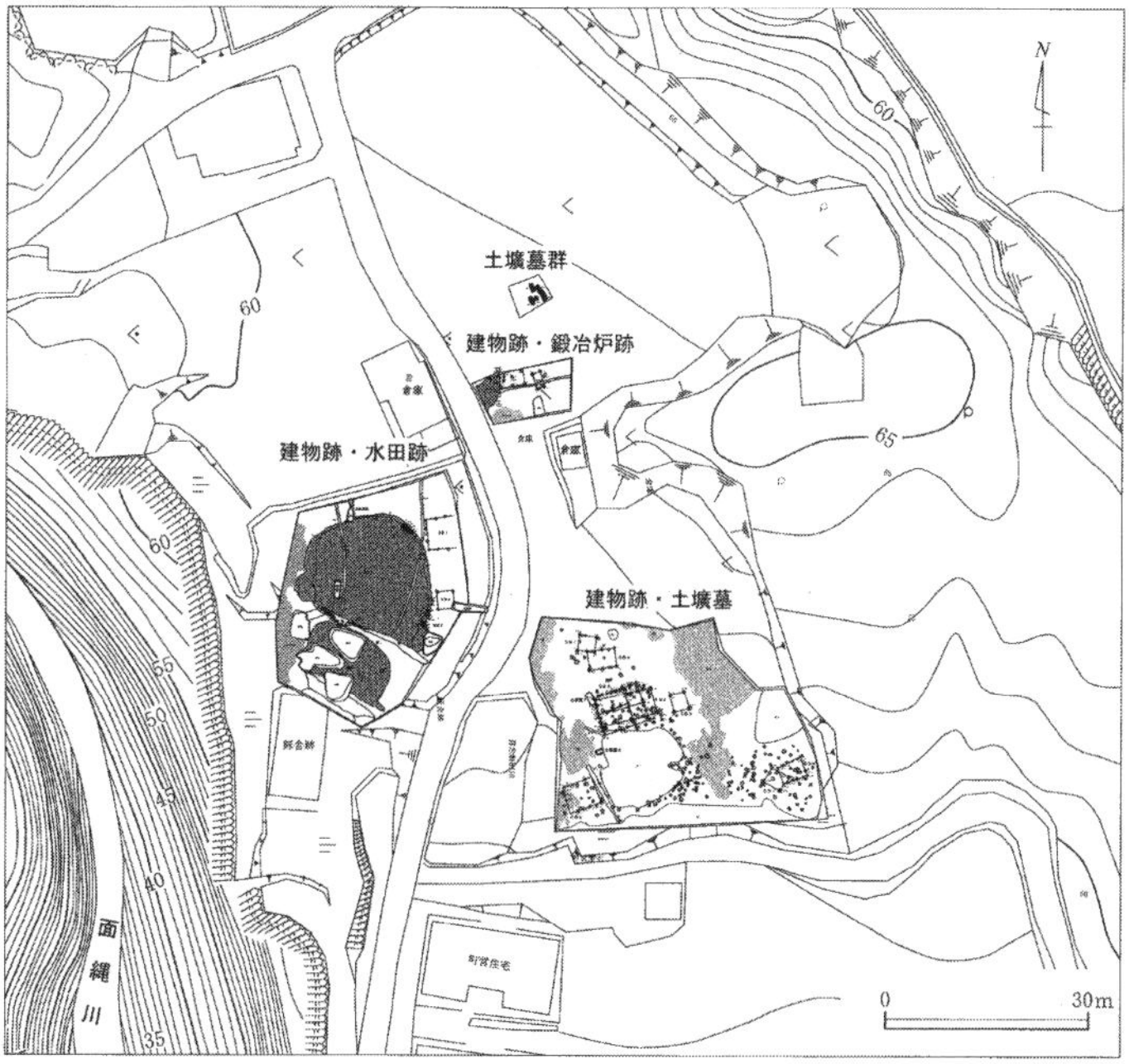

第８図　前当り遺跡（新里 2018）

縄本島と奄美地域の様相を比較してみたが、溝などの明確な区画はなくとも、建物群に一定のまとまりをもっていることは共通点として指摘できる。ただ、沖縄本島の開拓型集落では建物規制が強い傾向にあるのに対して、奄美地域では今のところ類例を確認できない。また、奄美地域の海岸沿いの集落も様相は明確ではなく、沖縄本島の交易型集落とも全く同一とはいえない。

いずれにしても、現在沖縄本島で集落構成が判明している遺跡については、その主体者は移民と考えざるを得ない。つまり、沖縄本島において農耕をベースとした社会・文化の成立は十一世紀後半～十二世紀前半という時間幅において、移民が中心となって在地民との婚姻なども伴いながら展開した結果、その目的の違いにより交易型・開拓型という二タイプの集落が形成されたものと考えられる。

2　交易型集落の多様性と特徴

沖縄本島における初期の集落の二タイプのうち、海岸近くに立地して多様な人間集団が居住していたと想定できる交易型集落には、十三世紀以降に継続する集落も確認できるので、陶磁器の出土量が多い遺跡を分析することで、交易型集落の構造についてさらに検討を深めたい。

宜野湾市伊佐前原第1遺跡(第9図)は、海岸平地後背の低地段丘に立地する十一世紀後半～十四世紀前半の集落跡である[沖埋文二〇〇一]。陶磁器の出土量は沖縄本島でも上位であり、特に十二世紀後半～十三世紀前半の青磁Ⅱ類、櫛描文青磁は合わせて約一五〇点と最も多い。集落の建物は初期の集落と同様に主屋と倉庫で構成されるが、倉庫のプランは二間の総柱建物(沖縄では九本柱建物と通称)が検出されており、より頑丈な構造と考えられる。この総柱の倉

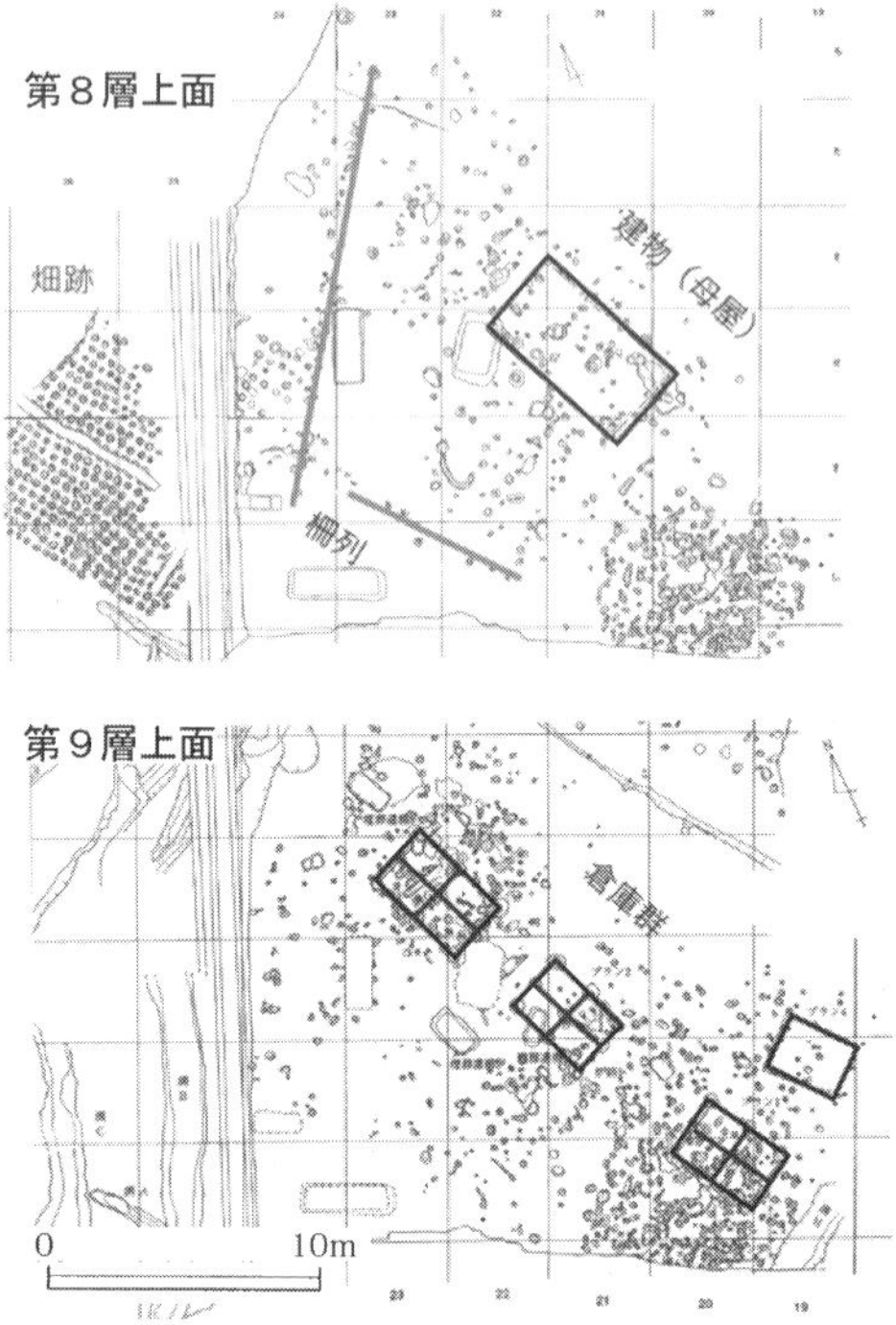

第９図　伊佐前原第１遺跡(沖埋文 2001 改変)

第 10 図　今帰仁ムラ跡(今帰仁村 2005)

庫が約四㍍の間隔を空けて同一方向で三棟並んでいる。このような規則性は初期の集落には今のところ見られず、吉岡康暢は領主個人もしくは集落全体の高倉群として評価する[吉岡 二〇一二]。同様な倉庫が複数立ち並ぶ姿は、十四～十六世紀の今帰仁城跡の麓に広がる今帰仁ムラ跡でもみられる[今帰仁村 二〇〇五、第10図]。このような倉庫群のあり方は、時代を問わず交易型集落の重要な特徴と捉えたい。

もう一つ異なった構造をもつ交易型集落の事例もあげておく。那覇市ヒヤジョー毛遺跡(第11図)は、安謝川河口より一㌔遡った内陸部の丘陵にあり、十一世紀後半～十六世紀前半までの陶磁器が継続して出土している。特に十一世紀後半～十二世紀代ものは非常に多い。また、周囲の丘陵には銘苅原遺跡群など類似した遺構と遺物をもつ遺跡が分布しており、金武正紀は那覇港以前の港湾ではないかと指摘する。筆者も九州中世の川湊の事例を挙げて追認している[金武 二〇〇九、瀬戸 二〇一七b]。

この遺跡では、遺物量に比して遺構の密集度が弱く、明確な建物プランを認識できないため、後世に削平された可能性が指摘されている[那覇市 一九九四]。ただ、遺構図を検

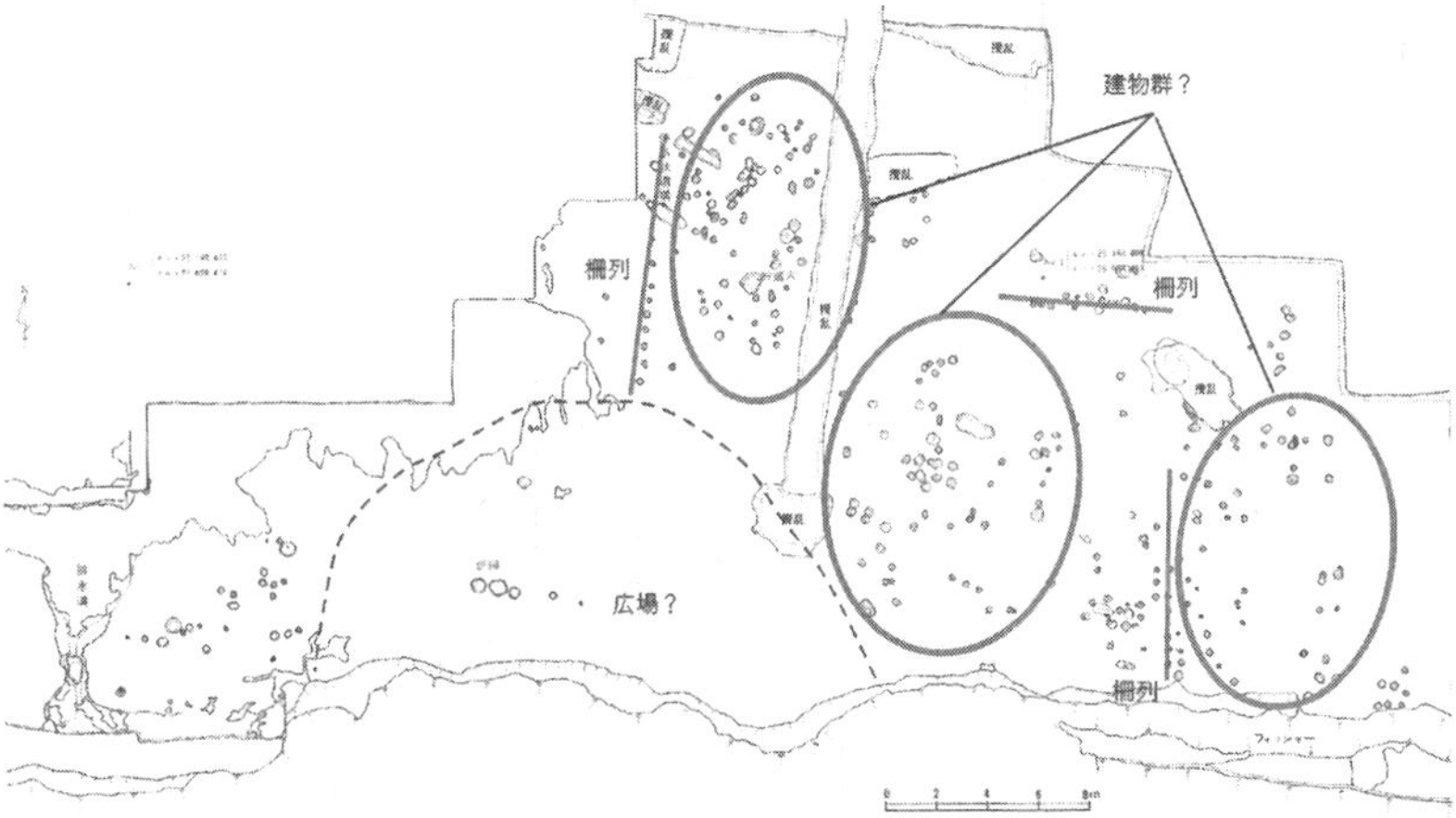

第11図　ヒヤジョー毛遺跡(那覇市 1994 改変)

討すると、その密度は確かに高くはないが、調査区東側に柱穴が集中する範囲が三地点、その周囲には列状の小穴群が一定の方向で三か所確認でき、これらは長さ一〇㍍程度の短い柵列と見ることもできる。これらの遺構群の西側には炉跡が三基見られるだけで、約二五〇㎡の遺構空白地がある。これらの遺構配置から明確なプランをもたない建物群を一定方向の柵列で取り囲み（一周はしない）、その西側の遺構空白地を広場と捉えれば、建物群の密集度や継続度は弱くても、一定の規制が読み取れる集落構成が浮かびあがる。

　このようなヒヤジョー毛遺跡の類例としては、鹿児島県持躰松遺跡があるように思われる。持躰松遺跡は、十一世紀後半〜十四世紀前半の陶磁器が多く出土することから交易拠点とされ、カムィヤキも見られることから琉球列島との関連も考えられている。しかし、建物群等の遺構密集度は弱く、広場的な空間も指摘されており、一時的な「市的な場」と考えられており［鹿児島県埋文 二〇〇七］、ヒヤジョー毛遺跡も同様な性格が想定される。

　以上、交易型集落は、倉庫のあり方、長期に継続していても建物群の不明瞭さなど、多様な様相がみられる。ただ、現時点では初期の交易型集落がどのように変遷していくのか、また十四世紀後半に港湾として整備された那覇港［瀬戸 二〇一七b］との関係についても未だ検討は不十分で多くの課題を残している。

3　農耕の展開と大規模化

　交易型集落の多様性と特徴をみてきたが、開拓型集落の内容をより深めるため、水田・畑遺構を含めて農耕の様相と耕地の変遷を整理する。

　グスク時代の農耕は、『朝鮮王朝実録』における琉球漂着朝鮮人の記述をもとに、安里進が次のように想定している。①ヘラによる耕作で麦粟栽培の畑、②牛踏耕による水田耕作、③水稲再生・二期作、④粟二期作の栽培暦である［安里 一九九〇］。発掘調査では、植栽痕と称される径二〇㌢前後の小穴が並ぶピット列群が宜野湾市野嵩タマタ原遺跡の調査を皮切りに多くの遺跡で確認されてきた。このピット列がヘラ状の掘棒によって耕作された畑作の痕跡と考

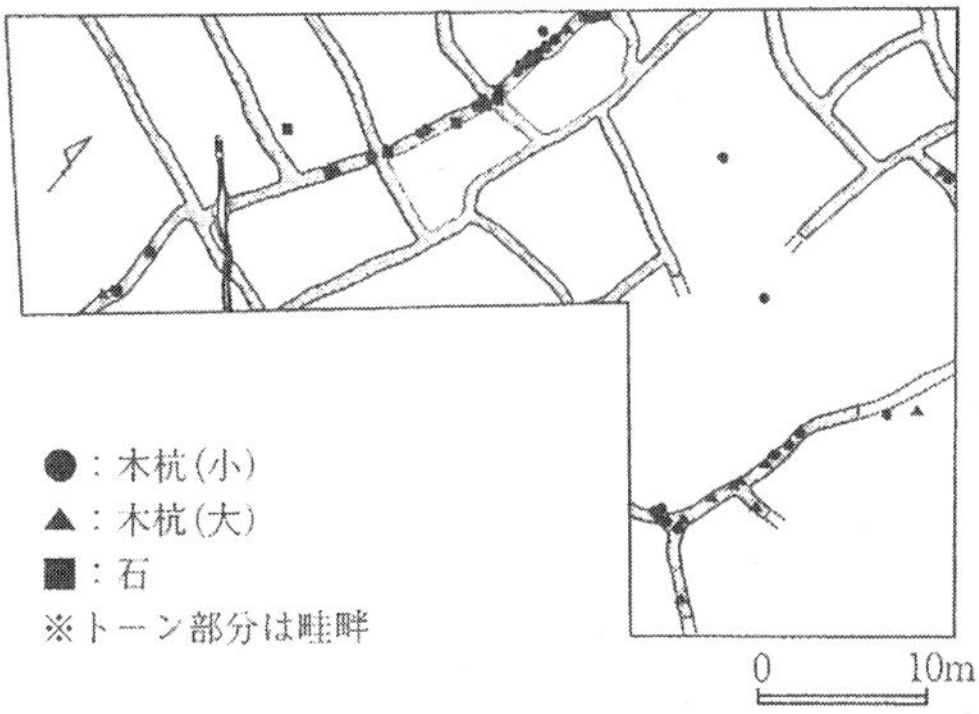

第13図　新城下原第2遺跡の水田跡
（沖埋文 2006）

宜野湾市嘉数ウチグスクのピット列群

第12図　植栽痕による畑跡
（宜野湾市 2007・2009）

えられている［宜野湾市 一九九五、第12図］。一方、水田跡も事例は少ないが確認されており、宜野湾市新城下原第2遺跡では、砂丘後背地において十一～十二世紀頃の杭と畦で構成された方形区画の水田が検出されている［沖埋文 二〇〇六、第13図］。

さて初期の集落には、交易型と開拓型を問わず、建物群に近接してこのような畑などがみられ（第7～9図）、集落の近くで農耕が行われていたと考えられる。また、新城下原第2遺跡の水田も丘陵下の低地にあり、先述した伊佐前原第1遺跡と隣接している。沖縄本島のこの時期の耕地規模はまだ把握できていないが、内陸部や河岸低地全体に広がるのではなく、海岸の近くで標高が低い丘陵に分布する程度であったと考えられる。また初期の徳之島では谷部の開発が進行していたことを先にふれたが、カムィヤキ窯が位置する高所にまでは及んでいない。

内陸部の耕作地の具体的な様相として、海岸より三キロ離れた浦添市浦添原遺跡を挙げる［浦添市 二〇〇五、第14図］。浦添グスク麓の丘陵斜面に位置するこの遺跡では、丘陵斜面に畑と考えられるピット列群が六群確認され、出土陶磁

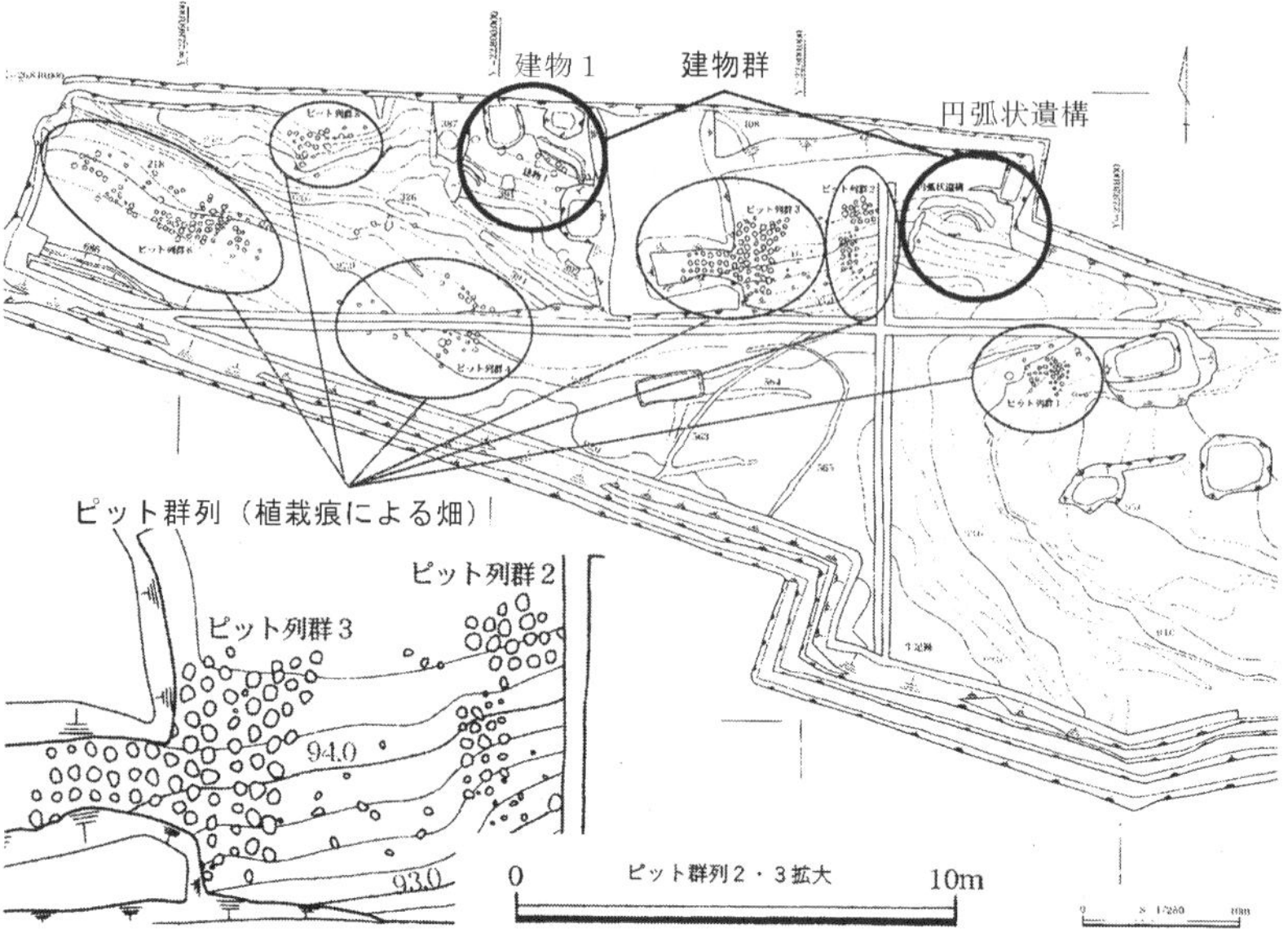

第14図　浦添原遺跡の畑跡(浦添市 2005 改変)

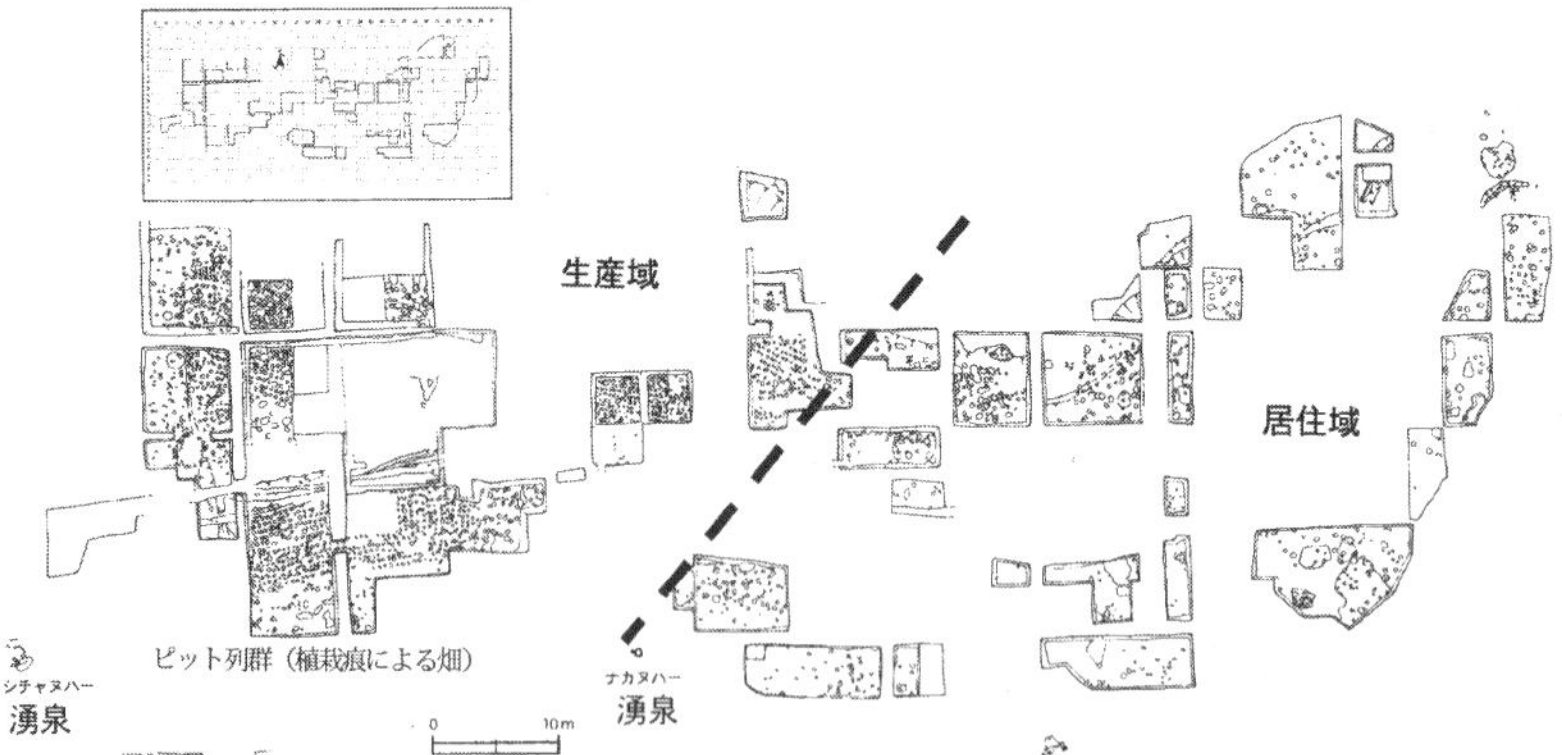

第15図　宇茂佐古島遺跡の生産域と居住域(名護市 1999 改変)

器からは十四〜十五世紀前半が主体と考えられる。これらのピット列群と同一の遺構面では、掘立柱の建物1と竪穴建物と思われる円弧状遺構が近接して確認されている。ただ、この遺跡が本格的に集落として機能するのはこの斜面部が埋まった後の十五世紀後半〜十六世紀とされており、それまでは集落域の外れであったと思われる。畑跡が居住域に隣接している初期の集落の状況と異なり、耕地の規模も大きくなってきたことが窺え、この発掘情報から考えると、グスクの形成が内陸部の耕地開発と連動していると捉えられる。

名護市宇茂佐古島遺跡（第15図）は、河口より一キロ上流の海岸低地に位置する十五〜十七世紀の集落であるが、居住域・生産域に隣接して畑跡のピット列群が広がっている［名護市 一九九九］。ピット列群は奥行四〇〇メートル、幅二〇〇メートルと迫地全体に広がっていると思われ、この集落が経営した畑と思われる。畑と集落の時期差は報告書に明記されていないが、遺構検出面は同一面と考えられるので共存していたと考えられる。つまり十五世紀以降には、より大規模になってきたことが窺える。

このように、グスク時代には耕地が内陸部を中心に大規模化していくことが想定される。そして内陸部の丘陵に位置するグスクは、明確な城壁が形成される段階は十四世紀後半になるが、その居住の開始時期は十三世紀代に遡るものも見られる。つまり、耕地の内陸部への進出はグスクの形成前夜にあたり、グスクはさらに広範囲の耕地を開拓するための拠点としての役割をもっていたのではないか。

4 グスクの形成と展開

沖縄本島を中心に初期の交易型・開拓型集落の特徴と変遷を検討してきたが、集落構造の具体的な変遷過程は不明である。十三・十四世紀代に限定できる集落の事例が少ないことが要因だが、それでも沖縄本島中部西海岸では、河川単位で初期の集落と石垣の城壁をもった城塞的なグスクの分布状況が把握できる小地域がいくつか指摘できる。そこで、これらの小地域においてどのように城塞的なグスクが形成されてきたのかについて検討を進めていきたい。

喜友名グスク　多くの初期の集落がみられる西海岸の事例

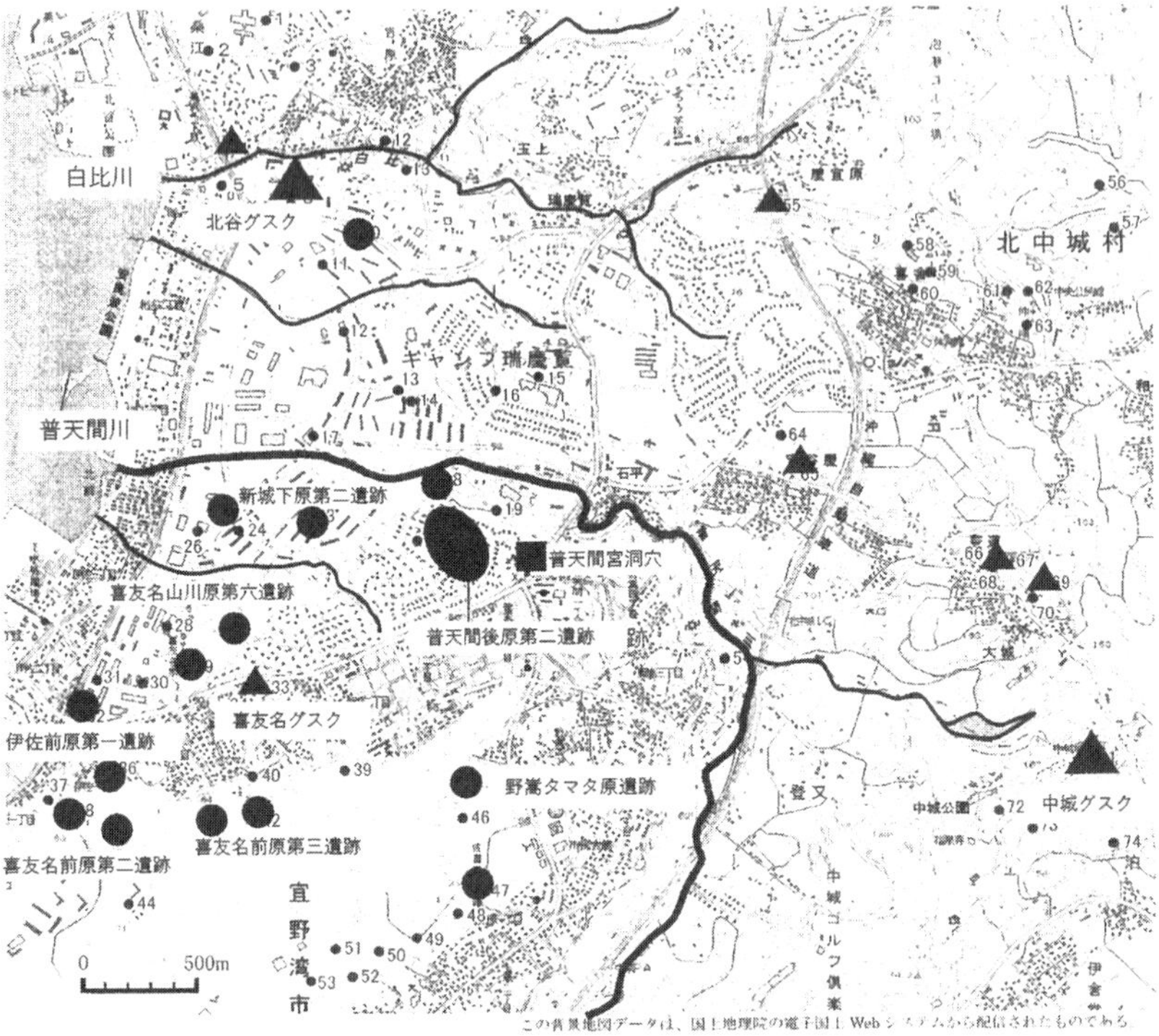

第16図　喜友名グスク周辺遺跡分布図

として、宜野湾市喜友名グスク周辺の遺跡から検討したい。喜友名グスクの周辺には、南方約一キロに伊佐前原第1遺跡、北方約一・五キロに普天間後原第2遺跡、その他周囲約〇・五キロ圏内に、喜友名前原第2遺跡、喜友名山川原第6遺跡などの一四か所以上のグスク時代の遺跡が確認されている(第16図)。喜友名グスクは、戦前に大部分が破壊されたが、かつて一重の城壁をもった約二〇〇〇㎡の小規模なグスクであり、その想定範囲の一部で発掘調査が行われた。その結果、出土陶磁器の年代観では十一世紀後半〜十三世紀前半までの資料も見られるが、その主体は十四〜十六世紀である。城壁の検出には至らなかったが、建物群が東西の二か所で確認でき、これらの建物は全て一間×一間のプランをもつ倉庫と考えられた。また、西側の建物群の束には、幅約三メートル、深さ一メートルの溝が見られ、グスク内部の空間の使い分けが想定される(第17図)[沖縄県一九九九]。

このように、先述した伊佐前原第1遺跡の廃絶後に十四～十六世紀の倉庫群が喜友名グスクでみられるということは、交易機能が喜友名グスクに移転したことを想定させる。さらに、内陸部に位置する開拓型集落である普天間後原第2遺跡も十三世紀代にはすでに廃絶しているので、喜友名グスクが開拓の拠点にもなったのではないか。その他、喜友名前原第2遺跡、喜友名山川原第6遺跡などは十三世紀代までの集落、喜友名前原第3遺跡、野嵩タマタ原遺跡は十四～十六世紀の耕作地と考えられている[沖埋文二〇一二]。これらのことから、喜友名グスクは十四世紀代には周辺集落の統合・再編により登場し、内陸の開拓・生産に関わっていたことが推察される。

第17図　喜友名グスク倉庫群（沖縄県1999）

なお吉岡は、喜友名グスクの母胎は伊佐前原第1遺跡にあるとし、北谷グスクと浦添グスクという大型グスク間を結ぶ流通ルート上に位置する小地域の首長層の拠点と位置づけている[吉岡二〇一一]。しかし筆者は、喜友名グスクおよび周辺の集落群は普天間川の下流域にあたり、その上流域に大型である中城グスクが位置することに注目している。この中城グスクは正式報告が未刊だが近年の調査ではその形成が十三世紀代に遡る可能性が指摘されている。ただ、現時点での情報では複数の石垣囲いをもつようになるのは十五世紀代と考えられる。つまり、喜友名グスクと中城グスク共にその居住の開始は城壁をめぐらせる以前であったが、後者がさらに大型化したとみられる。以上の両グスクの関係から、中城グスクが喜友名グスクの勢力を取り込むことにより大型化し、東海岸と西海岸を統合する目的で形成された可能性があるといえよう。

比謝川水系の集落・グスク　次に読谷村を中心とした比謝川水系と楚辺の遺跡群を見ていきたい。初期の集落である楚辺ウガンヒラー北方遺跡と、近接する楚辺タシーモー北方遺跡は、海岸より約一㌔内陸に入った平坦な台地上に位置しているが、出土遺物の少なさと規則的な建物配置により開拓型と考えられる集落である。この二つの集落の南方約二㌔には比謝川が流れ、その支流の一つは約一〇㌔内陸の沖縄市域南部まで至る。

この比謝川河口より東方約二㌔の丘陵には、十一世紀後半〜十四世紀前半の大湾アガリヌガン遺跡［読谷村二〇一三、第18図］、十二世紀後半〜十四世紀後半の屋良グスクがそれぞれ別支流に位置する［嘉手納町一九九四］。大湾アガリヌガン遺跡は、丘陵突端の平坦面に柱穴群や石列、屋良グスクも丘陵中腹にあるいくつかの平坦面に柱穴群が確認されており、共に明確な城壁をもたない段階の「城塞化以前」のグスクと考えられる［瀬戸二〇一八］。また、屋良グスクは十三・十四世紀代の陶磁器の出土量は沖縄本島でも上位にあり、筆者が川沿いに位置する対外交易路の寄港地と捉えている流通拠点である［瀬戸二〇一七b］。一方、比謝川上流域には城壁があったとされる知花グスク、後世の削平で明確な規模は不明だが一万㎡以上の規模が想定され、十四世紀後半〜十五世紀前半の陶磁器が大量に出土する越来グスクが位置している［沖縄市一九八八］。越来グスクは正式報告がまだだが、十三世紀後半の陶磁器や和鏡なども出土している。

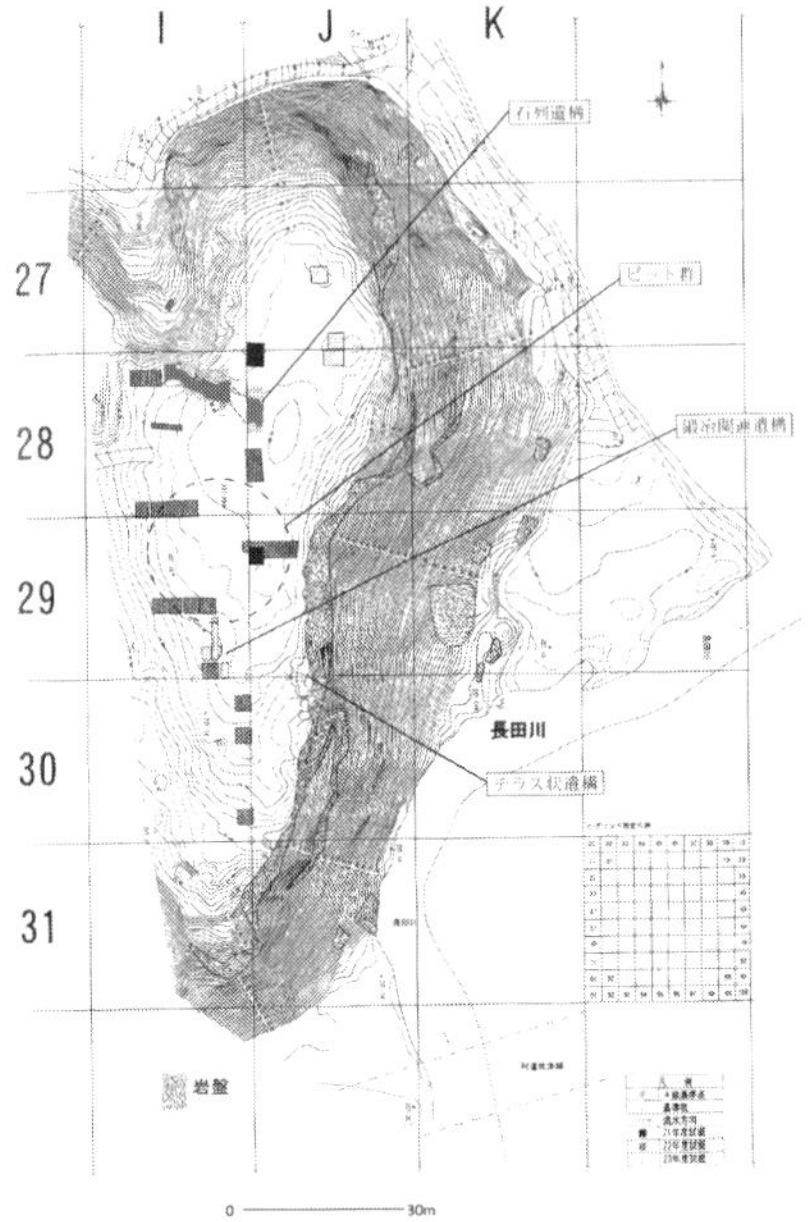

第18図　大湾アガリヌガン遺跡
（読谷村2013）

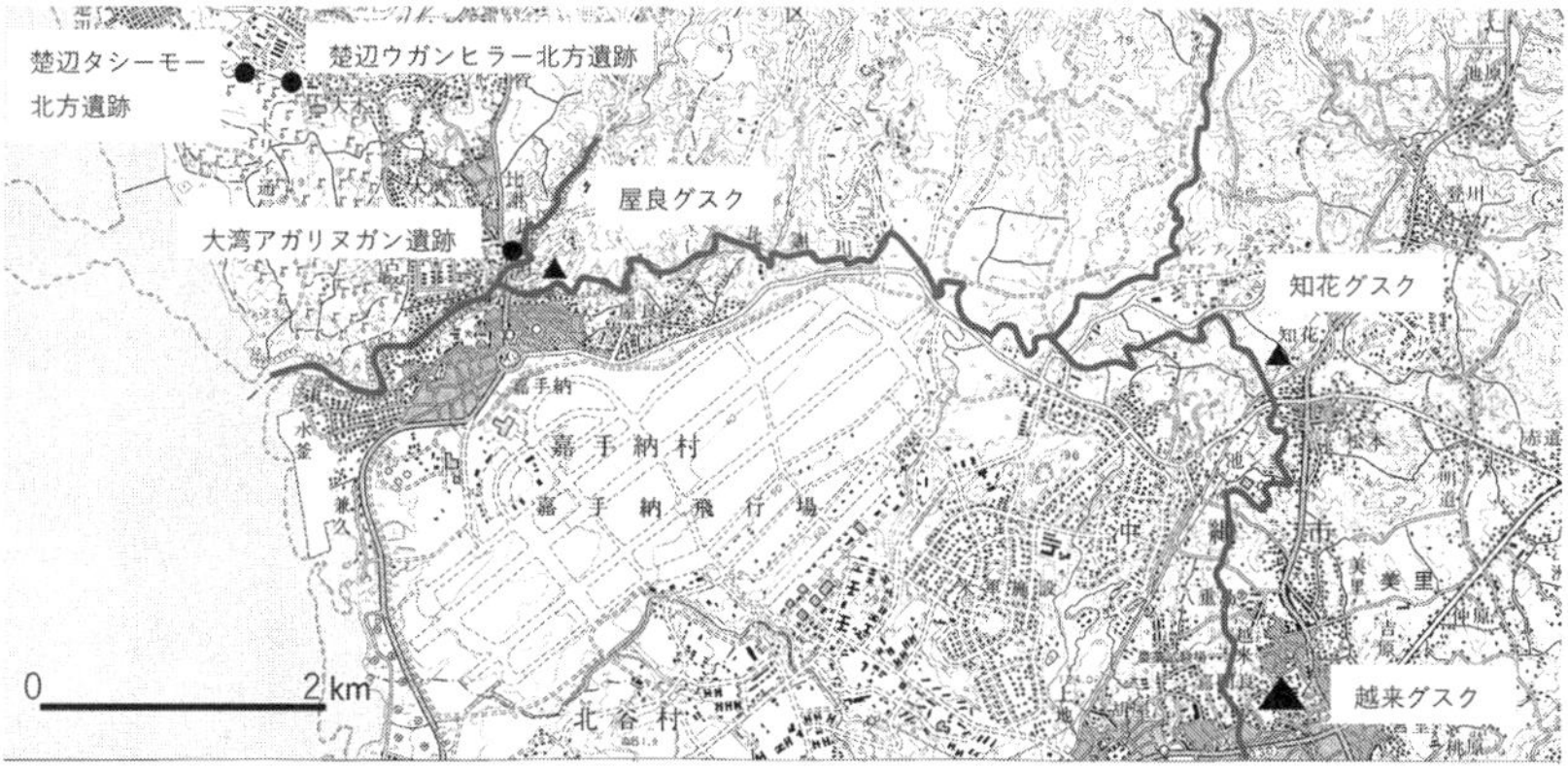

第19図　比謝川流域の集落・グスク

このような比謝川水系の集落・グスクの分布をみると、先述した普天間川流域のグスク・集落群と同様に、時代が下るにつれて次第に上流域、つまり内陸部へ進出していったことが窺える（第19図）。かつて琉球史の観点より糸数兼治が指摘しているように、国場川から分岐した饒波川水系の最深部に位置する島添大里グスクは、その河口にある那覇港を把握して成立したとするならば［糸数 一九八九］、河口・下流域を基盤として大型グスクが上流域に築かれるとする仮説を、普天間川や比謝川流域で考古学的に検証できるのではないだろうか。

大型グスクが発達しない地域　以上、普天間川と比謝川流域の遺跡群では、上流域に大型グスクがあるけれども、集落が多く分布する下流域にはみられないことが共通の特徴で、それは水系単位で小地域圏が成立していたものと考えられる。これに対して、吉岡は宜野湾・浦添地域に大型グスクが少ないのは、浦添グスクの支配権がすでに周辺に及んでいたからだとする［吉岡 二〇一二］。筆者は、東海岸側に位置する中城グスクや勝連グスクでも、十四世紀前半の陶磁器の出土は一定量以上であることから［瀬戸 二〇一七b］、この段階では後に中山と称される政治勢力の範囲は東海岸に及ばず、西海岸でも未だ一つにまとまっていなかったと推測している。すでに生田滋が沖縄本島の国家形成を東・西海岸の勢力争いとみているのは、一つの重要な視点になろう［生田 一九八四］。

集落と同一場所で展開する大型グスク　東海岸中部域は西海岸中部域と様相が異なり、グスク時代初期から営まれてきた集落と同じ場所で大型グスクが展開していたことが想定できる。具体的な事例として、勝連グスク（うるま市）を取り上げよう。

第 20 図　勝連グスク（うるま市 2008）

勝連グスク（第20図）では、城壁のすぐ南側で貝塚後期の包含層も見られ、十六世紀代までの遺物も多く出土する。明確な遺構は確認されていないが、四の郭周辺ではグスク時代初期に当たる多くのグスク土器、カムィヤキ、白磁碗などが出土している。その後、十五世紀前半までは本島内でも上位の陶磁器の出土量であり、元青花やベトナム青花などの希少品も見られる。城壁の形成は十四世紀代とされるが、四つの郭全体を囲っており、基壇を設けた上に礎石を配した瓦葺建物が営まれる城塞的なグスクの中でも非常に整備が進んだものである［うるま市 二〇一一・二〇一四］。なお、勝連グスクの南麓には、南風原古島遺跡が営まれ、十三世紀後半〜近世まで継続した集落であり、城下集落と考えられる。

この勝連グスクが位置する勝連半島一帯に眼を向けると、初期の平敷屋トウバル遺跡、近世まで継続する平敷屋古島遺跡などの集落、十三〜十五世紀代の具志川グスク、時期は明確ではないが約一万㎡の平坦地がみられる伊計グスクなどの部分的な石垣を有したグスクが見られる。勝連グスクの現時点での調査成果によると、グスク時代を通して他の集落やグスクよりも卓越した遺物の出土量が見られるのは、勝連グスクの立地する場所が海岸から五〇〇㍍も離れていない丘陵にあり、交易・開拓に適していたことがその理由のひとつと考えられる。

おわりに

沖縄本島を中心にグスク時代初期の集落遺跡で設定した交易型・開拓型という二タイプの集落は、外部からの移民によって営まれたもので、在地の狩猟・採集民との関係を保ちながら共存していたと位置づけた。

沖縄本島中部西海岸では、河川を共有する小地域内でこの二タイプの集落が併存していた段階があって、その後十四世紀代に入ると、内陸部の新たな場所に城壁を有したグスクが形成されてくることを仮説として提示した。この二タイプの集落が融合していくのか、併存し続けるのか、あるいは在地の集落とはどのような関係になるのかも、十三世紀代の集落遺跡に関する情報が不足しているため、不明とせざるを得ない。変遷過程を把握する情報がないままの仮説ではあるが、沖縄本島中部東海岸では勝連グスクの事例を紹介して、同じ場所で集落から大型グスクに展開するケースも取り上げてみた。

筆者はグスクの成立を交易・開拓の拠点と関連づけて考えているのだが、軍事的な機能も踏まえて、集落との関係を考える必要もある。たとえば、沖縄本島で出土する鉄鏃をみると、確実な事例は十四世紀後半であり、そのピークは十五世紀前半と考えている［瀬戸 二〇一六］。鉄鏃が武器として大量に利用されていると仮定すれば、グスク時代初期より交易・農耕を軸に経済的に成長してきた地域の有力者らの間に、十四世紀後半〜十五世紀前半には交易利権などをめぐる軍事的な争いが先鋭化していたことも予想できる。ただ、軍事的な争いについては内部の有力者同士だけでなく、交易に関わる外部集団との関係もその背景にあったことも念頭に入れる必要もあろう。

とはいえ、グスクが城塞化していく過程を検証するための十三・十四世紀代の集落遺跡が十分に把握できておらず、非常に不十分な検討に留まった。今後は、沖縄本島や奄美地域だけでなく先島の様相を踏まえることにより、集落変遷と城塞型グスクの関係についてより一層分析していきたい。

引用文献

安里　進　一九九〇『考古学からみた琉球史　上―古琉球世界の形成―』ひるぎ社
生田　滋　一九八四「琉球国の「三山統一」」『東洋學報』第六五巻第三・四號　財団法人東洋文庫
池田榮史　二〇一二「琉球国以前―琉球・沖縄史研究におけるグスク社会の評価をめぐって」『日本古代の地域社会と周縁』吉川弘文館
伊仙町教育委員会　二〇一八『前当り遺跡・カンナテ遺跡』伊仙町埋蔵文化財発掘調査報告書一七
糸数兼治　一九八九「グスクと水運」『史料編集室紀要』第14号　沖縄県立図書館史料編集室
浦添市教育委員会　二〇〇五『浦添原遺跡』
うるま市教育委員会　二〇〇八『国指定史跡勝連城跡環境整備事業報告Ⅳ』うるま市文化財調査報告書第六集
うるま市教育委員会　二〇一一『勝連城跡―四の曲輪北区発掘調査報告書―』うるま市文化財調査報告書第一四集
うるま市教育委員会　二〇一四『勝連城跡―四の曲輪西区および東区発掘調査報告書―』うるま市文化財調査報告書第二三集
沖縄県教育委員会　一九九九『喜友名貝塚・喜友名グスク』沖縄県文化財調査報告書第一三四集
沖縄県立埋蔵文化財センター　二〇〇一『伊佐前原第一遺跡』沖縄県立埋蔵文化財センター調査報告書第四集
沖縄県立埋蔵文化財センター　二〇〇六『新城下原第二遺跡』沖縄県立埋蔵文化財センター調査報告書第三五集
沖縄県立埋蔵文化財センター　二〇一一『基地内文化財5』沖縄県立埋蔵文化財センター調査報告書第六一集
沖縄市教育委員会　一九八八『越来グスク』沖縄市文化財調査報告書第一一集
鹿児島県立埋蔵文化財センター　二〇〇七『持躰松遺跡』鹿児島県立埋蔵文化財センター発掘調査報告書第一二〇集
嘉手納町教育員会　一九九四『屋良グスク』嘉手納町文化財調査報告書第一集
喜界町教育委員会　二〇一五『城久遺跡群総括報告書』喜界町埋蔵文化財発掘調査報告書一四
喜界町埋蔵文化財センター　二〇一七『城久遺跡―発掘調査開始十五周年記念資料集』
宜野湾市教育委員会　一九九五「野嵩タマタ原遺跡の畑址」『上原濡原遺跡発掘調査記録』
宜野湾市教育委員会　二〇〇七『宜野湾市発掘三〇年普天間基地内の遺跡』
宜野湾市教育委員会　二〇〇九『企画展　琉球中山王察度展』
宜野湾市教育委員会　二〇一七『瑞慶覧基地内病院地区に係る埋蔵文化財発掘調査報告書二』宜野湾市文化財調査報告書第五二集
金武正紀　二〇〇九「今帰仁タイプとビロースクタイプの年代的位置付けと貿易港」『十二～十四世紀海上貿易からみた琉球国成立要因の実証的研究―中国福建省を中心に―』熊本大学文学部
新里亮人　二〇一八『琉球国成立前夜の考古学』同成社
瀬戸哲也　二〇一四「グスク時代四つの画期」『南からみる中世の世界～海に結ばれた琉球列島と南九州～』鹿児島県歴史資料センター黎明館

瀬戸哲也　二〇一六「グスク時代の鉄鏃に関する若干の考察」『南島考古』第三五号　沖縄考古学会
瀬戸哲也　二〇一七a「沖縄出土貿易陶磁器の時期と様相」『貿易陶磁研究の現状と土器研究』日本中世土器研究会
瀬戸哲也　二〇一七b「那覇港整備以前の陶磁流通と交易形態―沖縄本島中南部を中心に―」『南島考古』第三六号　沖縄考古学会
瀬戸哲也　二〇一八「沖縄本島におけるグスク時代の階層化」『考古学研究』第六五巻第三号　考古学研究会
瀬戸哲也　二〇一九「琉球王国の中継貿易と貿易陶磁」『月刊考古学ジャーナル』第七二二号　ニューサイエンス社
北谷町教育委員会　二〇〇三『後兼久原遺跡』北谷町文化財調査報告書第二一集
北谷町教育委員会　二〇一二『小堀原遺跡』北谷町文化財調査報告書第三四集
仲宗根求　二〇〇四「グスク時代開始期の掘立柱建物についての一考察」『グスク文化を考える』新人物往来社
今帰仁村教育委員会　二〇〇五『今帰仁城跡周辺遺跡Ⅱ』今帰仁村文化財調査報告書第二〇集
名護市教育委員会　一九九九『宇茂佐古島遺跡』
那覇市教育委員会　一九九四『ヒヤジョー毛遺跡』那覇市文化財調査報告書第二六集
野﨑拓司　二〇一八「中世の遺構・遺物」『崩り遺跡』喜界町埋蔵文化財発掘調査報告書一六
宮城弘樹　二〇一八「グスク時代の枠組みと時期区分の課題」『琉大史学』第二〇号　琉球大史学会
山本正昭　二〇〇二「グスク時代の空間構成試論―集落とグスク―」『新視点中世城郭研究論集』新人物往来社
山本正昭　二〇一六「琉球列島における集落形態の変遷とその要因に関する考察―中世相当期から近世期にかけての集落遺跡―」『南島史学』第八四号　南島史学会
吉岡康暢編　二〇一一『琉球出土陶磁社会史研究』真陽社
読谷村教育委員会　二〇一三「大湾アガリヌガン遺跡」『読谷村埋蔵文化財発掘調査報告書　平成二一年度～平成二三年度村内遺跡発掘調査概要』

第一尚氏期における首里の外港を探る
——画像史料の再検討から——

黒嶋 敏

はじめに

大陸に明という新王朝が成立して以降、東アジアの交易国家として台頭していく琉球王国は、その統治において、二つの都市に拠点を持っていた。すなわち、「琉球王国は、首里のパレス的機能と那覇のポート的機能を統合する形で王国経営の拠点中枢機能をもっていた」［高良一九八九：四〇一頁］とする、王宮が置かれた政治都市首里と、対外交易の舞台となる港湾都市那覇とが相俟って王国の繁栄を支えていたという理解である。そのなかで那覇は、明から集団渡来した人々が形成した久米村のほかにも、若狭に住みついた日本人など様々な在外勢力の居住エリアが成立しており、アジアに開かれた窓口となって、国王名義による公的貿易を展開する舞台となっていった。王国の繁栄とともに整備・拡充が進められた那覇は、琉球を代表する港湾都市へと変貌を遂げる。

そのため先行研究においても、琉球国内の港湾都市への関心は那覇に集中しがちであり、とくに十六世紀以前の琉球を対象とした研究では、その傾向がより顕著になる（近年のものだけでも［上里二〇〇五・二〇〇八・二〇一一、新島二〇〇五、田名二〇一〇、高橋二〇一五、瀬戸二〇一七］ほかがある）。これには、文献史料のほとんどが、那覇関連のものに限られてしまうという史料的な制約によるところも大きいが、ただその一方で、古琉球期の十五・十六世紀を対象とした港湾都市研究が那覇に集中してしまったために、見えにくくなっている部分もないわけではない。とくに、もともとは「浮島」であった那覇が、尚巴志以降の国王によって造営・整備されていく過程は、琉球王国の国内支配体制の確立や中央集権化と同じ文脈上で語られがちではあるものの、ともすれば古琉球期という時代把握の枠組み（中山政権の成立～島津侵入事件）が優先されてしまい、より細かな時期変遷については曖昧な説明にとどまっている部分が少なくない[1]。また、従来の研究が久米村など那覇の中心部に関心を向けたため、その周辺部は漠然と「那覇の発展」に伴って振興してきたと理解されがちでもある。

　こうした研究状況を相対化するために、本稿では那覇港北部に位置する泊周辺に目を向けてみたい。泊は後述するように那覇に付随する「域内港」としての理解が先に立っているのだが、分析の素材となる確実な材料を欠くこともあってか、泊についての専論は乏しく、十五世紀における状況は判然としない。那覇近郊の港湾都市として、その形成過程を追うことができれば、王府による那覇や海上交通の掌握についても新たな視点を提示することができるだろう。

　泊に関する文献史料は限られており、しかも沖縄戦や米軍統治、復帰後の再開発によって地形も大きく改変されているのだが、ここでは近世・近代の画像史料などをも援用しながら、当時の様相を考えてみたい。

1　天久権現と聖現寺

　まずは泊に関する通説的な理解を振り返っておこう。

　王都首里の至近にあって交通の便に恵まれた泊港は、十三世紀から十四世紀にかけては国頭地方や宮古・八重山・久米島、（奄美）大島など諸島からの船が出入りし、賑いをみせた琉球の主要な港であった。当時の泊港には諸島に対する事務を扱う公館（泊御殿）や貢物を納める公倉（大島倉）が置かれていた（「球陽」英祖王七年条、「琉球国由来記」）。しかしその後の海外交易の発展に伴い首里と那覇を結ぶ長虹《ちょうこう》堤の築造（一四五一年）、交易品を納める御物《おもの》グスクの築城（十五世紀中期）など、那覇港が王国の表玄関として整備されたことにより、泊港は那覇港の補完的な役割を担い琉球国内運

搬船の係留地になっていったと思われる。(『平凡社日本歴史地名大系　沖縄県の地名』、「泊港」の項)

那覇の北、安里川下流域から河口部に位置する港。古琉球には奄美や先島など周辺離島からの船が集まる域内港となり、諸島を管轄する泊御殿や奄美からの年貢を収納する大島倉が置かれた。[上里二〇一六：七四頁]

ともに、泊を王府支配下に入っている離島からの貢納拠点となった「国内運搬船の係留地」「域内港」と理解している。近世になって奄美諸島からの恒常的な貢納が途絶えてからも、泊には大島蔵(倉)の跡地が残るだけでなく、首里・那覇とならぶ王府直轄地となり、泊御殿が置かれていた。さらには天久権現・聖現寺などの王府ゆかりの寺社もあることから、首里王府が成立まもない頃から当地を重要視していたことは疑いもないように思える(なお近世における那覇・泊のおおよその位置については図1を参照されたい)。

ただし、そうした言説の典拠史料は、「球陽」をはじめとした近世の琉球王府とその周辺で編纂された歴史書の類であって、いわば近世における泊の歴史認識である。その前段階の泊の様相に迫るためには、別の角度からも諸史料

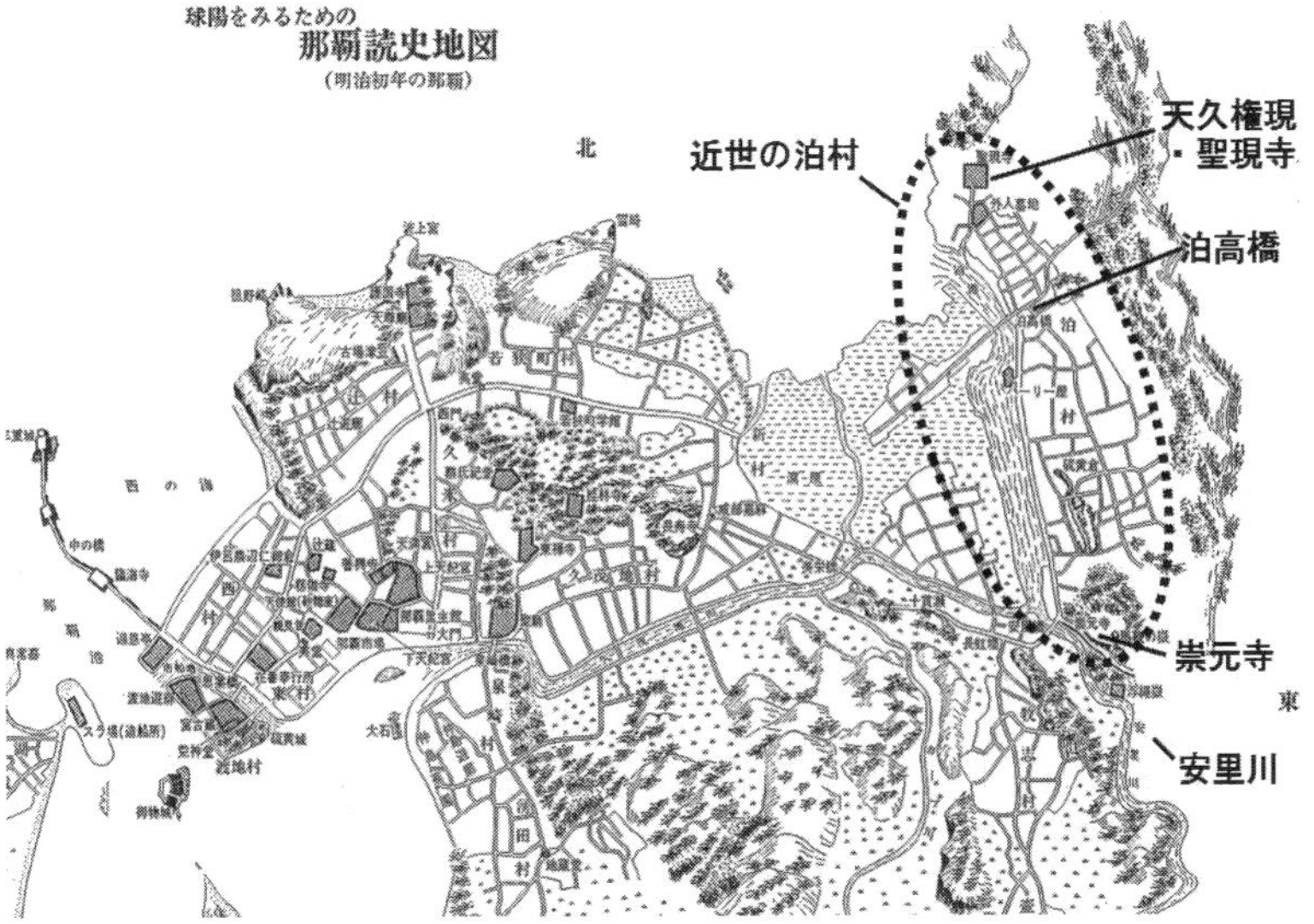

図１　近世の泊村概念図(嘉手納宗徳「那覇読史地図」(『球陽　原文編』附録に黒嶋加筆)

を分析し、当該期の歴史情報を探っていかなければならないだろう。

まずは泊を構成する主な要素のうち、天久権現とその神宮寺と考えられる聖現寺を取り上げ、その草創期の様子を考えてみたい。それぞれの開創は、一七一三年に成立した琉球の地誌である「琉球国由来記」には次のように説明される。

史料1 「琉球国由来記」巻十一[2]

天久山大権現縁起

中山府城西藩、天久山熊野三社大権現、御本地、弥陀・薬師・十一面観音也、

開基、成化年中、往古銘苅村、即有銘苅翁子者(以下、史料5の「琉球神道記」所収縁起と同じ縁起を記す。)

聖現寺

御本尊正観音菩薩也、

開基成化年中、社頭一時之建立歟、往古者為禅林之軌則旨、護国寺住持頼昌法印、達聖聴、于時康熙十年辛亥歳、為大乗三密之門徒也、

ともに開創は成化年間(一四六五～八七年)とされる。天久権現は熊野三社権現を祀り、琉球八社(王府による直接祭祀が行われる神社)の一つとなる、王府との結びつきが強い神社であった[3]。神宮寺である聖現寺は、史料1にあるように、かつては「禅林」すなわち臨済宗であったが、康熙十年(一六七一)に真言宗へ改宗されている。

泊港に近接する天久権現と聖現寺は、港湾の海岸部に勧請された熊野権現・神宮寺という共通項から、一見すると那覇の波上権現(および護国寺)と類似したイメージを与える寺社である。だが注意したいのは、天久権現と聖現寺は近世以降に移転を繰り返していることだ。草創期の状況に迫るためには、まず十六世紀以前の立地を確定させなければならない。

そこで、当時の状況を示す画像史料から検討してみよう。東京大学史料編纂所に所蔵される「首里城並諸方絵図間付差図帳」に、天久権現と聖現寺の絵図が収められている(図2)。図中では方位と間数が朱筆で書き込まれ、正確な測量をもとに作成されたことが分かる。同図は写しであるが、その原図成立は安里進氏によると、風水羅盤の書き入れなどから一七一三年以降のものと推測される[安里 二

〇一三〕。天久権現は一七三四年に平野部の聖現寺境内に移転していることから、[4] 断崖上に社殿を描くこの景観年代は、一七一三〜一七三四年の間に絞ることができる。図2は、移転前の天久権現を描いた貴重な画像史料なのである。
そこに、近代における現地調査からの証言を重ねてみよう。

史料2　鎌倉芳太郎調査ノート

（大正十五年〔一九二六〕六月十四日の調査〔鎌倉 一九八二〕）
天久古拝殿《あめくふるふぇーでん》ニ到ル、位置ハ天久権現社（寺ノ拝殿《てらぬふぇーでん》トイフ、聖現寺社ノ拝殿ノ意ナリ）ノ後方（北々西）四五十間ニシテ、西寺原《いりてらばる》ノ斜面珊瑚礁岩上墳墓並列ノ間ニアリ、一ノ洞窟ニシテ、入口ハ漸ク二人ノ入リ得ル程ノ大キサナレドモ、内部ハヤヤ広ク、十畳敷大、高サ五六尺ナリ、然シテ正面ノ壁ノ奥ハ、更ニ窟トナリ入口ハ径五尺、奥行ノ深サ丈余ナリトイフ、総テ珊瑚礁石灰岩ニシテ、コノ第二ノ奥窟中ニハ石筍垂下シテ鬼気身ニ迫ルモノアリトイフ、

ここでいう聖現寺境内から北北西にある「古拝殿《ふるふぇーでん》」と通称される場所が、図2で描かれた移転前の天久権現に合致する。いまも現地を歩いてみると、「古拝殿」の洞窟の跡は残存しており、図2に描かれた聖現寺境内からの方向・距離も一致する。さらに図2の天久権現の近くには、社壇

図2　「首里城並諸方絵図間付差図帳」のうち「聖現寺」
（東京大学史料編纂所所蔵）

の南側に石積みの区画地が描かれているが、これはもともと聖現寺が「社壇左ノ脇」にあったとの記述[5]を裏づけるものであり、ここが聖現寺の故地になるのであろう。以上によって、天久権現・聖現寺の故地を確定することができ、両者が近接していた立地状況から、それは草創期にまで遡りうる可能性が高いといえる。

次に、図2段階における聖現寺の敷地に目を向けよう。描かれているのは約一二〇〇坪におよぶ広大な境内地であり、聖現寺の寺格に比べると不釣り合いな広さである。それにもかかわらず石積みで囲われており、王府との関係を示すものと考えられることから、ここがかつて存在した大島蔵の跡地という所伝[6]は首肯しうるものとなろう。大島蔵は奄美諸島から王府への貢納物を収める蔵であったが、島津侵入事件(一六〇九年)以後に奄美諸島が島津氏へ割譲されてからは、その役割を終える。その広大な跡地に、台地上から聖現寺が移転してくる。聖現寺はもともと臨済宗寺院であったが、一六七一年に真言宗に改宗されており、移転もその頃であった可能性が高い。さらにその後、一七三四年になって同じ敷地内に天久権現が移転してくるのである。

以上から、天久権現・聖現寺、および大島蔵の故地を確認でき、これらをもとに、大島蔵が機能していた十六世紀段階における周辺の景観を復元することが可能となる(図3)。

南側の平野部、河川・海上からの運搬の便がいいところに大島蔵が設置された。そこから緩やかな坂を登ると、台地の南斜面、海側にかなり近いところに天久権現・聖現寺が隣り合って位置していた。この台地はすぐ北に標高約五〇メートルの緩やかな頂点を持ち、頂上近くには聖地としての天久御嶽があった。天久御嶽は天久グスクと一体化していたと考えられ、土地の改変が進んだ現在においても若干場所を変えながら、わずかに残る台地頂点部近くに御嶽が残されている。天久台地の南斜面は那覇港を望む高台であり、斜面を利用して無数の墓地が設置されていた。これらの墓が十六世紀以前まで遡りうるかどうかは今後の調査を待たなければならないが、御嶽を中心とする天久台地は一種の聖域であったといえる。また、台地西側斜面にある坂中樋川《ふぃらなかひーじゃ》・崎樋川《さちひーじゃ》という湧水があることも、御嶽を構成する重要な要素であったと考えられる。

ここで問題となるのは、在地の基層信仰である天久御嶽と外来宗教である天久権現との関係である。その確実なところは不明ではあるが、天久権現の創建時期から考えてみたい。史料1では天久権現の創建を成化年間(一四六五~八七年)としていたが、もう少し絞り込むために、天久権現の縁起を掲げよう。

図3　天久権現周辺の推測図

1945年4月2日米軍撮影の航空写真(沖縄県公文書館所蔵)に黒嶋加筆。西側から天久台地を俯瞰する。画面下側が海(西側)。

史料3「琉球神道記」(7)

一、天久権現事

目軽《めかる》ノ村ニ、即チ、目軽ノ翁子ト云者アリ、此人浮世ヲ事トセズ、只、慅慅懽懽トシテ、日ヲ渉ル、有時、夕日ニ、隣里ノ天久ノ野ニ出テイ《たたず》ム、見ルニ、山上ヨリ気高キ女人、威儀正シキ法師ヲ送テ下ル、山ノ半腹ニ、小キ洞アリ、洞ニ井アリ、水流ル、其地ニ至ル、或時ハ女人ヲ送テ山ニ上ルコトアリ、翁子是ヲ見テ、法師ニ白シテ云、何人ゾヤ、女人又誰ゾヤ、法師云、我ハ只也此ニ住、女人ハ山上ノ森ニ栖者也、字ルベキコトハナシ、是ヲ見ル毎ニ、奇特ノ思ヲナス、或ハ正ク洞ニ入時モアリ、半路ニシテ消時モアリ、此ノ由王臣ニ奏ス、而ニ国王、諸官人ヲシテ、虚実ヲ知ンガ為ニ、洞ニ向テ、香ヲ拈シテオカシムルニ、火自然ニ着、時ニ此義実也トテ、後ニ社ヲ造リ加ルナリ、神託アリ、我ハ熊野権現也、利益衆生ノ為ニ顕ルゝ也、女人ハ国ノ守護神、弁財天也ト、件ノ翁子、徒人ニ非ズ、其初、水辺ニシテ、長キ髪毛一茎見着ヌ、其ヲ指トシテ、天女ニ逢フコトアリ、天女翁ガ屋ニ止コト凡ソ三ケ年、其内息子三人アリ、其末今ニ村ニノコリナン、

ここでは、水の湧く洞窟で銘苅子と天女が出会う神秘的な伝説として描かれているが、この銘苅子は実在の人物であり、娘が尚真王（一四六五～一五二六）の妃となっていること（後述する図4参照）から、十五世紀後半の人物となる。また、史料2でも触れた鎌倉芳太郎の調査によれば、天久権現には仏画が奉納されていた。沖縄戦により所在不明となったものの、鎌倉の撮影した写真が残り、その裏にある墨書銘には「成化十四年戊戌（一四七八）」とある。これらからすれば、やはり天久権現の創建は一四七〇年代以降とするのが自然なところではないだろうか。関連して、尚泰久王（在位一四五四～六〇）による仏教興隆事業も、その傍証となりそうだ。仏教に傾倒し国策として多くの寺院を建立した尚泰久は、梵鐘を多数鋳造したことで知られているが［知名 二〇〇八、瀬戸 二〇一一ほか］、そのなかに天久権現・聖現寺が含まれていた形跡はない。これも、天久権現の創建を一四七〇年代以降とする推測を裏づけるものとなろう。尚泰久の三男にあたる尚徳王の死後に起きたクーデター（一四六九年）を経て、王統は第一尚氏から第二尚氏に交替する。やはり天久権現・聖現寺の開創は、第二尚氏によるものと考えておきたい。

これに対して、天久御嶽（グスク）は先行して存在していた可能性が高く、そのために天久権現の立地も、天久御嶽のある台地頂上部を避け、むしろ御嶽に付随するような場所を占めることになったのであろう。つまりは先行する在地信仰の拠点として御嶽があり、その台地上の鍾乳洞のような小洞窟に熊野信仰が入り込み、王府の支援を得て造営されたことになる。これは、王府がこのエリアに介入してくるのも第二尚氏になってからのことであることを示していよう。

こうした天久台地の景観は他にも多くの論点を含んでいるが[8]、ひとまず天久権現・聖現寺の状況が判明したところで、王府による実務的な統治の様子を次節で見てみよう。

2　泊里主《さとぬし》と泊大阿母《おおあむ》

まずは一七三一年に成立した漢文体の琉球の地誌である「琉球国旧記」により、近世における泊御殿の認識を確認しておく。

史料4　「琉球国旧記」二九　泊御殿(9)

昔時之世、大島・鬼界・德之島・由論・永良部等島、並國頭地方、及西海諸島等處船隻、必泊于此津、而納貢中山、此時置官吏于此殿、以治諸島之事、至于今日、唯餘石垣耳、

泊御殿は奄美諸島・国頭・先島などからの王府への貢納とその統治を担当していたが、奄美諸島が王府支配から離脱したため機能が縮小し、この記事が書かれた十八世紀頃には敷地の石垣だけを残す有様であった。その開設の時期は、漠然と十三世紀の英祖王代に求められることが多いが、これは一二六六年に奄美諸島が初めて沖縄本島の中山王権に朝貢してきたという「中山世鑑」などの記事を敷衍させた理解である。そこで、近年長足の進展を見せた古琉球期の奄美諸島研究［石上 二〇〇〇、弓削 二〇一〇ほか］を踏まえて、あらためて泊御殿・大島蔵について再考してみたい。

泊御殿にあって古琉球段階では奄美諸島の支配にも関与したという泊里主の問題から見ていこう。泊里主は、のちの泊地頭職であり、泊町の行政を管掌した役職で、泊大阿母（泊地域の祭祀を管掌する女性）とともに、成化二年（一四六六）の設置とされる(10)。その記述のベースになったのは、次に掲げる「呉姓家譜」ではないだろうか。

史料5　「呉姓家譜(11)」

一世宗重、泊里主

童名真徳、唐名呉弘肇、生日年月共不伝、

父母未詳、

室泊大阿母、潮花司、号中岳、

長男宗友〈保栄茂親方別有家譜〉

次男宗義

尚徳王の世代、宗重夫婦は是れ泊邑の人なり、成化二年丙戌三月十三日、尚徳王、鬼界島を伐ち帰国の時、聖舟を泊の港に湾《いりこ》み、是に於いて諸臣および男女、聖舟を出で迎う、独り宗重の妻、水を頂き、水涯に迎

う、王問いて曰く「汝は何人ならんや」、対して曰く「妾は是れ泊里主の妻なり、竊かに聖舟の来たるを聞き、恐くは洋中に日久しくして水変ず、故に妾、この新水を頂き来りて王に進さんと欲す、是に於いて王大いに悦びて曰く、「この人すなわち是れ女中の忠臣なり」、即ちその水を取りて、これを用ゆ、尋で王、宗重の夫婦を召し、宴を賜い、遂で夫をもって泊地頭となし、妻をもって泊大阿母・潮花司となす、しかして賜るところの田畠、高四石二斗八合六勺六才、浦添間切名嘉瑠邑に於いて、今もその地を名づけて泊大阿母志多礼次良〈安謝名寄帳に見ゆ〉という、然れば則ち泊地頭と泊大阿母は、これより始まる、

史料5は近世における男系家譜であるため夫の泊宗重で立項しているものの、一読して明らかなように、尚徳王とのエピソードの主役は泊大阿母（宗重の室）である。同様に、「泊里主の妻が泊の大あむ職をたまわったのも、もともと里主家の女が、泊の祭祀を主管していたからであろう」とする小島瓔禮氏の理解[小島 一九八七：二五六頁]も、主客が転倒しているおそれがある。同じ地域の大阿母職と地頭（もしくは里主）職を固定的に考えるのは、近世琉球における理解を前提としているが、十六世紀の奄美では、間切（王府設定の行政区分）を治める首里大屋子《うふやこ》があり、その一族の女性から大阿母が出されていても、両者の管轄地域は必ずしも一致しないとする指摘がある[弓削 二〇一〇]。詳しくは後述するが、泊大阿母の管轄地域については、泊という地域に固定させず柔軟に考えるべきであろう。

また史料5では泊宗重が一世とされており、それ以前の出自は明らかではない。その一方で宗重と泊大阿母の子孫は、国王家と結びつき、要職に就く人物を輩出している。二男花城宗義は弘治年間（一四八八〜一五〇六年）に「浦添間切仲西地頭職」を拝命し、浦添王家を立てた尚維衡（尚真王の子）の外戚となる。一方、長男保栄茂《びん》親方《うえかた》宗友の孫盛実は、尚真王の名付け親としても有名な三司官の沢岻《たくし》親方《うえかた》毛盛里（三司官）の養子となり、同家を継承している。

さらに盛実は一五三九〜四三年の間に「自奥渡上之詉《おくとよりかみのさば》理《くり》」を拝命している。同職は「奥渡」（沖縄本島北端）より上《かみ》（北側）、すなわち奄美諸島の統治を職掌としていた。盛実のように泊宗重・泊大阿母夫妻の子孫が奄美統治を担当

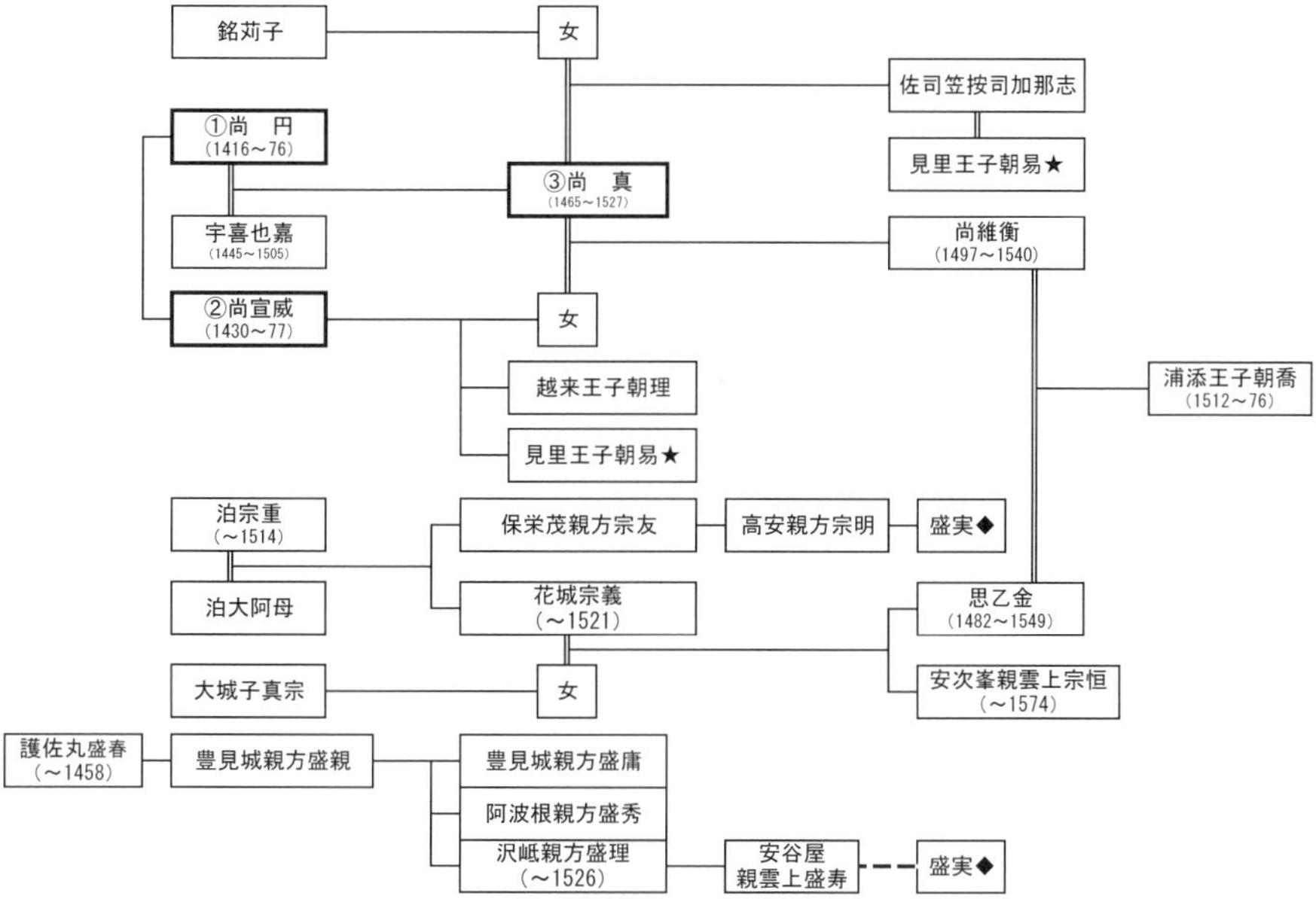

図4　関係者略系図

「中山世譜」「呉氏家譜」「毛氏家譜」などを参照し黒嶋作成。

(★と◆は養子関係にある同一人物を示す。)

したことは、宗重の時期からの泊港と奄美諸島との関係性を連想させるものではあるが、石上英一氏は自奥渡上之設理が「一五三七年の大島遠征による謀叛鎮圧の後に、奄美諸島全体を統治する官職として設置され」た可能性を指摘している〔石上 二〇〇〇〕。そこからは、第一尚氏王統・第二尚氏王統の時期に繰り返された王府主導の奄美征討と連動して、奄美支配担当職も段階的に再編されていった様相が浮かび上がってこよう。こうした点から、泊御殿と泊里主とをストレートに結びつけ、御殿の設置時期までも成化二年(一四六六)に求めることには慎重でありたい。

ところで、泊宗重・泊大阿母夫妻の子孫が王家と結びついたことは、夫妻の生存した時期を絞り込むための情報を与えてくれる。ほかの家譜を参照しながら系譜関係を整理してみたのが図4になり、これによれば、泊宗重・泊大阿母は尚円王や銘苅子と同世代の人物となろう。

そうすると次に、史料5にある、成化二年の尚徳王の喜界島遠征との関連性が問われてくる。尚徳王の親征を成化二年とするのは近世の歴史書のみであり、ほかに傍証を欠いているため、同様に尚徳王の喜界島征伐に由来する縁起を持つ、安里八幡宮の縁起を参照してみたい。王が遠征出発前に水鳥を射て征討の可否を占ったとされる故地に勧請された安里八幡宮であるが、じつは十七世紀初頭の縁起には「尚泰久ノ時、諸嶋ヲ平グ、後ニ兵を遣シテ、鬼界ガ嶋ヲ討ニ」[12]とあり、尚徳の先代尚泰久の事績と認識されていた。また、朝鮮の「朝鮮王朝実録」によれば、じつは王府による奄美制圧は「十五年」以上に及ぶ長期事業であり、一四五〇年にみずから渡海して喜界島を征伐した「王弟」を尚泰久に比定する指摘もある[高瀬 二〇〇九]。これらの諸史料からは、王府の奄美諸島北部の征討は一四四〇年代から継続していた軍事であり、時には王族が軍勢を率いる場合もあったのである。その奄美征討の終盤が一四六〇年代であれば、帰国した指揮官に、若き日の泊大阿母が新水を献上する機会もありえたことになろう。

ただし、泊大阿母の伝承をもって一四六〇年代には泊が成立していたとするのは早計である。第一尚氏段階における奄美遠征の拠点となるのは、やはり、安里八幡宮が存在する安里とするのが自然なためだ。安里は首里と那覇を結ぶ長虹堤の経由地であり、さらには安里から首里近くの松川まで安里川の河川水運が補完することで、首里とのアクセスに優れた水陸交通の結節拠点となる場所である。また安里八幡宮に近い崇元寺には、第一尚氏段階には成立しておらず、別の王府の重要施設が置かれていたとの指摘がある[13]。その施設の詳細は不明なものの、一四五六年に漂着した朝鮮人たちが収容された「水辺の公館」[14]は一つの有力な候補であろう。

「水辺の公館」の所在地をめぐっては、明人・朝鮮人たちが住む「土城」の「傍」にあったとする記述から久米村説が出されてきたが、一方で「王都」から「五里」とする記述があり(朝鮮の「五里」は現在の距離で約二キロ)、首里から直線距離でも四キロ以上離れた久米村では矛盾が生じてしまう。この点、首里から二キロ程度しかない安里近辺は距離の問題を解消しうる。また、一四五二年に構築された長虹堤は安里を経由して那覇の浮島東部のイベガマへと抜けており、そのイベガマにもチャイナタウンが形成されていたという[高橋 二〇一五]。明人・朝鮮人たちが住む「土

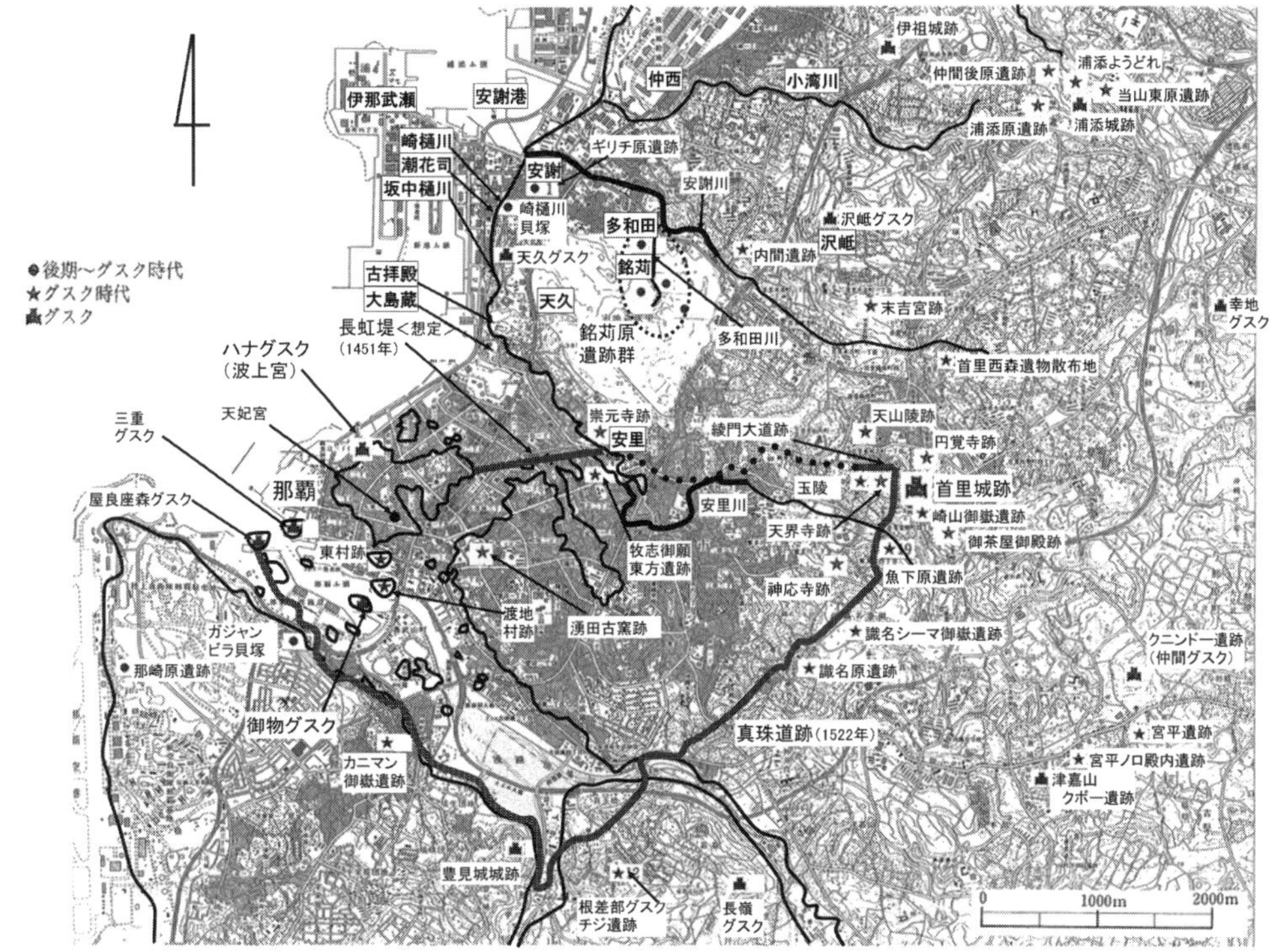

図５　那覇～首里広域図（［瀬戸 2017］第９図に黒嶋加筆）

城」とは、あるいは長虹堤を介して直結するイベガマだったのかもしれない。いずれにしても、長虹堤で首里・那覇と繋がり、水辺に存在する王府関連の土地という点では、崇元寺の敷地に置かれていた施設が「水辺の公館」だった可能性が出てくる。この「水辺の公館」には、久米島に漂着した朝鮮人が逗留していることから、久米島の貢納場所であったと推測されている［真喜志二〇一二］。

安里はまた、尚円王の即位を予言した安里大親の故地であった。これも王府にとって重要な支配拠点だったことを示している。のちの十七世紀には、崇元寺に泊のハーリー船の主要部材が保管され、拝礼する場所でもあった[15]ことから、都市としての泊のルーツを安里に求める説もある［東恩納一九七八：初出は一九二五］。

このように安里が泊に先行して、第一尚氏王朝期に成立していたことは動かしがたい。しかしながら、本稿で見てきた天久権現・聖現寺・

大島蔵・泊御殿は、いずれも安里とは反対の西側海岸沿いに立地しており、泊が東の安里側から展開してきたという推測にはなじまない。この点を泊大阿母ゆかりの土地から少し整理しておきたい。

史料5で泊大阿母が尚徳王から与えられた釆地「浦添間切名嘉瑠《めかる》邑」は、安謝《あじゃ》名寄帳に記載されていることから、銘苅村を指すと考えられる。安謝川南岸にある銘苅村(図5参照)は、近在の天久・安謝・多和田とともに、時期により間切が変化している。乾隆二年(一七三七)地検帳では真和志間切になるが、それ以前は西原間切であり、さらに遡ると浦添間切に属していた痕跡が「おもろさうし」などに残る。また下賜された潮花司《すーばなつかさ》の名を冠する拝所が現在も残るが、それも天久台地の北側海岸部、安謝川に近い場所にあった。

さらに興味深いのが、泊大阿母の亡き後、その釆地は「泊大阿母志多礼次良」と称されたとする史料5の記述であり、「大あむしられ」とは「大あむ」の上級職であることから、泊大阿母がより広域の祭祀を担当していた可能性がある。また、近世泊村の位衆《くらいのしゅう》は毎年三月・八月に冠朝服で多和田之嶽(安謝川南岸)を参拝するのを慣例としているとする「琉球国由来記」の記述などから、小島瓔禮氏は「多和田之嶽に泊村の位衆が参るのは、古い泊村の祭祀の名残りであろう。もし泊村より広い地域をつかさどる泊の大あむしられのような職があったとすれば、この天久村と安謝村を合わせた一区画を担当していたとみるのが自然である。「泊の大あむしられ次良」の土地が安謝村にあったのも、便宜的なことではなく、泊の大あむの領域であったからであるとも考えられる」〔小島 一九八七：二五八頁〕と指摘している。

こうしたことから泊大阿母は、東側の安里ではなく、北側の浦添間切の銘苅・天久・多和田などにゆかりの人物であり、広く安謝川流域〜海岸部の祭祀を司っていた可能性が出てくる。史料5の所伝を尊重すれば、第一尚氏期に王府が安里を拠点に進めていた奄美征討事業の末期、若き頃の泊大阿母が尚徳王に新水を献上したのであり、その新水は彼女にゆかりの潮花司に近い、天久台地の崎樋川で汲んだ水であったのかもしれない。

以上の検討により、第一尚氏王朝段階における泊の状況が見えてきたのではないだろうか。東部には王府による奄美征討の拠点となる安里があったが、泊への開発は安里からの延長とはならなかった。残された史料からは、むしろ北部の安謝川流域からの進出がうかがえる。天久台地の海岸沿いに、第一尚氏王朝の末期から泊大阿母が祭祀を司り、少し遅れて第二尚氏のころに銘苅子が天久権現を創建する。いずれも王府の後ろ盾をもとに、とくに台地の湧水点を押さえようとしていた形跡がある。

このように整理してみると、近世に泊となるエリアには、まだ第一尚氏段階においては陸地部分に凝集核となるような施設が成立しておらず、王府の介入が十分に進んでいなかった状況が浮かび上がってくる。王統が第二尚氏に交替してから間もなく、一四七〇年代に天久権現・聖現寺が造営されているが、大島蔵・泊御殿の設置時期はなお判然としない。その設置が泊里主の任命と同時期であると断定できないとすれば、大島蔵・泊御殿の整備はさらに遅れて、王府による奄美征討が次のピークを迎える一五三〇年代以後のこととして考えたほうがいいのではないだろうか。

3 「琉球国図」にみる首里の外港

泊の陸上における様相が見えてきたところで、海上に目を転じて、泊の港湾としての機能を考えてみたい。既述のように先行研究では、近接する那覇港に付随した「域内港」として理解されてきたが、その説の妥当性を探っていくこととしよう。

第一尚氏の時期の那覇港について大きな手がかりを与えてくれるのは、「琉球国図」という絵図である。同図は、現在は沖縄県立博物館に所蔵されているが、もともと一六九六年に太宰府天満宮へ奉納されたもので、そこに描かれた南九州から琉球にかけての島々と航路の様子は、一四七一年に朝鮮王朝で編纂された『海東諸国紀』の所収図と、じつによく似通う。『海東諸国紀』所収図は、一四五三年に博多商人道安が朝鮮王府に献上した「博多薩摩琉球相距地図」をもとにしているものと考えられており［田中 一九九二］、描写の類似性から、「琉球国図」の原図も、道安献上図と同じ系列のものと推測されている［上里・深瀬・渡辺 二

○○五］。道安献上図そのものは発見されていないが、実際に琉球に渡った商人たちの間で使われていた航海図には、同じような航海情報が盛り込まれていたことが推測でき、諸国からの船が集まっていた時期の海上交通を考えるうえで重要な史料となるものである。

その「琉球国図」の分析のなかで、泊への言及を見ておこう。

> 那覇の北にある泊港の機能が「毒大嶋鬼界之舩皆入此浦(黒嶋注、「毒」は徳之島のこと)」と記されている点も、この地図の記載内容が古琉球のものであることを裏付ける。古琉球期の泊は、琉球に帰順していた先島・奄美地域の貢納船の入港地となっていた。(中略)すなわち本地図は「那覇港＝対外、泊港＝国内」と機能が分化していた古琉球期の港の状況を、正確に反映している。［上里・深瀬・渡辺 二〇〇五：三三～三四頁］

要を得た説明だが、しかし、博多商人道安の献上図をベースにしているとの前提に立った場合、一四五三年段階で城内港としての泊が成立していたかどうか疑問が残る。ただし、九州から琉球までの航海に通じていた博多商人ゆかりの地図であれば、そこに記された航路や港湾に関する情報は一定の信を置くものとなる。そこで、「琉球国図」記載情報のうち泊に関する四点の文字情報を、あらためて詳しく検討してみたい(図6参照)。

まず第一点目は、那覇近郊に記される「飛羅加泊」である①。比定地は「未詳。泊港の一部を指すか。」［上里・深瀬・渡辺 二〇〇五］とされるが、本稿でのこれまでの分析からは、「飛羅加」とは、坂中《ふぃらなか》樋川(坂《ふぃら》の泉《かー》)からの呼称として問題ないものと思われる。船乗りにとって港湾近くで真水を確保できるポイントは、重要な航海情報である。とくに那覇は真水を得にくい港湾として知られており、限られた良質の湧水は貴重であった。十九世紀半ばに那覇にやってきたペリー一行も、作成した海図のなかでここに「good water」と注記しているほどである。[16]「琉球国図」でも、真水確保が可能な停泊地であるという認識のもとに、この場所を「飛羅加泊」と記したのであろう。

つぎに二点目として、「蓮池」である②。ここは首里城北西にある「龍潭」［上里・深瀬・渡辺 二〇〇五］に比定されるが、文字表記からは蓮小堀《りんぐむい》(首里城北東にあった人工池)

である可能性がある。また、「蓮小堀」が一般名詞であること、浦添城（「浦傍城」と表記）南部から流れていることから、浦添城南西にあった人工池（「魚小堀《いゆぐむい》」と呼ばれる、［安里二〇〇六］ほか参照）を示していた可能性もあろう。「琉球国図」では首里城が巨大に描かれているため、どちらとも決しがたく留保が必要であるが、これは陸上からの論理と、海に流れ込む河川を含めた水系との論理とは区別して、異なる理屈による記述が同居していると考えるべきかもしれない。

三点目は「江湖」である（③）。「来往に満乾あり」と記され、比定地は「久茂地〜泊一帯」［上里・深瀬・渡辺 二〇〇五］とされるが、一六〇五年に琉球を離れた袋中《たいちゅう》が漢詩「琉球八首」の中で「泊の汀の落雁、乍《たちま》ち乾きて乍ち満ち定時無し、潮水は秋天に涼を湖に入る」と詠み[17]、十七世紀半ばに「潮時ニハ小船出入有」[18]とされた安里川河口部の光景とイメージが重なってくる。袋中が滞在した時期の泊は、泊高橋・泊御殿を中心としたエリアを指すと考えられ、潮の干満により風景を変える風光明媚な場所でもあった。「来往に満乾あり」とした「江湖」とは、内海から水深の

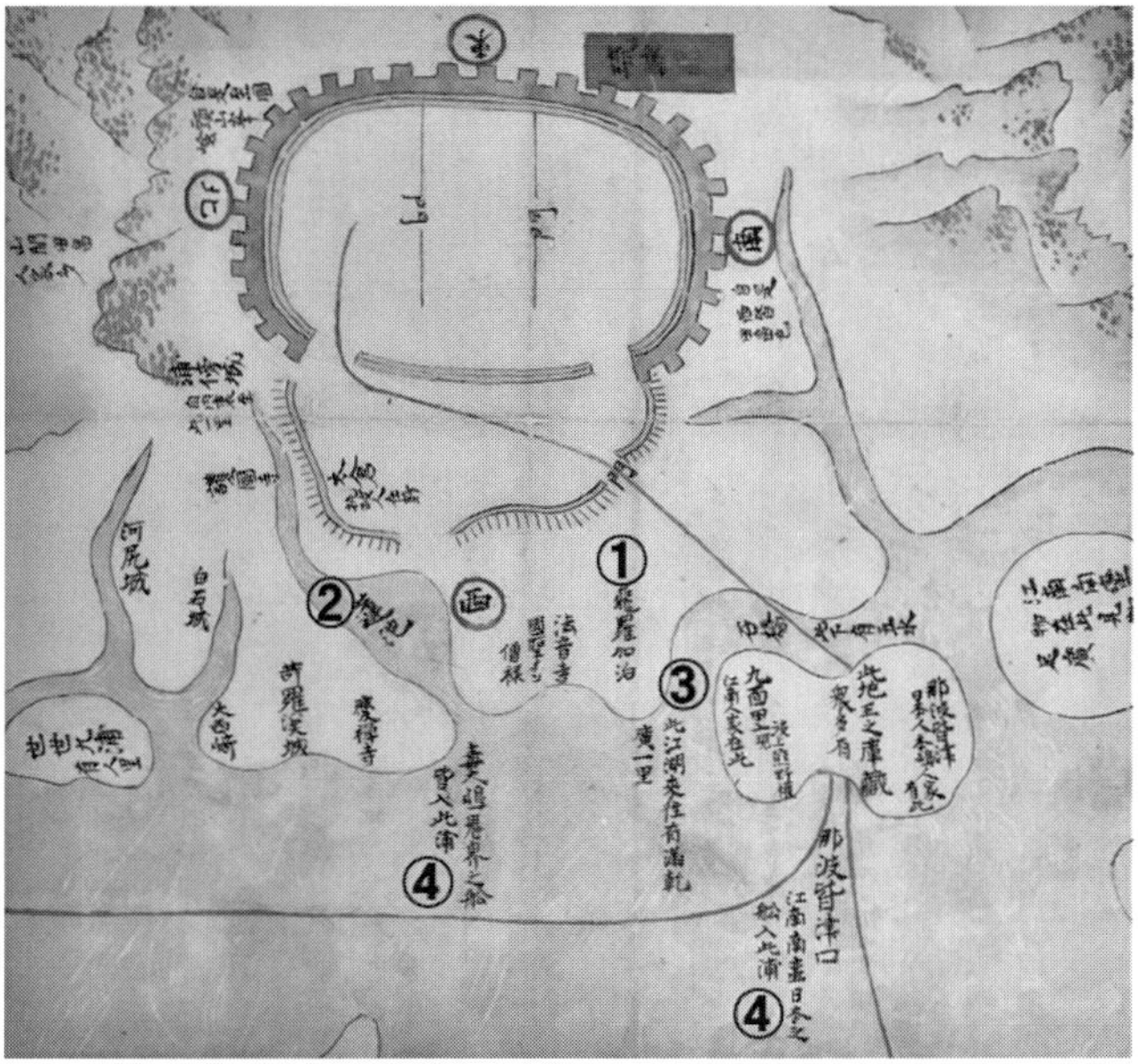

①「飛羅加泊」
②「蓮池」
③「江湖」
④二つの「此浦」

図６　「琉球国図」（沖縄県立博物館所蔵、部分、黒嶋加筆）

浅い安里川への潮汐を利用した水運の表現ではないだろうか。なお安里川については、山原船が遡上したとの伝承も残っている[鎌倉 一九八二]。

そして最後の四点目として、二つの「此浦」の問題を取り上げてみよう。これまでは「江南・南蛮・日本之舩」が入る「此浦」を那覇港に、「毒・大嶋・鬼界之舩」の入る「此浦」を泊港としてきた[上里・深瀬・渡辺 二〇〇五]。だが、その間には「飛羅加」(坂中樋川)と「江湖」(安里川河口)があり、かりに後者の「此浦」を泊港とするのであれば、「飛羅加泊」とは離れた北側に記されたことと矛盾を来してしまう。ただ、「琉球国図」の原図は博多商人の航海図と推測されており、渡海経験を持つ彼らは、海上交通に関する情報は丁寧に書き入れたはずである。やはりここは虚心に戻って、後者の「此浦」が「飛羅加泊」の北側に記された意味を考えてみるべきであろう。

そこで、大型船が那覇港をどのように利用していたのかを、明治期の海図や水路誌をもとに復元してみたい。

史料6 「寰瀛水路誌」巻二下(19)

那覇港〈局版海図第十九号を参観すへし、〉

此港は沖縄島の首港にして(中略)、但し該石花礁脈は、其色赭石の如く堅強なること殆と鉄版の如し〈清人之を鉄版沙と曰ふ、〉、潮満つれは大抵隠伏し浪を吐くもの稀なり、而して港前に五礁あり、伊那武《いなむ》と曰ひ、慈謝加《じじゃか》と曰ひ、干瀬《かんのせ》と曰ひ、浅瀬《あさぜ》と曰ひ、漢那瀬《かんなせ》と曰ふ、此礁間に三条の航門あり、北方にあるを倭口《やまとくち》と曰ひ、中央にあるを唐船口と曰ひ、南方にあるを宮古口と曰ふ〈港内に往来する我商船は常に北門よりし、支那の封舟は中央よりし、宮古島の刳舟は南門よりするを以て此名を取ると云う、〉、皆入港するに最も危難の地とす、一条毎に其泊地を異にす、

泊地

宮古・唐船及び倭口の三条航路は一条毎に各其泊地を異にす、前面にあるを大泊〈英国の「ナハキャンロード」〉と曰ふ、即ち艦舶宿錨ノ地、水深約十二尋、海舶五七艘を置くべし、北部にあるを北迫〔小〕〈洋名「バルンブール」〉と曰ふ、琉球船二三隻、海船一二艘を入るに障なし、南北砲台の内部、即ち覇江を川泊〈洋名「ジヨンクハーボール」〉と曰ふ、幅約六七〇碼、長さ五百

碼余、水深八九尋より二三尋に至る、日本形商船、琉球の鳥船三四十を繋ぐに足るべし（中略）、小泊は最好泊地にして、水深七尋の処に於て最も安全に泊するを得べし（中略）、但し小泊内は何れの部分を論ぜず、錨泊することを得べし、

同じ時期に製作された海図と合わせて、那覇港沿岸部の状況を確認しておこう（図7）。サンゴ礁の発達した南西諸島においては、海底地形が沿岸部の航路を規定していく。那覇港の場合、サンゴ礁の間を縫うように三つの航路（倭口・唐船口・宮古口）が走り、また、サンゴ礁に囲まれて水深を確保できる場所が三つの投錨ポイント（大泊・小泊・川泊）として存在していた。那覇港の近くに危険なサンゴ礁が点在することは、中国からの冊封使や十九世紀に琉球にきた欧米人の記述にもあり、外来者が口をそろえて航海上の脅威と捉えていたことが分かる。前近代におけるサンゴ礁地形の改変の難しさを踏まえれば、十六世紀以前の状況も、これとそれほど変わらないものだったといえよう。

その停泊地のうち、もっとも波浪の影響が少なく安定的な国場《こくば》川河口部の川泊は、冊封使の来琉時には冊封船の停

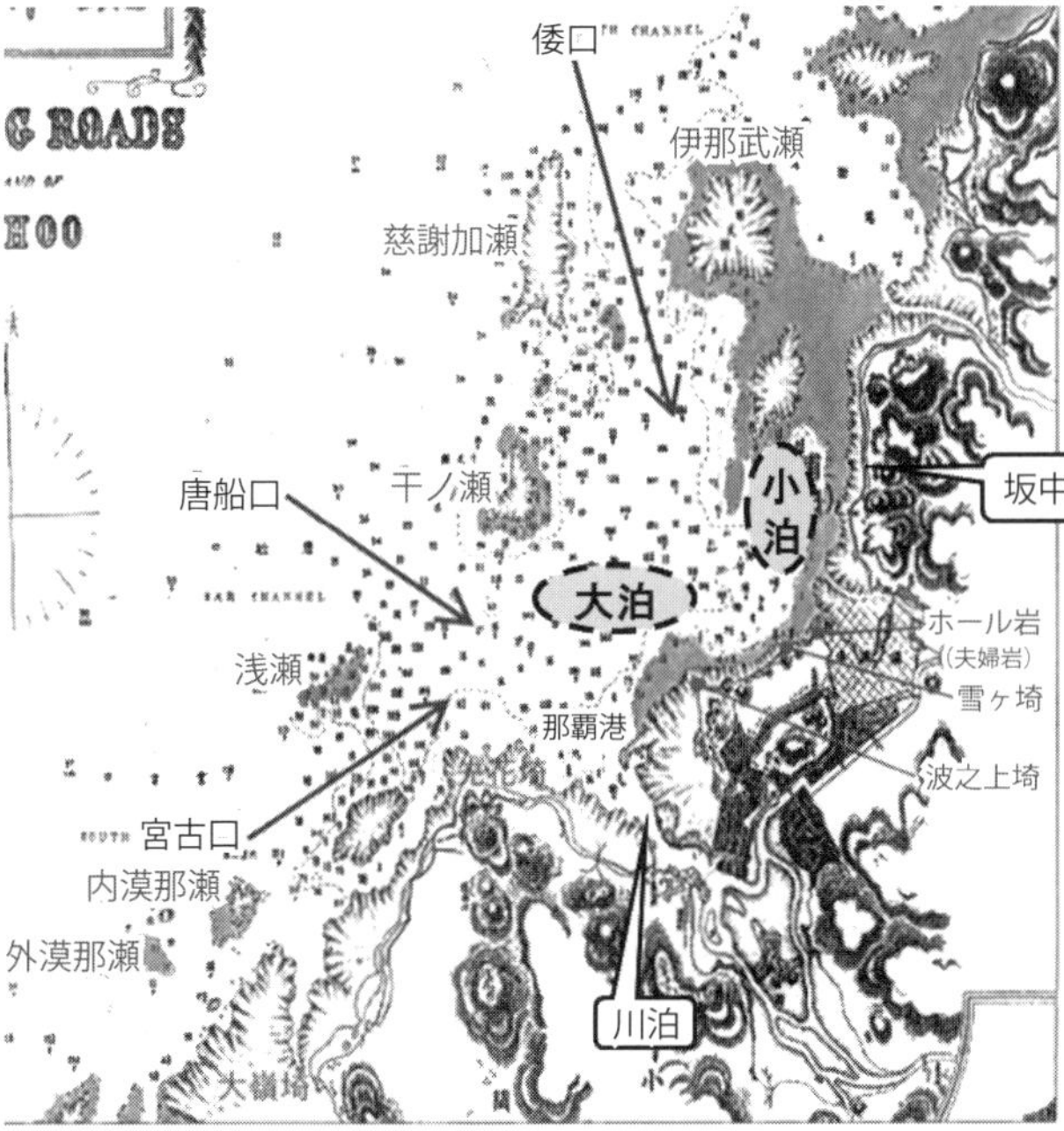

図7　那覇港沿岸
1874年作成の海図をもとにした［渡久地 2007］所収図に黒嶋加筆。

泊地とされたことからも分かるように、王府にとって重要な船の停泊地であった。一方、大泊や小泊は、陸地からは離れるため風の影響は受けやすいものの、周りを囲むサンゴ礁が天然の防波堤の役割を果たし、冊封使のような数か月に及ぶ長期滞在でもなければ、十分に停泊地として機能しうるポイントとなる。停泊地それぞれの位置関係を踏まえれば、「琉球国図」で那覇の波上権現の正面に記された「江南・南蛮・日本之舩」が入る「此浦」とは大泊であろう。一方、史料6で「最好泊地」とされた小泊は、海図によると坂中樋川の正面にあたることから、「飛羅加泊」に比定する有力な候補地となる。

そしてここ小泊が、本稿で追及してきた泊の名称のルーツであったと考えられる。ここは最寄りの天久台地の西側の崖地を望むことから、次のおもろに謡われた「天久口」も小泊を意味しているのではないだろうか。

史料7　「おもろさうし」巻十五―一〇五二[20]

一、あさとおきて　おやみかま／かまゑ　つむ　しよりおやくに／又あめくくち　おやとまり／又なはとまり　おやとまり

（現代語訳…安里掟の親御蒲が、貢納物を船に積んで首里親国に向かっているよ、船を付ける天久口、那覇泊は立派な港である。）

那覇泊と対比されて謡われる天久口とは、船舶が停泊する天久近くの場所となり、小泊（「飛羅加泊」）を指すものと考えられる。その小泊を取り囲み、外洋からの波浪を防ぐ干瀬には、それぞれ「伊那武瀬」「慈謝加瀬」と名付けられ、近世には漁場でもあったことが報告されている［豊見山 二〇〇六］。二つの干瀬の名もまた、おもろに登場している。

史料8　「おもろさうし」巻十五―一〇六〇[21]

一、つるこにくけあちはゑ／きよらや　ほこら／又よかるにくけ／又中にしのゑらひま人／又あさとれに世とれに／又すつとみは　はやとみは／又ゑなんわたて／ちいたか　わたて

（現代語訳…勝れた立派な按司様、よかるにくけ様よ、その美しく立派なことを讃えよう、仲西の選び出された勝れ人が、朝凪に夕凪に、鈴富（船名）・早富（船名）を押し浮かべて、伊那武干瀬に渡って、自謝嘉干瀬を渡って行くよ。）

このおもろで興味深いのは、伊那武瀬・慈謝加瀬と関わ

る海上交通に「仲西の選び真人」が大きな権限を有しているものと推測できる点である。じつは伊那武瀬と慈謝加瀬の間には、本島北部や奄美・日本方面から那覇港へ向かう重要航路の一つである倭口が通っているのだが(図7)、その航路は狭く、近代になっても「航海頗る危険を以て、多年此地の航海に従事せるものゝ外、此航路を取るもの少なし」[22]とされるほどであった。外来船が通航するに際し、地元の人間の手引きを受けなければならない難所なのである。

そこに仲西の出身者が大きく関与していたという所伝は、きわめて重要な情報である。仲西は小湾川下流部にあって浦添間切に属する集落であり、小湾川の上流部は浦添グスクに近接する(図5参照)。その仲西の地頭職を弘治年間(一四八八～一五〇六年)に拝領したと伝えているのが、第2節で検討した泊宗重・大阿母夫妻の二男花城宗義であった。母親の泊大阿母は、既述のように銘苅に采地を持ち、安謝川流域を中心とした広域の祭祀を司っていたと考えられる人物である。また、同じ銘苅出身の銘苅子は、天久権現の開創に重要な役割を果たしていた。このように、泊に関わる人物はみな、北側の安謝川・小湾川流域に関係している点で共通しているのである。

安謝川・小湾川の河口部は近接しており、ともに、海図では安謝港と記されている海へと流れ込む。その安謝港は地形的にも、干瀬に囲まれ一定の水深を確保できることから、大型船も停泊可能な港湾であったと考えられるのだが、これまで古琉球期における王府との関わりについては、文献史料に乏しいこともあって十分に明らかになったとはいいがたい。そこで、安謝港の様子を探る手がかりを一通の古文書に求めてみよう。

史料9　那覇里主・沢岻里主書状[23]

去年不慮にわんおきて(湾掟・喜界島)への船、風にあひ候て、それまて渡海仕候、殊之外御懇に被懸御意候、大慶不少候、自今以後、自然之時者、奉憑之外無他候、軽微之至候へ共、一、三たんしゆす、一、四たんくわんきんす、令進覧候、可然様に預御披露候者、所仰候、恐々謹言、

(朱印、「首里之印」)

六月日　たくし里ぬし(沢岻里主)
なはの里ぬし(那覇里主)

御奉行所々御中

宛所を特定できないものの、喜界島の湾掟への船が漂着し、懇意にしてもらったことへの謝意を伝える書状である。この書状は年未詳であるため、本格的な検討が及んでこなかったが、捺された朱印「首里之印」を分類した上里隆史氏は発給時期について、「印のタイプから年代を判断すると、一五世紀後半から一六世紀前半」としている（上里 二〇一七）。一方で上里氏は、差出人の一人「沢岻里主」を沢岻親方毛盛里とする可能性を指摘し、のちに毛氏一族が奄美地域を統括する（第2節で既述の「自奥渡上之諁理」）ことから、毛盛里が那覇港湾の統括職を把握していたことを想定する。ただし、「沢岻里主は沢岻から所得耕地としての里主所を所有しているにすぎ」ないとする一方、「那覇里主は琉球王国の港湾であった那覇の行政を掌る長」としており、差出の二人のうち「沢岻里主」を人名、「那覇里主」を職名で理解しており、両者の記述の整合性の面で課題を残している。

けれども、那覇里主と沢岻里主が揃って本来は国王印である「首里之印」を捺した文書を発給しているということは、よりシンプルに考えれば、ともに王府から高度な職権を与えられており、それに基づき漂着船の処理を含む港湾行政に従事していたと見るのが自然であろう。上里氏の説には、沢岻が内陸部にあるため港湾行政とは結びつかないという前提的理解があったものかとも思われるが、安謝川中流域にある沢岻は安謝港と直結しており、広域行政に携わるなかで、奄美諸島からの貢納に関与していた可能性が高い。この史料9からは、安謝川河口部にある安謝港も王府の外港としての機能を担っていた可能性を推測できるのではないか。

そしてもう一点、慶長十四年（一六〇九）の島津侵入事件において、島津軍の侵攻計画ルートのなかに安謝港が登場する。

史料10 「琉球渡海日々記」(24)

（慶長十四年三月）廿九日、夜半計に出船被成、大わんと申所に着申候、舟道三十里ニ而候、四月朔日卯の時に、諸軍衆は陸路を御座候、諸舟ハ乍勿論海上にて、両手を御さし候而、こあんま（小湾浜）にて御座候而、那覇・首里の様子きこしめし合セ可有との御議定にて候之処ニ、

文中の小湾浜が安謝港であり、沖縄本島において、陸路

軍と海路軍とが落ち合う場所として想定されている。小湾浜が「那覇・首里の様子」をうかがう作戦上で重要な意味を持ちえたのは、首里北部に源流を持つ安謝川と川沿いに走る道によって、容易に連絡しえたためであろう。さらに想像をたくましくすれば、奄美諸島から南下していく島津氏の軍勢にとって、安謝港についての予備知識を持ち合わせていたためであるとも考えられる。奄美や薩摩の人々にとって、倭口に近い安謝港は、首里に通じる交通至便の地と認識されていたためではないだろうか。

このようにわずかながらではあるが、古琉球期における安謝港の役割を考えさせる痕跡が文献史料にも刻み込まれている。すでに考古学の成果では、銘苅港川原遺跡などをはじめ安謝川中流域で貿易陶磁が多数出土する例があることから、そこが、那覇港が本格的に造営される以前の港湾として利用されていた可能性が指摘されている［瀬戸 二〇一七ほか］。ただ遺物のピークは十一～十三世紀であり、十四～十五世紀における流域の様相は必ずしも明らかではなく、那覇・首里との関係性も詳しいことは明らかになってはいない。それでもその立地から、安謝港が首里の外港として機能し、奄美・九州方面との連絡に優れていたことは動かしがたく、今後、様々な観点から検討を進めていく必要があるだろう。

以上のような特徴を持つ安謝港と、本稿でこれまで検討してきた、十五世紀後半以降になって安謝川流域の人々が王府との関係性をもとに泊方面へ進出してくるという状況とを重ね合わせてみると、次のようなことが言えるだろう。中山王権が首里に拠点を移したころにはすでに、安謝港は首里の外港として機能しており、王府による一程度の掌握が進められていた。北方海域から那覇港への入口である倭口に近いこともあり、首里王府にとって、奄美・九州方面との窓口となる港湾であったのではないだろうか。

ここでようやく、「琉球国図」の「毒・大嶋・鬼界之舩」が入る「此浦」の検討に戻ろう。「飛羅加泊」の北側に記されたこの「此浦」には、安謝港が比定候補の一つとして浮上してくる。もちろん、これを確定させるためには、「此浦」と「浦傍城」とを結ぶ水路が小湾川であることや、「蓮池」が首里城近郊ではなく浦添城近くの人工池の名称であることなど、周辺に記された寺院の比定も含めて、いくつかのクリアすべき課題が残ってはいるものの、既述のような安謝港周辺の状況を踏まえると、決して不自然な比定地とはいえない。なによりも、天久台地南側に進出してくる関係者や倭口の海上交通に関与していた人々が、いずれも安謝港に流れ込む安謝川・小湾川流域の人間だったという点は、重要な状況証拠となりうる。

かりに安謝港が、十五世紀中頃には奄美諸島から王府への貢納拠点となっており、首里だけでなく浦添とも関連が深い場所であったとすれば、以後に展開する那覇港北側の整備が、浦添側の勢力を動員したものだったとの見通しが出てくる。その際には、中山王権が首里に移る前に本拠を置いていたとされる浦添との関係性が問われてくるだろう。王権の首里移転後も、浦添はすぐに他のグスクと同等に格下げされたわけではなく、重要な王府拠点の一つであり続けたことになる。広域だった時期の浦添間切の問題とも絡めて、あらためて安謝川・小湾川から安里川に至るエリアに光を当て、多角的に検証していく必要があるだろう。

おわりに

本稿でのこれまでの検討をまとめておこう。従来、泊は那覇の発展に伴って東側(安里)から展開して形成された港湾都市とされてきたが、十五世紀後半になって首里王府との関係をもとに泊に進出してくるのは、いずれも北側の安謝川流域に所縁を持つ人物であった。

また、泊を「域内港」とする従来の理解についても疑問が生じ、第一尚氏王朝段階では、奄美諸島からの貢納船は安謝港に入港していた可能性が出てきた。[25] 安謝港は、安謝川・小湾川の河川交通によって首里・浦添方面と連絡できるようになっていたと考えられる。奄美諸島からの貢納拠点は、王府による奄美・喜界の征伐が継続される過程で徐々に再編・整備され、那覇・首里とのアクセスが良い南側の泊へと移りつつあった。これが、その後の第二尚氏王朝以降の天久権現や泊御殿・泊高橋の整備へと続いていく前提となるのであろう。

これによれば、貢納・軍事を担当する奄美諸島支配の拠点となる港湾は、王府による那覇港整備とは別の論理で、すでに成立していたことになる。たしかに那覇港は、尚巴志段階から王国の対外窓口として整備が進められていくのだが、奄美諸島の支配拠点は、それ以前からの体制を引きずっており、必ずしも那覇近郊に一元的にまとめるという発想を持ち合わせていなかったともいえるだろう。

ここで想起されるのは、中山王以外の有力按司たちが確保していた奄美との関係性である。例えば護佐丸は、座喜味グスク築城に奄美出身者を使役したと伝えられ［石上 二〇〇〇］、勝連グスクによった按司も奄美との交易を担っていたとされる［伊波 一九七五］。首里王府による奄美統治の推進とは、諸氏が独自に持っていた交易権を王府のもとに再編していく政策と表裏一体であり、その過程は、中央集権化といった言葉が与える急進的なイメージとは裏腹に、じつは緩やかに進行していた可能性が出てくる。

その中で、もっとも再編が遅れたのが浦添だったのではないか。十六世紀になって、尚真の長男でありながら王位を継承しなかった尚維衡が立てた浦添王家が、首里王家に対して自立的であった点はすでに指摘があるが［豊見山 二〇〇四］、その淵源の一つを、浦添が持つ由緒や地政学的な要因に求めることも可能であろう。

十六世紀以前における浦添城・浦添間切の検討は、王府支配の中央集権化を論じる時の反証材料になりうる。王国が中央集権化を果たす以前の状況、すなわち「琉球の中世」的世界を探求する手がかりとして、さらなる検討が求められてくるのではないだろうか。

〔付記〕　本稿は、科学研究費補助金「南西諸島における海上交通の復元的研究――「帆船の時代」の「歴史航海図」――」（基盤研究（B）、研究代表者：黒嶋敏）、および東京大学史料編纂所画像史料解析センター「港湾都市那覇を題材とした空間図の総合的研究プロジェクト」（研究代表者：黒嶋敏）の成果によるものである。

註

（1）　十六世紀以前における那覇の空間構造を復元・図示した主な研究として、上里隆史「古琉球・那覇の「倭人」居留地と環シナ海世界」［上里 二〇〇五］があるが、これに対して、那覇の概要を摑むことには適しているものの、時期的変遷を追うことは難しいとする批判がある［高橋 二〇一五］。

（2）　『琉球史料叢書　第一巻』二〇四頁。

（3）　「球陽」尚豊王五年（一六二五）条によれば、尚豊王が参拝した王府ゆかりの八社のなかに天久権現が含まれている。

(4)「球陽」尚敬王二二・一七三四年条

(5)「琉球国由来記」(『琉球史料叢書　第一巻』)の巻七「泊村由来記」に、「今之天久寺建立ノ土地、昔ハ大島御蔵、有之タル由也、其時分、天久寺ハ、社壇左ノ脇ニ為有之由、伝申也」とある。

(6) 前掲註(5)および「琉球国旧記」(『琉球史料叢書　第三巻』)の二五、天久山三社併聖現寺の項に「而今寺院、原號大島倉、大島・鬼界等七島、納貢於中山、必泊船于泊津、以納其方物之地也。」とある。

(7) 横山重編『琉球神道記』角川書店、七六～七七頁。

(8) 天久周辺の現地調査の成果については、別に拙稿「古琉球期における那覇北部の景観」を準備している。

(9)『琉球史料叢書　第三巻』一八頁。

(10)『琉球国旧記』、『女官大双紙』ほか。

(11)『那覇市史　資料編第一巻八』一七五頁。読み下して引用した。

(12) 前掲註(7)『琉球神道記』

(13) 崇元寺創建は、近世史書では尚円王代(在位一四六九～七六)とされるが、高橋康夫氏はさらに絞り込み一四七〇～七二年とする[高橋二〇一五]。

(14)「朝鮮王朝実録」世祖八年(一四六二)二月辛巳条[池谷・内田・高瀬編二〇〇五所収]。

(15)「球陽」巻九、尚貞王三〇年(一六九九)条

(16) 高良倉吉・玉城朋彦編『ペリーと大琉球』(ボーダーインク、一九九七年)六一頁所収。なお同書のキャプションでは崎樋川と説明されているが、位置関係から、崎樋川の南にある坂中樋川であると考えられる。

(17) 前掲註(7)『琉球神道記』

(18)「正保三年絵図帳写」(『琉球国絵図史料集第一集　正保国絵図及び関連史料』沖縄県教育委員会、一九九二年)。

(19) 国立公文書館所蔵、七七一～七七六頁。引用にあたって片仮名を平仮名にあらためた。「寰瀛水路誌」は明治初年からの日本沿岸の調査をもとに、海軍省水路局が編集した水路誌。引用部分は明治十四年(一八八一)の調査による記述。

(20) 外間守善校注『おもろさうし　下』(岩波文庫)。なお、ここで登場する安里掟の親御蒲について、「安里」を『日本思想大系』ほかの解釈では奄美大島の朝戸とする説があるが、伊波普猷は「真和志間切安里の地頭で泊港を管し、奄美大島諸島に関する事務に携わっていたもの」(『をなりがみの島2』一五七～八頁)とする。「奄美大島諸島に関する事務」とまで読み込めるかは検討の余地があるが、さしあたって、首里近郊の安里として特に不自然な点は見いだせない。

(21) 前掲註(20)『おもろさうし　下』

(22)「那覇築港誌」(『那覇市史　資料篇第二巻下』所収)

(23)『鹿児島県史料　旧記雑録　附録一』九九〇号

(24)『鹿児島県史料　旧記雑録後編』四―五五七号

(25) もっとも、久米島からの貢納拠点は安里周辺にあり、離島から王府への貢納船の碇泊地は、航路に応じて分散していたものと思われる。

おもな参考文献

安里　進　二〇〇六『琉球の王権とグスク』山川出版社
安里　進　二〇一三「首里王府の重要施設絵図調整事業」『首里城研究』一五

天久誌編集委員会　二〇一〇『天久誌』天久資産保存会
「天久写真集」編集委員会　二〇一七『天久写真集』天久資産保存会
池谷望子・内田晶子・高瀬恭子編　二〇〇五『朝鮮王朝実録琉球史料集成』榕樹書林
石上英一　二〇〇〇「琉球の奄美諸島統治の諸段階」『歴史評論』六〇三
石上英一編　二〇一四『奄美諸島編年史料 古琉球期編上』吉川弘文館
伊波普猷　一九七五「中世に於ける沖縄と道之島との交渉―「阿麻和利考」の展開」『伊波普猷全集　第六巻』平凡社(初出一九三七)
上里隆史　二〇〇五「古琉球・那覇の「倭人」居留地と環シナ海世界」『史学雑誌』一一四編七
上里隆史　二〇〇八「一五～一七世紀における琉球那覇の海港都市と宗教」『史学研究』二六〇
上里隆史　二〇一一「古琉球社会の特徴と沖縄島の港湾機能」『沖縄文化』四五(二)
上里隆史　二〇一六『人をあるく　尚氏と首里城』吉川弘文館
上里隆史　二〇一七「古琉球期の印章」黒嶋敏・屋良健一郎編『琉球史料学の船出　いま、歴史情報の海へ』勉誠出版
上里隆史・深瀬公一郎・渡辺美季　二〇〇五「沖縄県立博物館所蔵『琉球国図』―その史料的価値と『海東諸国紀』との関連性について」『古文書研究』六〇
鎌倉芳太郎　一九八二『沖縄文化の遺宝』岩波書店
小島瓔禮　一九八七「楚辺・那覇四町・久米村・泊の大あむ―那覇の港町の形成と祭祀組織」谷川健一編『日本の神々　第一三巻　南西諸島』白水社
瀬戸哲也　二〇一一「中世後期の琉球における仏教事情―考古資料からの検討」博多研究会編『博多研究会誌　二〇周年記念特別号』博多研究会
瀬戸哲也　二〇一七「那覇の形成と景観―考古学的成果を中心に」中世都市研究会二〇一七年度大会「港市としての博多」口頭報告
高瀬恭子　二〇〇九「「志魯・布里の乱」とは」池谷望子・内田晶子・高瀬恭子『アジアの海の古琉球　東南アジア・朝鮮・中国』榕樹書林
高橋康夫　二〇一五『海の「京都」日本琉球都市史研究』京都大学学術出版会
高良倉吉　一九八九『琉球王国史の課題』ひるぎ社
高良倉吉　一九九三『琉球王国』岩波書店(岩波新書)
田名真之　二〇一〇「港町那覇の展開」沖縄県文化振興会史料編集室編『沖縄県史　各論編第三巻　古琉球』
田中健夫　一九九一「中国・朝鮮の史料にみる琉球」琉球新報社編『新琉球史　古琉球編』琉球新報社
知名定寛　二〇〇八『琉球仏教史の研究』榕樹書林
渡久地健　二〇〇七「サンゴ礁とエスチュアリーのはざまに発達した港市・那覇」『地図情報』二七―一
渡久地健　二〇一七『サンゴ礁の人文地理学』古今書院
とまり会編　一九七四『泊誌』同会
豊見山和行　二〇〇四『琉球王国の外交と王権』吉川弘文館
豊見山和行　二〇〇六「漁撈・海運・商活動」新崎盛暉・比嘉政夫・家中茂編『沖縄大学地域研究所叢書七　地域の自立シマの力下』コモンズ
新島奈津子　二〇〇五「古琉球における那覇港湾機能―国の港としての那覇港」『専修史学』三九
新島奈津子　二〇一六「港市那覇の形成と展開」『亀井明德氏追悼・貿易陶磁研究等論文集』亀井明德さん追悼文集刊行会
東恩納寛惇　一九七八「泊及泊人」琉球新報社編『東恩納寛惇全集　五』第一書房(初出一九二五)
真喜志瑤子　二〇〇九「琉球王国の航海儀礼と歌謡―乗員による儀礼という視点から―」『沖縄文化研究』三五
真喜志瑤子　二〇一二「琉球王国一五世紀中期以降の畿内制的な特徴と王城儀礼―官人組織と王城儀礼の変遷―」『沖縄文化研究』三八
弓削政己　二〇一〇「中山政権と奄美」沖縄県文化振興会史料編集室編『沖縄県史　各論編第三巻　古琉球』

黒嶋報告 質疑討論

司　会：高橋慎一朗
報告者：黒嶋　敏
コメント：柳原敏昭（東北大学教授）
瀬戸哲也（沖縄県立埋蔵文化財センター）
渡辺美季（東京大学准教授）

高橋　討論に入る前の事実確認です。第一尚氏の時期において、報告の中に出てきた「小泊」は投錨地であって、それとは別に着岸の施設とそれに付属する施設があったという理解でよいですか。

黒嶋　第一尚氏期に投錨地の小泊から陸地へ物を運びこむ拠点になるのは、安里や、安謝川の河口部かと思われます。天久権現や泊御殿周辺には、まだ王府の手は入っていないのだろうと思います。

高橋　ありがとうございます。コメントを柳原さん、お願いします。

柳原　黒嶋さんの報告は十五世紀の半ばを中心とする時期の那覇港以外の港湾である泊や安謝川河口部に、初めて本格的な検討を加えられたものでした。古琉球期の泊に関しては従来、域内港としての位置づけで、段階的な整備などを考えずに、静態的なイメージでとらえられてきたわけですが、第一尚氏期のなかでも、あるいは第一尚氏期と第二尚氏期の間にも相当な変化があって、琉球王国の奄美支配ともからみながら、段階的に整備されてきたことを明らかにされたことが一つの成果かと思います。これは時間軸からのアプローチになるわけですが、一方で空間軸からのアプローチもあって、泊の東部の安里と西部海岸沿いの整備と、その背後にある権力構造や政治構造との関連も明らかにされました。さらには第一尚氏期の港としての安謝川の重要性も指摘されています。

昨日の高橋さんの趣旨説明に、交易主体と政治主体の分離が「琉球の中世」を特徴づけるとの提起があったわけですが、黒嶋さんの報告はそれに具体的な素材を提供されたものとお聞きしました。それから非常に緻密な考証があって、細かいことかもしれませんが、「琉球国図」にある、従来未詳とされていた「飛羅加泊(フィラカトマリ)」の「飛羅加」を「坂の泉(フィラノカー)」の音写であると指摘されました。これは「琉球国図」が現地の生きた情報、実際に話されている言葉に基づいて作成されていることを示唆しており、非常に貴重な発見だと思います。

次にいくつか質問をさせていただきます。一つは高橋さんが確認されたことが私にもわかりにくかったのですが、「小泊」というのは、史料的にどこまでさかのぼるのでしょうか。明治の水路図に出ているのですが、それ以前に指摘された場所を「小泊」と言っている史料があるのかどうかということです。

黒嶋 「大」や「小」を付けて泊としている史料は、近世のものにはないように思います。私も明治期の水路誌を見て初めて気づいたので、たぶん、近世末期には呼称として存在したことは確実だと思うのですが、ほかに近世史料で大小の泊の記事をご存知の方がいれば教えてください。

柳原 もう一つは、「琉球国図」の二つの「此浦」についてです。通説では「江南・南蛮・日本の船此浦に入る」とあるのが那覇港で、「毒・大島・喜界の船、皆此浦に入る」とあるのが泊港ということになっていますが、黒嶋さんは、前者は大泊、後者は小泊・天久口に比定できると言われました。そして「琉球国図」の原図が成立したと想定できる一四五三年段階で、域内港としての泊が成立していたかどうかは慎重な検証が必要だと問題を提起されました。それに対する黒嶋さんの答えは、小泊という投錨地があって、後の泊港の海岸部の整備はまだされていなくて、安里あたりに拠点があって、もう一つは安謝川のほうに何か港湾施設があって、後世の泊港はまだ確立していない、というものですね。

「此浦」に関して気になったのは、那覇との関係でどういうことが言えるのかです。江南・南蛮・日本の船は那覇港に入って、小泊は徳之島・大島・喜界の船が入るというところは変わらないのかどうかです。

黒嶋 「此浦」の比定ですが、私もまだ迷っています。大島の船が入る「此浦」は安謝浦でもいいのかなと考えたのですが、海側の論理だけでは決め手に欠けます。上流の「蓮池」を浦添側の論理で読むのか首里側で読むかで解釈が変わってくると話しましたが、蓮池が浦添からつながる河川であることが確実になれば、「此浦」は安謝浦でよいと思うのです。

従来の研究との違いがわかりにくいということですが、上里さんたちの「琉球国図」研究では、「此浦」を陸上の港町と直結して理解していたと思うのです。でもそうではなくて、あくまでも停泊地、投錨地、海の上の話として理解したほうが、現地の地形に整合的なのだろうと、今回はその注意喚起の意味も込めました。ですから、那覇に近いところの停泊地「大泊」と、北側の狭いけれども海況が安定している「小泊」があって、その使い分けが第一尚氏の段階でなされていたことが確認できればいいのかな、と思っています。

柳原　次の質問に移ります。黒嶋さんは、『朝鮮王朝実録』に見える朝鮮の漂流民が住んだ「水辺の公館」が安里にあったと指摘されました。ただ、問題は続いて記述される「館傍の土城」の評価です。黒嶋説だと「わが国(朝鮮)および中原(明)の人、之に居る」という「土城」が安里にあったことになるわけですが、この施設をどのように考えますか。「水辺の公館」が那覇の浮島にあったとすれば、「土城」は「琉球国図」に見える「九面里」、つまり久米村になります。安里に「水辺の公館」があったとすれば、どのように考えればよいのでしょう。中国人や一部の朝鮮の人たちの居留地が安里にあったと考えられるのかどうか、お聞きしたいと思います。

黒嶋　私も気になったのですが、「館傍の土城」は久米村のことを書いているとすれば、苦しい解釈ですが、「傍」という文字は現代の印象では隣近所のようなニュアンスになってしまうのですけど、辞典類には、隣だけでなく、近くとか近在といった説明もありましたので、「館傍」から、必ずしも久米村に隣接するという解釈にしなくてもいいのかなと思っているところです。なので、近くには「土城」があるのだけど、「水辺の公館」は首里城から五里のところにあるという記述とあまり矛盾せずにすむのかなと思っています。

柳原　「館傍」の解釈はやはり苦しいかと思います。次に、

「琉球国図」には運天や勝連といった浦がいくつかありますね。それらの機能も含めて首里の第一尚氏期の外交をどのように考えればよいのか、もう少し展開していただければと思いました。ようするに十五世紀半ばに対明朝貢の減少があって、第二尚氏段階になると中央集権化が進み、奄美諸島へ領域が拡大するといわれていますが、それと泊の整備がどのように関係しているのか、黒嶋さんの考えをうかがいたいと思います。

黒嶋　第一尚氏期の泊の海岸部は、まだまだ未整備だったということを今回は指摘して、次の作業として運天・勝連などの外港が王府の奄美諸島侵攻とどのように結びつくのかを考えてみたいと思っています。全てこれからの課題なのですが、ただ文字史料が非常に少ないので、別の切口を考えないといけません。お気づきの点があれば、ご教示いただければと思います。

柳原　最後にないものねだり的なことですが、硫黄の問題があります。琉球国のほぼ唯一の国際的特産物が硫黄だといわれてもいますが、「琉球国図」には鳥島が描かれていて、「この島硫黄をとるところ」と書いてあります。間違いなく一四五〇年ころには鳥島で硫黄を採っているわけです。一方、近世の泊には硫黄蔵がありますね。第一尚氏期に硫黄をどこで採って、どこに運んでいるのか、何か考えがあったらお聞かせください。

黒嶋　近世段階には、泊港に硫黄蔵がある一方で、那覇港にも硫黄グスクがありました。それぞれ、泊の硫黄蔵は精錬所、那覇港の硫黄グスクは収納所だったとされています。これが十六世紀以前まで遡るのかは不明なのですが、王府に貢納された硫黄と、対外的な商品として出ていく硫黄とを区別する管理方法が、すでに存在した可能性はあります。この時期の硫黄の問題がどのように扱われていたかは、那覇港にあった硫黄グスクと関連させながら改めて考えてみたいと思います。

高橋　黒嶋さんは「琉球国図」を読み直されましたが、渡辺美季さん、コメントをお願いします。

渡辺　上里隆史さんと深瀬公一郎さんと私の三人で「琉球国図」を紹介する論文で「飛羅加泊は未詳」と書いてしまったのですが、「飛羅加泊」はまさに「坂の泉(フィラヌカー)」だと思います。その他にも深く考えずに書いたことについて精緻な分析をしていただいて、これほど泊のことが明らかになったのは、琉球史にとって画期的なことだと思います。

ただ気になるのは、黒嶋さんは「琉球国図」は「那覇港＝対外、泊港＝国内と機能が分化していた古琉球期の港の状況を、正確に反映している」とすることに、異議があると指摘されました。対外・国内というほどに機能分化してはいないのかもしれませんけれど、分化の側面を評価してもよいのではないかという気持ちがあります。つまり、この地図がどのような意図で作成されたのかとも関係してくると思うのです。

「琉球国図」図中の不自然な漢文が、日本系の人による表記なのは間違いないと思いますし、地図から読み取れる航路の方向性からも(博多商人の)道安のような博多方面から来た人間が描いたとみてよいのではないかと思いますが、そういう人からみて「飛羅加泊」が「坂の泉(フィラヌカー)」の音写だと比定されたように、自分たちにとって必要な情報をとても正確に反映させたのが「琉球国図」だと思うのです。そうすると、彼らが船に乗ってやってきて、「毒大島鬼界之舩皆入」港は、自分たちの入る港ではなく、「那覇皆津口」＝那覇港に入港するのだということを航路とともに描いている、そのことの意味、つまり那覇港に入るのだというレベルでの使い分けがあったことをもう少し積極的に評価してもいいのではないかと思いました。

「那覇皆津口」に関しては、大泊の意味ではないかという報告でしたけど、その可能性はもちろんあると思いますが、川泊の存在感が浮いてしまうように思います。「那覇皆津口」と島の上に書いてあるので島全体が那覇港だと認識していて、さらにひょうたん型のへこんだところに航路を描き入れていることからすれば、この場所が川泊でもよいのではないでしょうか。川泊ではなくて、大泊にすることの根拠が弱くないかと思います。

機能として小さな船は泊で、大きな船は那覇の方で分けるとか、大島などから来る船は北の方で、江南などから来る船は南の方とか、いろいろな考え方はあると思いますけど、日本の船が「那覇皆津口」に入るということは、(同じ方向からの航路でも大島船は泊なので)航路の方向は分ける規準ではないですね。船の大きさで港を使い分けていたとも思えないので、機能分化と川泊の二点はいま一度たちもどって考えてみてもよいのではないかというのが私の感想です。

黒嶋　私も、どこから来たかによって船の投錨地が指定されている事実は、非常に重要な意味を持っていると思っています。ただ、渡辺さんの理解と少し違うのは、「対外」「国内」という線の引き方をしてしまうと、その前提として、琉球という国家が、かなり領域的な支配を行っていたかのような理解を与えてしまうのではないかという懸念を持ったわけです。そのため今回は、那覇久米村の交易に関わる船と、首里王府の支配に関わる船とを分ける視点で整理し、後者についても、奄美諸島や久米島の貢納拠点が一元化していなかった点を指摘してみました。道安(のような商人)が、那覇港に入る自覚をもって「琉球国図」の原図を書いているという点は、私も同感です。

それから川泊ですが、ここは地形的にも海況が安定していて、管理のしやすいポイントになり、王府が最初に手を入れていこうとする場所になると考えられます。だとすれば、王府との関係性などによって、那覇港に入る船の投錨先が大泊と川泊に峻別されていた可能性が出てくるのかもしれません。「琉球国図」の「那覇皆津口」をどう読むかは、近世の事例などを参考にしながら、まだ深めていく必要があろうかと思います。

高橋　ありがとうございます。それでは最後に、安謝川の考古学的な位置づけについて瀬戸哲也さん、コメントをお願いします。

瀬戸　発掘調査が行われている安謝川流域の遺跡は、銘苅原遺跡群になります。この遺跡群の調査を主導していた金武正紀さんは「那覇港以前の港は、この場所だ」と指摘しています。黒嶋さんの報告にもあるように、銘苅原遺跡群は確かに十一世紀後半から十三世紀の陶磁器は非常に多いのですが、十四～十五世紀の陶磁器も、量的にみると十一～十三世紀よりも二～三倍くらい多いのです。

ただ、陶磁器の出土量は那覇港の遺跡群が群を抜いています。那覇港の渡地村跡では、十四世紀後半から十六世紀前半にかけて青磁の個体数で数百点以上といった廃棄の遺構があちこちにあるのです。また、岩盤が非常に平坦に削平された場所や護岸とみられる石積みが確認されるなど、まさに埠頭的な場などと考えられます。このように、十四世紀後半の那覇港は、これまでの琉球列島では想定できないような大規模な整備をしていると私は捉えているのです。

　安謝川の上流まで船が上がるのは難しいと思いますので、安謝川流域の遺跡群は、もともと琉球の各地にあった、拠点になるような港の雰囲気ではないかと思うのです。安里川流域でも、崇元寺の対岸に十三世紀～十四世紀の牧志御願東方遺跡があるくらいです。だから、那覇港が十四世紀後半に一気に整備される以前、安謝川や安里川の流域一帯など小規模な港・遺跡があちこちにあったのだけど、それらを超絶していくのが那覇港の整備だと考えているのです。那覇の特異さをアピールしながら相対化しないといけないので、黒嶋さんの報告は勉強になりました。

黒嶋　安謝川流域の遺跡でも、十四・十五世紀の遺物がかなり出ているということは、今回の報告とつながってくると思いますが、考古学の方に聞いてみたいのは浦添グスクのことです。浦添と海との関わりは牧港が重視される傾向がありますけど、浦添から西側に出ていく港湾や安謝川とのつながりを示すような遺跡の事例があれば教えて欲しいのです。

瀬戸　浦添城の北にある牧港川が牧港に流れていますが、浦添城の南側に流れる小湾川流域にも親富祖遺跡など十四・十五世紀の遺跡はありますし、牧港周辺では牧港貝塚や真久原遺跡など十二～十四世紀の遺跡が見られます。また、小湾川と安謝川の河口は非常に隣接しておりますので、これらが全く別の港湾もしくは地域と言い切ることはできないと思います。いずれにせよ、浦添城は小湾川と牧港川の二つの川の上流域に位置しており、那覇港整備以前から一定の勢力を有していた地域であることは間違いないと思います。

　ただ、浦添城に関しては、察度が首里に移ったあと衰退していくというイメージで語られていますが、調査はまだ十分ではないですけど、十五～十六世紀の陶磁器もかなり出土するのも確かです。考古学で細かな年代を確定するのは難しいですが、察度が十四世紀後半ごろに首里城へ拠点を移したという正史の記述が仮に正しいとしても、その後に浦添城が急激に衰退していったとは言えないと思います。

交易船構造の革新と琉球
——中世東アジア航洋船から南シナ海型ハイブリッド船の登場まで——

木村　淳

はじめに

一概に、琉球の交易船は、中国が船を下賜した、あるいはその技術を取り入れ琉球王国で建造された中国型の船と形容される。琉球船の建造とは、中国からの技術の伝搬と、その受容、あるいはその後の独自発展という面から検証されるべきというのは、先学の示すとおりである。本論では、琉球船について、これまで低調であった考古学的な視点から、いかなる検証が可能かということに取り組んでみたい。

明治五年（一八七二）明治天皇が西国・九州を巡幸した際に撮影された写真の一枚に「鹿児島砲台琉球船滞泊之形状」がある（第1図）。鹿児島滞在は、六月二十二日から七月二日であったから、随行の写真家によって、この間に撮影されたものと考えられる。写真では、鹿児島港内に一隻

第１図　「鹿児島港停泊琉球船」
1872年明治天皇・西国・九州巡幸写真
（撮影：内田九一）

の帆船が縮帆した状態で停錨している様子が確認できる。遠方からの撮影で、仔細の確認は難しいが、琉球の楷船と比定されている［板井 二〇〇八］。船首の反り、船首両舷の眼、舷側上下の塗り分け、船尾楼構造などが、絵画資料に描写される近世の琉球の外洋航海に使用した官船・唐船、薩摩派遣のための楷船の特徴と一致する。

別の写真資料の琉球の帆船に、沖縄本島北部の呼称である山原《やんばる》を冠した山原船がある（第2図）。山原船の同型として、馬艦船《マーラン》が挙げられ、それらの区別を船体の大小をもとにするとも言われている［喜舎場 一九九三］。しかしながら、絵画資料に残る馬艦船と、現代の沖縄で呼称される馬艦船や山原船の矛盾や差異が指摘されている［板井 二〇〇八］。

第2図　那覇港山原船
（池野 1994 より、那覇市文化局文化振興課提供、一部改変）

山原船の呼称については、十八世紀や十九世紀前半の文献には認められないとされる。この点で、早くに絵画資料に描写される馬艦船とは異なる。山原船は、戦前の昭和初期まで、沖縄本島沿岸の水運を担っていた船の俗称とされる［池野 一九九四］。写真資料の帆走中の山原船をみると、バッテン帆(batten sail)であるが縦帆である。バッテンの縦帆は、近代の中国沿岸輸送船に使用されたものである［Worcester 1971, Donnelly 1930］。よって、十九世紀に描かれた『沖縄県船図』所収の馬艦船の横帆とは異なる。山原船の縦帆のバッテン帆は、琉球の船が近代になって取り入れたか、あるいは中国型の船ごと流用したと考えられる。山原船の帆の艤装は、中国型帆船との技術融合（ハイブリット化）、あるいはその技術導入であるが、近代において発生した事例である。筆者は山原船の船体構造に特別の見識を持たないが、琉球王国時代の馬艦船の船体構造や造船技術を、単純に近代の山原船に求めることは早計と考える。

琉球の交易船の建造を考察するうえでは、中国から下賜された海舟の利用、同国で外洋航海に適した帆船を造る技術の影響は、避けて通れない議論となる。中国の船は、ジャンク船とも言われるが、植民地時代の日本人が「戎克」と当て字したように、中国ではこの呼称が普及したことはない。唐代の漢籍に記録される交易船については、大型のフネは舩や舶として、船体の大小の別や、崑崙舶や波斯舶のように、渡海してきた大型の船に使われた。

明代に成立した『武備志』に、沙船・鳥船・福船など、ようやく船の種別が現れる。さらに船主に許可状を与えての管理貿易のなかで、寧波船・福建船など建造地や出港地などの船籍の情報化もおこる。ジョゼフ・ニーダムの古典『中国の科学と文明』は[Needham 1971]、文献・絵画資料を集成し、交易船を含めた中国の造船技術を俯瞰するが、資料的な制約もあって、中世の中国建造の交易船の理解には不十分な内容となっている。

近年、アジア地域では、船体考古資料の出土例が増加しており、従来の資料制約を補完する研究が可能な状況にある。出土船体には、八~九世紀代に遡るチャウタン沈没船やビリトゥン沈没船といった考古資料が東南アジアで特定されている。前者は崑崙舶など東南アジア在来船の建造技術、後者は波斯舶といったインド洋系の建造技術への知見を提供する。中世以降に活発化する中国海商の活動は、十二~十三世紀の東シナ海中国沿岸での造船業の隆盛に支えられた。河川・運河利用の活発化に伴い多量の船を供給していた造船産業は十分に成熟していた。

一九七〇年代の泉州船の発見以来の中世の船体考古資料の増加によって、造船技術についての比較研究が可能となった[Kimura 2016]。本論では、中国沿岸で建造され、グスク時代の沖縄周辺の南西諸島海域を航行したであろう航洋船について、船体考古資料に基づいて概観する。

岡本によれば、琉球の造船史の変遷は、「十四世紀末から十五世紀前半にかけての明朝よりの海船「下賜」期、十五世紀中葉から十六世紀前期にかけての琉球による福建での自弁建造期、十六世紀後半以降の琉球での海船自力建造期」と画期が指摘されている[岡本 二〇〇八]。考古学研究の立場から通時的に海域アジア造船技術史の検証を行うと、十四世紀後半頃に那覇港が成立し進貢が開始された時期には、前時代とは異なった型式の航洋船が交易を担っていたことが指摘できる。明の海上施策は、東シナ海・南シナ海の海上交易の一体化を招き、その恩恵を受けていた琉球は、十五世紀半ばに自国建造の時代へと入る。この時期、東シナ海・南シナ海の造船業も革新を経て発展していた。考古学的には、南シナ海を中心に、十五世紀頃に沈没した交易船の発見事例が多数報告されており、従来の中国式の航洋船とは異なるハイブリット型船体が特定されている。本論では、当時、南シナ海の遠距離交易に使用されたハイブリット型船を沖縄周縁の造船技術と位置づけて、琉球王国時代の船匠がみたであろう造船技術を説明する。

沈没した中世・近世交易船については、貿易陶磁器に代表される積み荷の研究が進展してきたが、出土した船体についての理解は途上にある。沈没船遺跡に残る出土船体、すなわち船体考古資料は、交易船の構造発展を議論するうえで重要な資料である。これらの解釈から、グスク時代から琉球王国時代に、沖縄周辺海域にあって交易を支えた航洋船とはいかなるものであったのか考察してみる。

1　琉球の造船地

シンポジウム「琉球の中世」では、那覇港と並び重要な役割を果たしていた泊港についての詳細な考察を聞く機会があった。

那覇で外洋に耐えうる船の修繕や建造地が設けられたのは、陸から隔てられた浮島と呼ばれる区域に所在した久米村で、当初は中国中南部の福建省からの渡来人によって運営された。『琉球交易港図屏風』に代表される十九世紀の屏風(掛軸装)資料の先行研究では、停泊、航行あるいは曳航中の進貢船(帰唐船)、接貢船、爬竜船ほか大和船(薩摩船)の分析があり、那覇港の景観についても考察が加えられている[板井二〇〇八、渡辺二〇一四]。同屏風では、船廠や船の修繕地に相当する施設であるスラ場(スラ所)が描写され、造船中と見られる唐船が描かれているが、稀な事例と指摘されている[渡辺二〇一四]。

砂洲上のスラ場には橋梁がかかり、その北側の対岸には、船の修繕地とされる唐船小堀が所在する。沖縄沿岸では、唐船小堀のほか、唐船田などの地名が残り、河川や小江沿いの若干の内陸部に船泊まりがあったと考えられる。その推定位置は、現在の那覇港湾施設の前、明治初年の推定海岸線沿いの儀間村と湖城村の沖で、水没地形となっている[沖縄県埋文 二〇一七]。

なお、沖縄県立埋蔵文化財センターでは、南西諸島水中文化遺産把握事業で、魚垣・塩田・石切場のほか、スラ所を沿岸の遺跡と区分し、西表島の船浦スラ所跡と古見赤石崎スラ所跡を報告書の台帳に記載している[沖縄県埋文 二〇一七]。西表島西岸の後良川の河口、古見の近世期のスラ所跡は、風よけとなる半島が南北にある小湾の岩場に位置する。西表島においては、船材となる木材の供給が可能な豊富な森林があり、船の修繕を行えるスラ所を備えることができた可能性がある[片桐 二〇一七]。

琉球の造船地は、浮島の水路際、砂洲に形成された那覇のスラ場、さらには潮間帯の岩場のスラ所など、停錨に適し、取水も容易という空間に、巧みに設置されてきた。造船地・修繕地の立地環境の選択は、砂洲から珊瑚礁岸の岩場と幅広い。船廠については、大形船が停泊するような主要貿易港には、那覇のスラ場のように砂洲あるいは水路際といった地形が第一の選択肢となり、好まれたことがうかがえる。このような地形は、造船はもとより、船の修繕にあたっての陸揚げも容易であった。近世期の長崎港を、唐館とともに描いた図には、砂浜に唐船を陸揚げしている様子が描かれる[大庭 二〇〇三]。

造船所は、港湾の重要な施設の一部である。大型船建造用の大規模な船廠の跡が構造として検出された最も古い事例では、広州の秦漢代の造船所がよく知られる。さらに明代では、龍江寶船廠・寶船廠が、単独の大規模な官営の船廠の事例として知られる。前者は、洪武帝在位年間初に、南京防衛や中国海域・沿岸域の海賊行為を取り締まるための軍船を供給する役割を果たし、後者は、龍江寶船廠とは独立した鄭和の西洋下りに使用された旗艦を建造した船廠として知られる[Church 2010]。考古学的には、南京近郊、長江分流沿いの寶船廠の発掘成果が知られており、船廠構造が良好な状態で検出されている。

現在の河岸線から三五〇㍍ほど離れた内陸となっている場所で、河畔を掘り下げて築いた船舶建造用の船渠《せんきょ》が三基検出されている。検出された船渠は、各々同程度の規模で、縦と横方向に、それぞれ約四五㍍ほどである。船渠の数は、最大で一三基であったとされる。船渠構造として、建造用の船を支え船台となる木製の盤木が出土している。盤木の配置は不規則で、長さは一〇～一四㍍ほどである。船渠の規模と盤木の長さから、鄭和船団の主要船の規模が推測できる。船梁で建造可能であったのは、船長四〇㍍弱の船であったであろう。南京周辺では、平底船の建造が盛んであった[Kimura 2016]。河畔を掘り下げ河水面より低い位置の船渠に、水を注水、長江に進水させた平底船を海に向かって曳航したであろう風景を想像するに難くない。

タイでは、河畔の造船所から航洋船が出土した稀な事例がある。琉球王国との交流もあり、十八世紀頃まで蘇木輸出を行っていた暹羅国では、航洋船を長崎に派遣していたことでも知られる。

タイの東部チャンタブリー県を流れるチャンタブリー河の河口付近では、十八～十九世紀の官営造船所跡が発掘された。河岸に掘り下げられた船渠からは、大型船の船底部が出土、サメットナム(Samed Ngam)船と命名されている。

第3図　チャンタブリー河造船所サメットナム船
(SEAMEO-SPAFA 提供)

出土船体は、盤木の上に、新造あるいは修繕時の、そのままの位置を保ったまま遺存していた(第3図)。

船体は、隔壁に仕切られているが、一見したところ中国型の航洋船に見えても、船材樹種は東南アジア産木材で、構造からも隔壁構造を取り入れたハイブリット型の船舶と考えられている。船渠では、船台も良好な状態で検出されている。外洋を航海する船用の、那覇の造船所や船廠については、中国やタイで検出されるような河畔の掘り下げで、かつ船渠もあったのではと類推する。

2　琉球船の航海性能

琉球周辺海域を航行した船の航海性能はどの程度のものであったのか。東シナ海を渡海した進貢船あるいは帰唐船は、季節風を最大限に利用して、黒潮の本流を航海しなければならなかった。黒潮は、沖縄本島の西側海域一三〇キロほどを流れ、久米島からだと三〇キロほどの距離である。順風でも久米島と中国福州間の航海は四～五日ほどの日数がかかったとされている。黒潮は時期によって蛇行し、規模や流速も変わるが、幅二〇〇メートル以上、一〇キロの速さになる。

季節風を利用した東シナ海の航海時期については、日本への渡海は春三月頃に東風・東南風が適当で、航路によって四～七月の南風をつかまえて北上する［安達 二〇〇九］。七月以降の秋の東北風で大陸に戻るかたちになる。風や海流を読み誤れば、黒潮に押し流され、九州南部と沖縄諸島北部の海域を抜けて漂流する危険があり、幸運であれば四国あるいは本州の沿岸で漂着船として扱われた。東シナ海を航海した進貢船（帰唐船）、さらに那覇と鹿児島を帆走した楷船は、特に走破性の高さが求められた。

近世から昭和初めまで、海上輸送に利用されたのが馬艦船であることは述べた。出現期は十八世紀頃とされ、航海性能の高い中国船と同型で、その造船技術を取り入れ、琉球域内の内航海運に適した艤装が施されている［豊見山 二〇一四］。技術流入後、沿岸航海用の船が建造されるなか、規格化された後発の独自船ということになる。しかし、琉球での自前の船の建造期を十六世紀後半以降と仮定すると、琉球独自の沿岸航洋船の出現期とは百年以上の開きがあることになる。

東シナ海航海用の進貢船や楷船と、馬艦船との明らかな違いは、その小型船としての特徴にある。進貢船や楷船、馬艦船を描き分けた沖縄県船舶図では、前二者が船長三五メートルほどであるのに対し、馬艦船の船体はその半分程度一五メートル以下の大きさとされる［豊見山 二〇一二］。例外的に大型の馬艦船もあったとされるが、東シナ海航海用を沿岸用に小型化し、艫櫓なしの二帆柱で、操帆性と走破性に優れた輸送船であった。

サイズや艤装に対して、馬艦船の船体構造の評価は一貫性がない。馬艦船と山原船を一体視して評価する向きもあるが、こうした見方が適当なのかも検討を要する。地域性や時代性による船体構造の変化や多様性が生じたとされる。写真資料が残る昭和期においては、船体の隔壁の数が著しく少なくなり、船首下部構造も変化、さらには船底の形状も数種に分類されるという［板井 二〇〇八］。二〇〇〇年代に馬艦船の復元も行われたが、近世絵画資料や写真資料で確認される馬艦船との類似性は少ないと指摘されている［板井 二〇〇八］。

沖縄県うるま市与那城平安座には、伝統船舶を建造する技術が継承されているとされ、マーラン船建造の報告がなされている［前田二〇一八］。隔壁を梁材とするのではなく、タナザーと呼ばれる湾曲フレーム（肋材）に外板を直接固定する建造の方法で、隔壁に外板を固定し、肋材と併用して横強度を保つ中国沿岸の造船技術とは明らかに異なる。また専用の鋸を使用して、外板の隙間を塞ぐ、摺り合わせも、和船の建造にみられる技術である。現代の沖縄に伝わるマーラン船の建造方法は、進貢船や楷船の造船技術の応用であった近世期の馬艦船の建造方法と根本において異なるようである。

琉球の造船技術は、中国由来であるとの定説があるが、歴史的に中国の造船技術はどういうものであるのかを検証した報告が国内では数少ない。隔壁の有無というのも非常に単純化された議論であり、隔壁は、本論で取り上げる東南アジア建造のハイブリット型の船にも使用されていた。

3　造船技術の歴史的展開へのアプローチ

沖縄周辺海域で、グスク時代から琉球王国時代の造船技術の解明に直接結びつく良好な船体考古資料の発見報告は未だにない。一方で、海底に散布する陶磁器は、中世に東シナ海型の航洋船が一定の頻度でこの海域を航海していたことを示唆する。

ジョージ・H・カーによる名蔵シタダル遺跡調査報告と、同遺跡での踏査と遺物の回収は、南西諸島の中世海上交易と関連する水中遺跡の存在を明らかにする端緒となった。その後、県内の水中遺跡の把握が進むなかで、遺跡の形成要因と特徴が理解されるようになった。海上交易の所産としての水中遺跡は、海底・海岸にかけて、共時性の高い遺物が多量に散布する状況が確認されると報告されている［沖縄県埋文 二〇一七］。良好な状態の船体考古資料そのものの発見には至っていないが、浅海海底で確認される遺物の特徴は、船の座礁などの海難事故、一括性のある積荷を投棄するなどの結果であると解釈されている。

沖縄県による沿岸や浅海の遺跡把握事業では、久米島の真謝港（十二世紀後半〜十三世紀前半の龍泉窯系青磁、十五世紀〜十七世紀頃の中国産青磁・白磁ほか、真謝沖海底で船材を確認）、ナカノ浜沖海底遺跡（十二世紀後半〜十三世紀前半の龍泉窯・同安窯系青磁）、東奥武島沖海底遺跡（十四世紀後半〜十五世紀前半の龍泉窯系青磁）、慶良間諸島・座間味島で阿護の浦海底遺跡（少量の十四世紀後半〜十五世紀前半の中国産青磁）、伊江島の湧出海岸陶磁器散布地（十五世紀後半〜十六世紀前半の中国産青磁・青花）、水納島沖海底遺跡（十五世紀の中国産・タイ産褐釉陶器）などが特定されている。

久米島の町指定文化財である宇江城城跡の碇石は、宋海商の船で使用されていたと考えられ、真謝港沖で確認されるような青磁製品が中国建造の航洋船によって運ばれた証左といえる。碇石は、木製イカリのストックで、両端が先細り、面取りと丁寧な整形が施されている。博多湾沿岸域での確認報告が多く、南西諸島では奄美大島宇検村の事例が知られる。

同型の石製ストックは、東南アジアではベトナムのクラームチャオ沖、フィリピンのブレーカーリーフ沈没船遺跡、インベスティゲーターショール沈没船遺跡で引き揚げられているほか、インドネシアのジェパラ沈没船遺跡が南限の事例である。南海一号船での同型の石製ストックの共伴によって、十二世紀後半から十三世紀初頭の中国建造の航洋船に、この型のイカリが使用されていることが確認できる。

東シナ海と南シナ海を航行可能な航洋船は、航海性能・操船性・耐航性・積載能力に優れ、中国福建省周辺沿岸で盛んに建造され、その航海範囲は南西諸島に及んでいた。

中国沿岸で建造された船については、造船史・海事史・海域史の分野で、文献や絵画史料をもとにした考察や、その造船技術史の解明が国内外の研究者によって行われてきた［石井 一九五七、須藤 一九六八、Needham 1971、大庭 一九八〇、金 一九八九、席他 二〇〇四］。文化人類学や船舶民族学的な視点で、近世から近代までの多様な中国式のジャンクが記録・報告された事例もある［Sigaut 1960, Worcester 1971］。

既存の東アジアの造船史は、近代国家の歴史観では一国史的に解釈されてきた。琉球では中国式の造船を採用し、その影響下にありながら、中国での造船史において、その系譜に位置づけられたことはない。石井［一九五七］や櫻田［一九八〇］に流れをもつ準構造船論、あるいは造船技術の進化論的解釈を重視する立場の日本では、琉球での船の建造法の発展は、進化論範囲外の位置づけにしかならない。

考古学分野では、一九七〇年代に中国泉州市の干潟で出土し、後に同市の開元寺に展示されていた泉州船の船形の復元と詳細な構造分析が、西オーストラリア州立博物館海事考古学部門の研究者らによって一九八〇～九〇年代に行われた［Green 1990, Burningham and Green 1997］。中国福建省沿岸域で建造された航洋船の船舶考古学研究の端緒となった。以降、東アジア地域では、朝鮮半島西岸での十一世紀以降の沈没船遺跡の特定や船体考古資料の引き揚げが行われたほか、中国国内でも寧波市や蓬莱市の陸上や沿岸部で出土した船体の報告がなされてきた［木村 二〇一七、席 一九八九］。

日本国内では、モンゴル帝国がおそらくは南宋で徴用あるいは建造した蒙古襲来時の軍船が二隻発掘調査されている［池田 二〇一八］。鷹島海底遺跡の二号船については、その復元船形により、泉州船に近い船であったことが推測される。発掘調査報告書により、東アジア出土船体の詳細がわかるほか、泉州船をはじめとして、南海一号船、韓国の新安沖沈没船など十二～十四世紀代の船は、実見が可能となっている。船体考古資料の増加により、個々の船の船体構造の特徴や建造法の把握に限らず、造船技術の地域性を理解、普遍化できるまでになった。

出土した船体考古資料に着想を得て、アジア造船技術の地域性の議論に一つの仮説を唱えたのは、フランス極東学院のピエール・イヴ・マンガンである。インドネシア・リアウ州河川河口で発掘されたブキットジャカスは、十五世紀初頭から中葉に遺棄または座礁した船と考えられる。残存する船底は、隔壁で仕切られており、当初は中国建造の船と判断された。インドネシア在来船に造詣の深かったマンガンは、木栓を使用する船材のダボ接合方法に着目し、出土船体の特徴には東南アジアに在来する要素が認められるとした[Manguin 1993]。その上で、造船上の技術融合の可能性を指摘、南シナ海の造船技術史における造船技術融合論(hybridization theory)を唱えた。

以降、東南アジアにおいてタイ水中考古学局やフィリピン国立博物館などが、十五世紀あるいはそれ以降の時代の沈没船遺跡の発掘を進めるなかで、ハイブリット型の特徴を示す船体考古資料の確認事例が増加する。東南アジア在来の建造法を使用しながら、東シナ海由来の船体を造る南シナ海造船伝統(South China Shipbuilding Tradition)は、東南アジアで海上商業の時代(Age of Maritime Commerce)の創出と発展に重要な役割を果たしたと考えられる。アジア船舶考古学に地域視座が生まれ、域内外の沈没船遺跡で検出される船体を比較研究する流れが確立した。

下賜期から自弁建造にわたる琉球の船体考古資料の直接の検証が困難という制約で、グスク時代から琉球王国時代に相当する東アジアと東南アジア海域の造船技術史というやや広い視点から、琉球の造船とは何かを帰納的に説いてみる。サバニや傳馬舟などの琉球の小型船ではなく、航洋船に着目する。周縁の造船技術との接触やその伝搬を想定しており、これらによって琉球の船の建造伝統には変容があったと解釈する。

4　琉球と東アジア海域造船史の視点

南シナ海でハイブリット型の船体が確認されるのは、十五世紀以降の沈没船遺跡である。沿岸・遠距離航洋船については、東アジア各海域に造船技術の系統域を設定、域内・域間の技術伝搬・受容の可能性が指摘できる[Kimura 2016]。マンガンによる南シナ海造船伝統以外に、船体考古資料からは、黄海海域造船伝統および東シナ海域造船伝統の系統域が確認できる。

シンポジウム「琉球の中世」の質疑応答では、『朝鮮王朝実録』上の、一四三三年に琉球国の船匠が朝鮮半島で琉球船を建造し、朝鮮の在来船との航海性能の比較を行ったとの記述について議論する機会があった。ここでいう朝鮮半島在来の船とは、黄海海域造船伝統で建造される平底船である。この伝統域では、平均水深が浅く荒波が立たず、干潟が発達する朝鮮半島西側の沿岸や海域環境に適した船を造る技術が普遍化した。

韓国国立海洋文化財研究所によって高麗王朝時代から李氏朝鮮時代の船一三隻以上が朝鮮半島西岸の沿岸部や海底で発掘調査されている。最も数が多い高麗王朝時代の良好な船体は、全羅南道莞島郡沖で発掘された十一世紀末〜十二世紀初めの莞島船や、全羅南道新安郡安佐島の潮間帯で出土した十四世紀後半の安佐船である。時代が隔たり、前者は残存長約六㍍、後者は残存長約一四㍍であるが、いずれも平底船で共通の造船技術が確認できる。

船底構造が平底の船を建造してきたのは、中国北東部も同様である。河船を中心に、外板の接合に鉄釘を使用し、船底を隔壁で仕切る平底船の建造が唐代の船体考古資料に確認できる。黄海中国沿岸から杭州湾付近までを南限とし、船の形態としては平底船建造の技術が普及しているため、北東アジア沿岸に「黄海海域造船伝統域」を想定できる。

しかしながら、朝鮮半島在来の技術は、北東アジア平底船の建造技術としては独自の要素をもつ。主に半島の沿岸輸送に使用された平底船は、底部に大型の平材を並列させて、ほぞと閂で組んでいる。船材の接合には、中国で普及していた鉄釘は使われず、木釘やほぞのみ用いる。船の横強度は、船体内に横梁を配置することにより保たれる構造となっており、この点も平底船にも隔壁を採用する中国沿岸の造船技術と大きく異なる。一方で、孤立した技術とはいえず、黄海域に影響をもっており、中国山東省蓬萊で出土した蓬萊三号船は、朝鮮半島在来系の造船技術と中国沿岸部の造船技術、両者の技術融合が確認されることで注目される[山東省文物考古研究所他 二〇〇六]。

朝鮮半島に製作技法の起源が指摘される徳之島産(鹿児島県奄美群島)のカムィ焼きなどは、九州から南西諸島への半島由来の技術伝搬が議論されるが、黄海域の造船技術が琉球に流入したことを想定するのは困難である。江戸時代に長崎を訪れた南京船(沙船)のような事例はあるが、河川や浅海に適した平底船を南西諸島周辺の東シナ海域で使用するのは一般に不向きと判断できる。『朝鮮王朝実録』の記述は、十五世紀段階で、朝鮮半島在来船と琉球船が大きく系統を異にしていたことも示唆する。

5　グスク時代の東シナ海域の航洋船

久米島や奄美大島宇検で確認される碇石が南海一号船で確認された事例と同じタイプであることは前述した。グスク時代に琉球の周辺海域に出現した船体考古資料で確認できる東シナ海の航洋船の特徴は以下のようにまとめられる。

南海一号船は、南宋時代の十二世紀末から十三世紀初め頃に建造された航洋船である。残存長は約二二㍍、残存幅一〇㍍ほどで、船倉は一一の隔壁で仕切られる。船体は、陽江市海陵島海上シルクロード博物館館内で発掘調査中のため詳報を待ちたい。さらに海底出土の船体考古資料としては、パラセル諸島で発見された華光礁一号船があり、建造年代は南海一号船とほぼ同時期か、やや遡ると考えられる。残存長は約二二㍍、残存幅一〇㍍ほどで、船倉は一一の隔壁で仕切られている。特筆すべきは多層構造の遺存で、船体の外板は五〜六層になっていた。船体は完全には復元されていない。

船体構造や造船技術の検証が行えるのは泉州市開元寺の

第４図　泉州船出土状況
（福建省泉州海外交通史博物館提供）

泉州船である（第４図）。一九七三年に、後渚港の干潟で発見された泉州船は、南宋時代の交易船であり、おそらくは南シナ海からの帰港時に座礁したと考えられる。筆者が外板試料を採取して実施した放射性炭素年代測定で、建造年代は一二七〇年代頃と推定できる。残存船長は約二四㍍、船幅約九㍍である。

十世紀以前の船と比べて大型の船体は積載能力に優れていた。泉州船は、二〜三層に外板を重ねて多層構造にしている。多重層の最内側の外板には、外板の継ぎ目に段差が設けられており、平継ぎと段差を利用して継いで組み上げられた半鎧張りの船殻は強固である。船殻は、船底に狭小な間隔で配置された一二の隔壁とともに、船体に高い耐

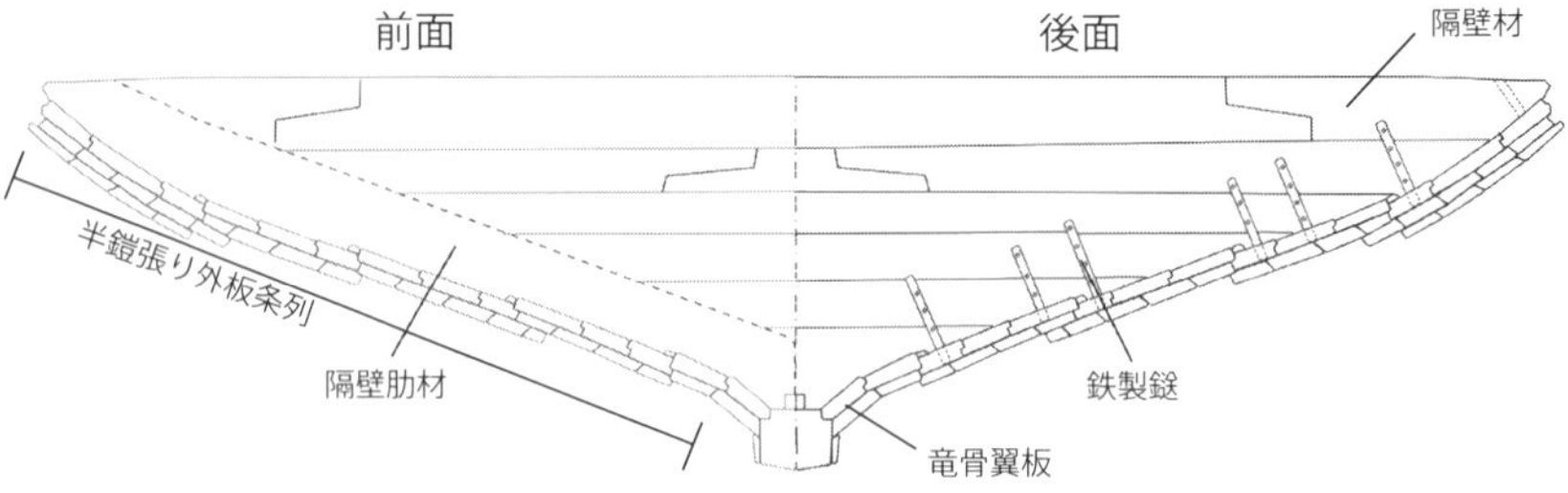

第５図　泉州船船体前部断面図（Kimura 2016、西オーストラリア博物館提供）

航性もたせる造りとなっている。三部材からなる竜骨構造を採用しており、竜骨の上部には、竜骨翼板が急角度で接合される。急な傾斜をつけて立ち上がった外板条列によって、竜骨から延びる船底勾配は鋭い角度をとりV字船底を形成する（第５図）。

　これにより波が高い外洋でも、高い航海性能を発揮できる。船幅を広くして安定性をもたせ、船首帆柱と中央帆柱の主帆に風を受けて、速力を出しながらも、船尾の大形の固定舵で高い操船性を維持したと考えられる。泉州船は、構造的には差異が著しいものの、船形が似る十四世紀初頭の新安船とともに、海商の船として代表的なものと言える。とはいえ、あくまで十二～十三世紀のみに確認できる航洋船の型の一系統である。

　一方で、寧波を中心に、東シナ海の交易船の基本構造第二系とも考えられる船体考古資料が出土している。寧波東門口船や象山船で確認される造船技術がこの系統で、竜骨を用いる船体であっても、前者の泉州船とは構造と建造法に差異が認められる。

　一九七九年に寧波市東門口で発掘された船体は、北宋時代の船体と考えられるが、出土船体自体は消失しており、図面のみが利用できる（第６図）。一九九四年に出土した明代の象山船は良好な状態で、残存船長二三㍍、幅四・五㍍ほどである（第７図）。いずれも船底に竜骨材を配し三部材からなる。大きな特徴としては、上部に接合する竜骨翼板で、泉州船のような平材を採用しない。代わりに竜骨材側面には、外板よりやや厚い材が接合する。その構造上、船首部以外の船底勾配は緩やかとなる。

　寧波で出土した船体考古資料は、泉州船のようなV字船

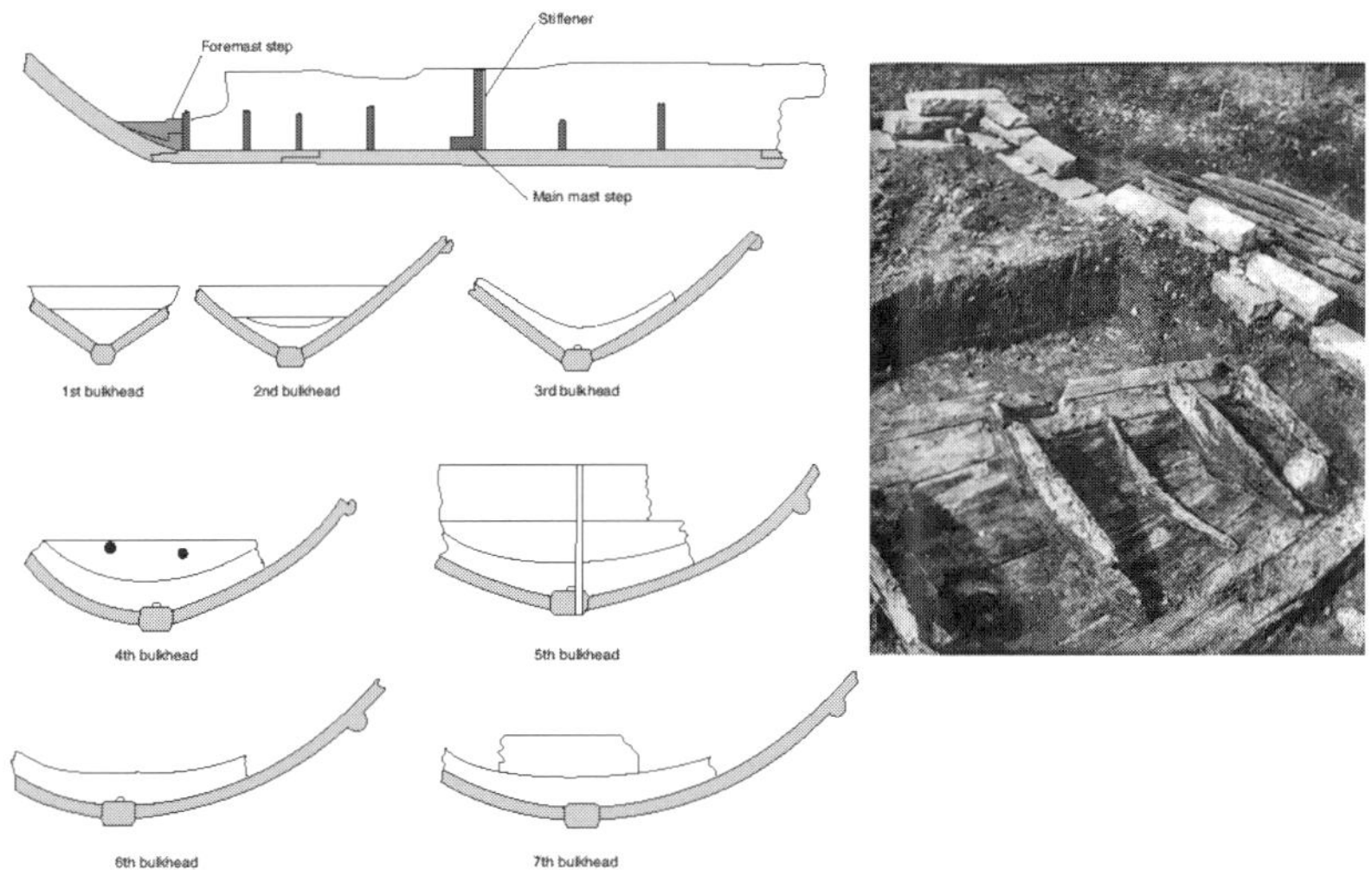

第６図　1979年寧波市東門口出土船
出土船体自体は消失しており、図面のみが利用できる(Burningham and Green 1997)

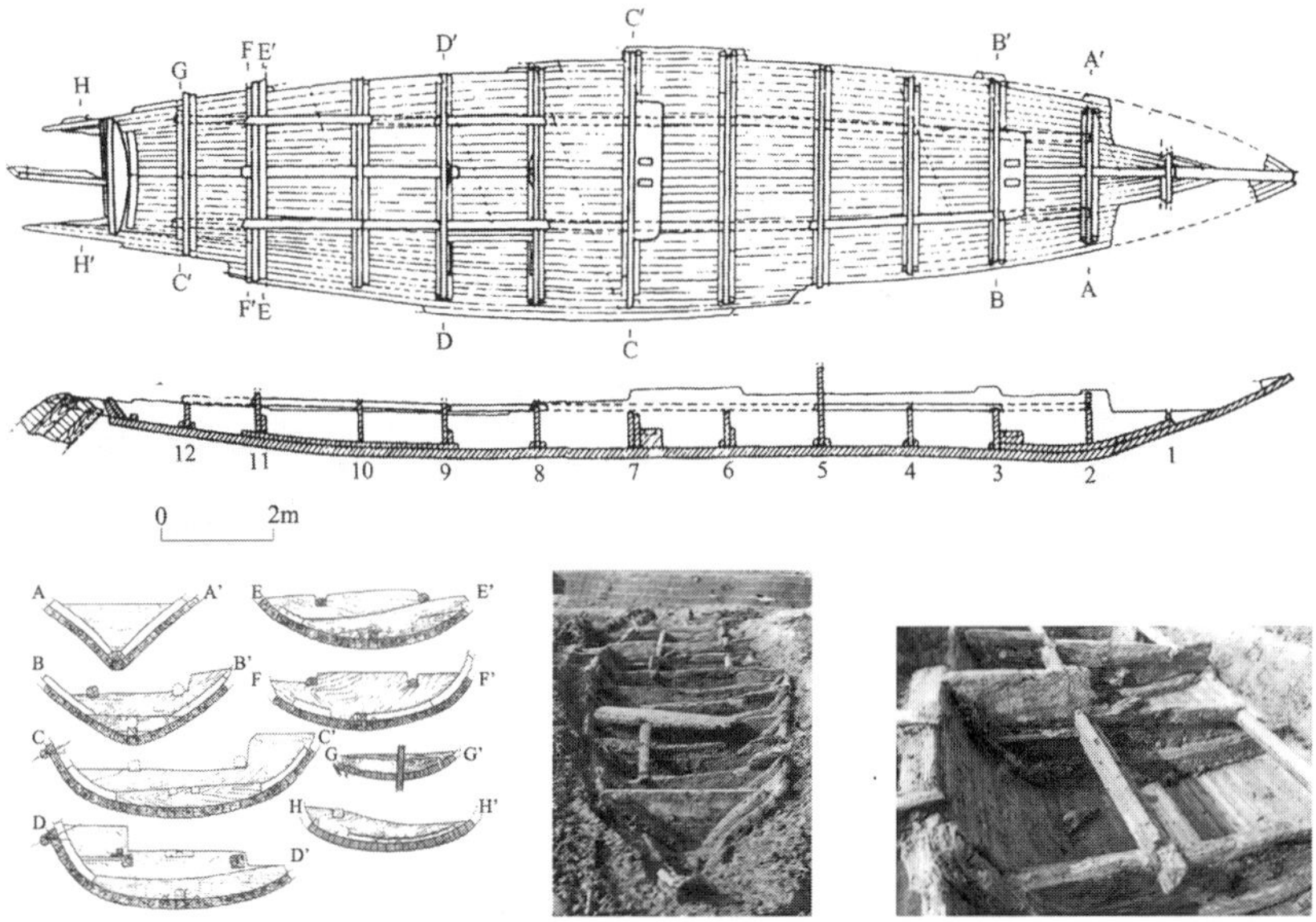

第７図　寧波象山県出土船(Kimura 2016)

底にはならない。中国の造船史専門家はこれらを平底船とも説明するが、船首部においては鋭い船底勾配を持ち(A—A')、船体中央の断面ではU字船底(C—C')を形成する。外板は多層構造とならない。横強度には隔壁構造を採用し、その数は一系統と差異はない。一系統と比べて、船長が長めで、船幅は狭い。船体の縦強度の維持のために、縦桁が配置され、これを貫入するために隔壁材には切れ込みが入る。鷹島出土の隔壁材にも同様の特徴が認められ、寧波型の船の隔壁であったと考えられる。

寧波東門口船や象山船で確認される造船技術は、沿岸域での使用に適していたと考えられ、速力を重視する輸送に優れていたと考えられる。山東省蓬莱で出土した蓬莱船二号船は、U字船底であり、海防や沿岸警備などに適するよう船足を出すために、長胴の船体を持っていたとの指摘がある[席一九八九、山東省文物考古研究所他二〇〇六]。

東シナ海域には、上述の二系統の異なる造船技術が確立していた。南西諸島で確認される碇石は、南海一号、泉州船などの第一系統に属する航洋船に多く使用されたと考えられる。第二系統は、長胴の構造をもち、多重外板を採用しない船体は、前者の船体と比べて軽量である。第二系統の船体考古資料は、元末から明初が中心となり、船型としては第一系統より遅れて普及したと考えられる。

6 琉球王国時代のハイブリット型航洋船の隆盛

インドネシアのジャワ島ジェパラ沿岸沖でサルベージされた福建産の碗やタイ南部産の水注など一万点以上の陶磁器と共伴する碇石によって、十二世紀頃の東シナ海沿岸で建造された船が、東南アジア海域で相当の物量を積載して航海していたことがわかった。一方で、長らく東南アジアで域内・域間交易の海上輸送で重要な役割を果たしたのは、在来の造船技術で建造されていた船であった。インドネシア・ジャワ島出土のプンジョロハラジョ船やベトナム・クアンガイ省でサルベージされたチャウタン沈没船は、東南アジア在来船の船体考古資料としては年代が古い資料群で、八～九世紀に遡る。十二～十三世紀段階での東シナ海建造の航洋船は、東南アジア在来の船を中心とした既存の海上交易網に大きな変化をもたらしていたと考えられる。一方で東南アジア在来船も、継続的に海上輸送に従事していた。マレーシアのサバ州で発見された一三〇〇年頃のジェイドドラゴン沈没船遺跡はその事例と考えられる。サルベージ時には、龍泉窯系の青磁が共伴して出土、船体の遺存は良好でないものの、船材を木栓で(ダボ)接合し、植物繊維を撚った紐で補強緊縛する造船技術が確認されている。東南アジア建造の船の特徴としては、船内に肋材を配置するための独特のラグと呼ばれる突起も確認されているので、在来型の船と考えられている[Flecker 2012]。

　東南アジアでは、十二～十三世紀段階では建造されていなかったハイブリッド型の船体を持つ船が、十五世紀以降の船体考古資料で確認されている。中国の交易船に特有とされる隔壁構造が残存船体に認められながら、東南アジア産の木材を使用しているこうした船が、南シナ海造船伝統の所産であるハイブリット船と考えられている。

　交易船として船底に隔壁構造を採用する東シナ海型中国船の技術が、東南アジア造船産業において拡散し、受容されたことにより、このような船体をもつ交易船が盛んに建造された。隔壁によって特徴づけられる中国伝統船の構造

第8図　ルソン島南部パラワン島嶼沖出土
レナショール沈没船(Goddio et.al 2002)

をもちつつも、外板の接合法に在来の技術を残している。船体構造上は、遠距離航海に適し、積載能力に優れた新たなハイブリット型航洋船といえる。この南シナ海造船伝統系の沈没船遺跡の事例は、東南アジア島嶼域と半島域の十五世紀以降の沈没船遺跡に広く確認される。

　フィリピン・ルソン島南部パラワン島嶼のブスアンガ島沖、四八メートルの海底から漁業関係者によって多量の陶磁器が引き揚げられ、レナショール沈没船遺跡の存在が知られた(第8図)[Goddio et.al 2002]。一九九〇年代にフィリピン国立博物館とフランス研究者らにより、青花・青磁などの中国産陶磁器を中心に七〇〇〇点近くの遺物が隔壁に仕切ら

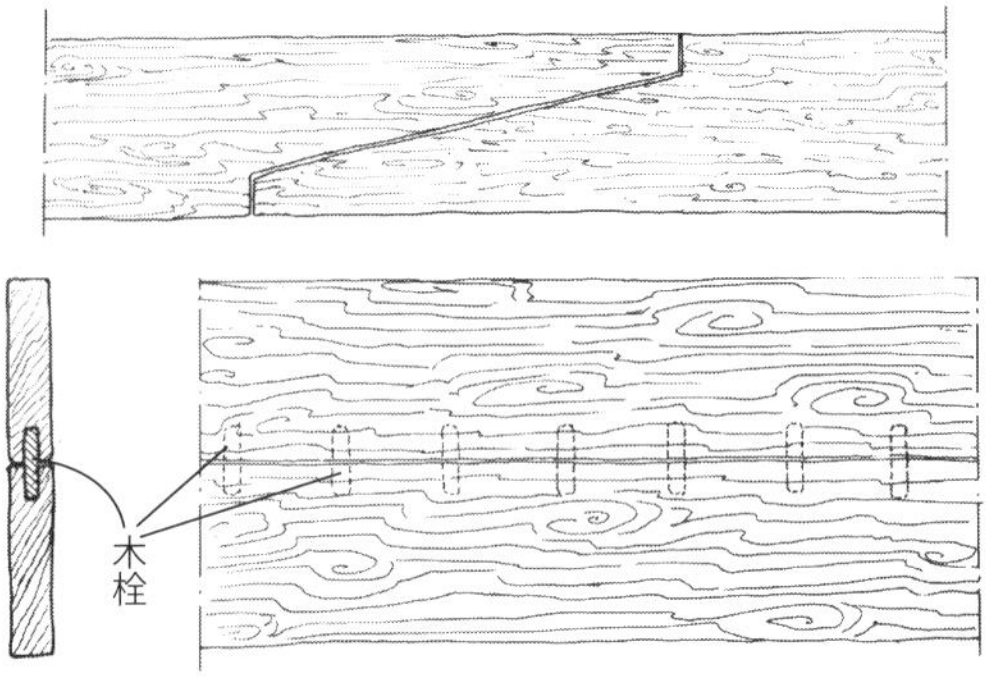

第９図 レナショール船外板構造（Goddio et.al 2002）

れた船倉からサルベージされた。弘治年間（一四八七～一五〇五）の銘のある陶磁器の組成から十五世紀末から十六世紀の年代が与えられている。船は、砂質海底に埋もれており、積み荷であった鉄が酸化腐食した凝塊物が木造の船体を被覆していた。船体の大半は消失していたが、良好に保存された船底の残存長は約一八㍍、船幅は五㍍とされる。船体外板は、縦方向で斜め継ぎにされ、最内側の外板同士は木栓で接合されているのが確認された（第9図）。

　同様の船体構造で、ハイブリット型航洋船として良好な状態で発掘されたのが、サンタクルス沈没船遺跡である。ルソン島サンバレス州サンタクルス区から一九㌔沖の海域で、陶磁器のサルベージが横行し、その情報をもとにフィリピン国立博物館とフランス研究者らにより当該海底での発掘調査が二〇〇一年に実施された［Orillaneda 2016］。船体と積み荷は良好な状態で保存されており、弘治年間（一四八七～一五〇五）の景徳鎮窯系の青花など中国産陶磁器、シーサッチャナライ・ノイ窯系タイ産陶磁器、チューダウ窯産ベトナム陶磁器、トゥワンテ窯産ミャンマー陶磁器など一万五〇〇〇点弱の遺物が確認された（第10図）。

　サンタクルス船の船底部は、残存率が八割近くと考えられた。残存する底部は船長約二五㍍、船幅は約六㍍である。船倉は一六の隔壁によって仕切られている。隔壁材は肋材（フレーム）によって補強される。第二・七隔壁の前には、檣座が残っていた。竜骨材には、竜骨翼板がほぼ水平に接合されるため、船底勾配は緩やかである。竜骨、竜骨翼板および最も内側の外板は、ダボで平継されている（第11図）。多重外板構造を採用するが平張りである。多重外板構造で、外側外板は被覆材の役目を果たす。被覆材は竜骨と外板を覆うように、外側から鉄釘で固定されている。

　十七世紀前半のハイブリット型船で、良好な状態の船体が検出されたのは、タイ湾東部で一九九二年に発見されたバンカチャイ二号船である。残存長約二四メートル、幅六メートルの船体である(第12図)。隔壁で仕切られた船倉からは、銅と鉛のインゴット、多種青銅製品、ビンロウの実、香辛料、ノイ川窯やスコータイ窯などのタイ陶磁器、ベトナム青花、景徳鎮窯系や福建窯系の中国陶磁器が出土している。この他、多量に出土した蘇木が同船の主要積載物と考えられ、船倉に満載されていた出土状況が確認されている(第13図)。船体の主要部材は、東南アジア原産の樹種(Cotylelobium lanceolatum)である。また竜骨と竜骨翼板の接合及び外板の主要接合に木釘を使用していることが確認されている。中国からの造船技術の移転と良質な木材を産出することを

第10図　ルソン島サンバレス州サンタクルス沖
サンタクルス沈没船(Orillaneda 2016)

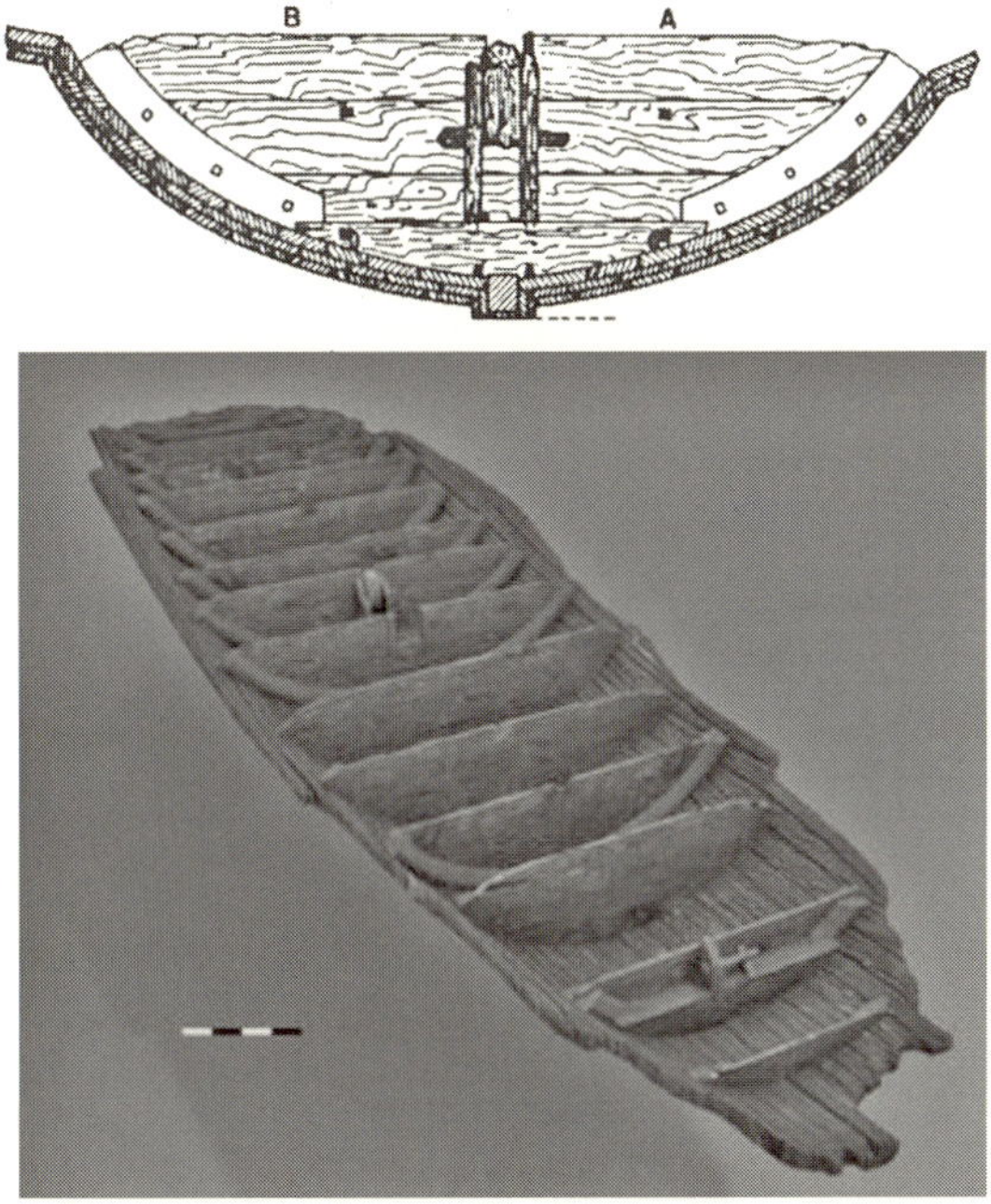

第11図　サンタクルス船断面図(Orillaneda 2016)

第12図　タイ・バンカチャイ２号船船体
（Thai Underwater Archaeology Division 提供）

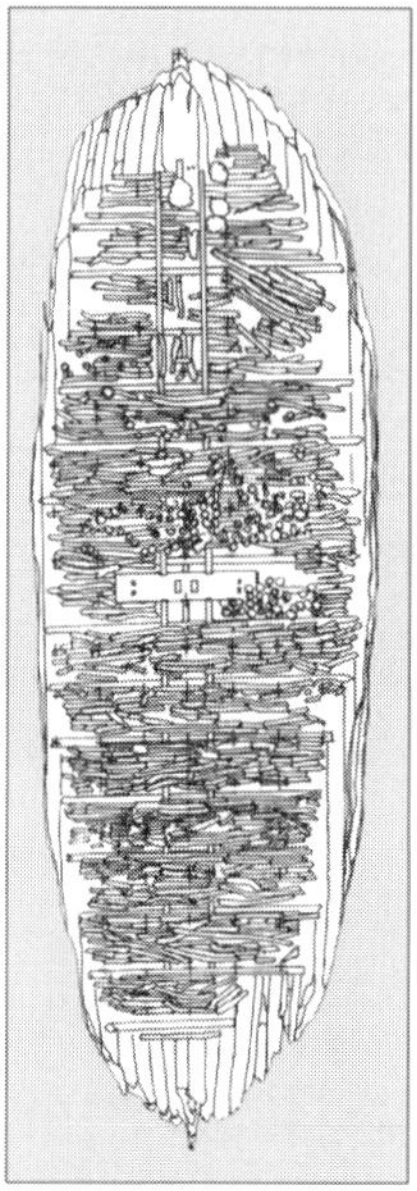

第13図　バンカチャイ２号船
蘇芳木出土状況
（Thai Underwater
Archaeology Division 提供）

背景にタイの造船業はハイブリット型船の代表的な供給地として成長する。十五世紀以降には広く東アジア・東南アジアで「シャム湾型船」の隆盛の時代を迎え、奥船として江戸期の日本まで航海する船を供給するまでになっていった。

結語――琉球船についての考古学からの検証

琉球王国に下賜された船、さらには自弁で建造した船は、どのような船体であったかを、沖縄周辺海域での造船技術の発展という視点で検証したのが本論である。

沖縄を含めた南西諸島域の十二世紀後半～十六世紀前半の遺跡には、共時性・一括性のある積荷関連遺物があり、これらは積載能力のある航洋船の座礁・沈没あるいは積み荷廃棄が、沿岸域で一定数に達していたことを物語る。

船材や沈没船遺跡などの船体考古資料に基づいた船体構造・造船技術の検証からは、十二～十三世紀に中国沿岸で、大きく二系統の造船技術が発展し、遠距離航海や沿岸航行に適した船が建造されていたことが理解可能である。泉州船や南海一号船の船体の特徴に表れる東シナ海造船伝統域の船は、航海性能が高く、積載量に優れていた。この系統の航洋船は、グスク時代の沖縄周辺を航行域としていたと考えられる。

一方、寧波沿岸域で出土する東シナ海の第二系統造船技術は、明代以後の船体考古資料があり、これらの船に確認される船体の構造を、琉球王国の船匠が目にした可能性がある。

船体考古資料に基づく造船技術史研究上、琉球王国時代は、南シナ海を中心に、造船業に大きな技術革新がおこった時期である。東南アジア海域で確認される十五世紀代の沈没船遺跡の船体には、前時代とは異なる船の特徴が表れることが近年議論されてきた。これらの船には隔壁構造が認められるが、全てが中国沿岸建造というわけでなく、南シナ海沿岸域で盛んに建造されたハイブリッド型船が多く含まれる。南シナ海の伝統造船は、東南アジアの在来船建造のための技術が根幹にあり、十二～十三世紀以後に東シナ海沿岸の造船技術を受容するなかで、ハイブリット型船体が普及したと考えられる。

東シナ海や南シナ海の域内・域間の交易の隆盛、港市・中継海上交易の発展が議論されるなかで、船体考古資料からは、こうした時期に使用される航洋船が構造上変革を遂げていたことが指摘できる。琉球王国においても、周辺海域での南シナ海ハイブリット型船の出現が認識されていたことと推測する。

参考文献

安達裕之　二〇〇九「東シナ海の航海時期」『海事史研究』66、一九～四八頁
池田榮史　二〇一八『海底に眠る蒙古襲来―水中考古学の挑戦』吉川弘文館
池野　茂　一九九四『琉球山原船―水運の展開』ロマン書房本店
石井謙治　一九五七『日本の船』東京創元社
板井英伸　二〇〇八「『那覇港図屏風』にみる19世紀那覇港の船」『比較民族研究』22、九三～一三六頁
大庭　脩　一九八〇『江戸時代の日中秘話』東方書店
大庭　脩編　二〇〇三『長崎唐館図集成』関西大学出版部
岡本弘道　二〇〇八「古琉球期の琉球王国における「海船」をめぐる諸相」『東アジア文化交渉研究』1、二二一～二四八頁
沖縄県立埋蔵文化財センター　二〇一七『沖縄県の水中遺跡・沿岸遺跡―沿岸地域遺跡分布調査報告』
片桐千秋　二〇一八「八重山の水中文化遺産と屋良部沖海底遺跡の歴史背景」『屋良部沖海底遺跡調査報告』東海大学海洋学部海洋文明学科、八

〜一八頁

木村　淳　二〇一二「高麗王朝時代の朝鮮半島在来船研究と日本伝統船舶の発展論」『考古学研究』五九―二、七一〜八八頁

木村　淳　二〇一七「海域東アジア史と航洋船の造船史」『水中文化遺産―海から蘇る歴史』勉誠出版

喜舎場一隆　一九七四「『馬艦船』考」『海事史研究』第二三号　日本海事史学会

喜舎場一隆　一九九三「『馬艦船』新考」『近世薩琉関係史の研究』国書刊行会

櫻田勝徳　一九八〇「現存漁船資料による日本の船の発達史への接近の試み」『日本の民具』

須藤利一　一九六八『船』（ものと人間と文化史）法政大学出版局

豊見山和行　二〇一二「船と琉球史―近世の琉球船をめぐる諸相」『船の文化からみた東アジア諸国の位相―近世期の琉球を中心とした地域間比較を通じて―』二三〜三五頁

前田一舟　二〇一八「沖縄・越来家船大工の造船技術―日本と中国福建省泉州市福州市・台湾基隆市を比べて」

渡辺美季　二〇一四「「琉球交易港図屏風」考」『日本近世生活絵引き 奄美・沖縄編』神奈川大学日本常民文化研究所　一四三〜一六七頁

金在瑾 一九八九『우리배의歷史』서울대학교출판부　ソウル大学校出版部

山東省文物考古研究所・烟台市博物館・蓬莱市文物局　二〇〇六『蓬莱古船』文物出版社

福建省泉州海外交通史博物館編　一九八七『泉州湾宋代海船発掘与研究』海洋出版社

席龙飞主編 一九八九『蓬莱古船与登州古港』大連海運学院出版社：大連

席龙飞・杨熺・唐锡仁主編 二〇〇四『中国科学技術史：交通巻』科学出版社：北京

Burningham, N., and Green, J. 1997. Description of the Quanzhou ship. In J. Green, ed.,*Maritime Archaeology in the People's Republic of China*, Western Australia Maritime Museum, pp. 32–48.

Church, S. 2010. Two Ming Dynasty shipyards in Nanjing and their infrastructure. In J. Kimura, ed., *Shipwreck ASIA: Thematic Studies in East Asian Maritime Archaeology*, Maritime Archaeology Program Flinders University, pp. 32–49.

Donnelly, I. A. 1930. *Chinese Junks and Other Native Craft*. 2nd Aufl. Kelly and Walsh, Ltd.

Flecker, M. 2012. The Jade Dragon Wreck: Sabah, East Malaysia, *The Mariner's Mirror*, 98 (1), pp. 9-29.

Goddio, F., Crick, M., Lam, P., Pierson, S., and Rosemary, S. 2002. *Lost at Sea: The Strange Route of the Lena Shoal Junk*. Periplus Pub.

Green, J. 1990. Maritime archaeology in Southeast and East Asia. *Antiquity* 64, pp. 347-363.

Kimura, J. 2016. *Archaeology of East Asian Shipbuilding*, University Press of Florida.

Manguin, P.-Y. 1993. Trading ships of the South China Sea: Shipbuilding techniques and their role in the history of the development of Asian trade networks. *The Journal of the Economic and Social History of the Orient* 36 (3), pp. 253-280.

Needham, J. 1971. *Science and Civilization in China*, vol.4.Physics and Physical Technology - Civil Engineering and Nautics. London: Cambridge University Press.

Orillaneda, B. 2016. Of Ships and Shipping: The Maritime Archaeology of Fifteenth Century CE Southeast Asia. In C. Wu, ed., *Early Navigation in the Asia-Pacific Region: A Maritime Archaeological Perspective*. Springer, pp. 29-56.

Sigaut, E. 1960. A northern type of Chinese junk. The Mariner's Mirror 46 (3), pp. 161-174.

Worcester, G. R. G. 1971. *The Junks and Sampans of the Yangtze*. United States Naval Institute.

木村報告 質疑討論

司　会：村木二郎
報告者：木村　淳
コメント：荒木和憲（国立歴史民俗博物館准教授）
：出口晶子（甲南大学教授）

村木　討論の前に確認です。海域ごとに造船技術が違っていて、船底がV字の船とU字の船があるということですが、U字の船も含んで外洋船と考えてよいのでしょうか。

木村　そうです。沿岸域中心の構造だとは思いますが、外洋にも適した船だと考えられます。

村木　では、荒木さん、コメントをお願いします。

荒木　中世の海上交通のことに取り組んでいますので、南シナ海のハイブリット型の船について質問をしたいのですが、ハイブリット船が登場してくることの意味を知りたいと思います。私はいま韓国の珍島の沈船に興味をもっています。船底に丸木を使った準構造船で、中世日本の船と共通する特徴でもあるのですが、隔壁構造をもっていたり、桐油でコーキングしていたり、中国系の技術も入っているのです。これまで韓国の国立海洋文化財研究所では中国の船だとする意見が強かったようですが、一方で日本の船ではないかという指摘もあります。

交流史を専門にしている立場からいうと、技術が混ざり合ったもので、日本の船か中国の船かというのではなくて、第三の船が生まれたのではないかと思うのです。放射性炭素では十三世紀後半と年代測定されていますけど、この時期に韓半島の南西岸のような、いろいろな人たちが行き交う海域では、技術の混ざり合った船が生まれてくると考えたほうが生産的な議論ができるのではないかと思いました。

木村　珍島の沈船は詳しく見ていないのですが、造船技術のハイブリット現象がどこでも起きたのかというと、やはりそうではないと考えられます。造船技術は非常に原始的性格を持つ面があってシンプルな船の造り方が二十世紀まで続いていたり、また一部の地域では古い造船技術を数千年も維持していることがあります。造船技術には革新と伝統の二面性のようなものがあるのです。

ハイブリットな船を造る地域もあれば、そうではない地域もあります。その違いは何なのかは、国家として、どう造船産業を発展させたのかとか、原始的な船や新しい機能を備えた船への需要など、多角的に議論できますね。また船を造る資材がないので制約がかかることも考えられます。たとえば、船の材をみても、泉州の船に関してはコウヨウザン・クスノキ・タイワンアカマツを使うのですが、朝鮮半島ではマツを使う傾向があったり、非常に特徴的です。珍島の船も樹種同定をすれば、もしかしたらどこの産地の材を使ったのかによって、船の詳細が特定できるかもしれません。船の構造をみるだけでなく、建造のための一つ一つの材料、技術を総合的に見ていく必要があります。それによってどの部分がハイブリットでどの部分が在来のものなのか、特定できるように思います。

荒木　造船技術ではないのですが、近世の琉球船に目を転じると、鹿児島との間を行き来していた楷船に気になる点があります。楷船は進貢船を改造したものといわれているので、基本的にジャンク船で、筵を使った帆がスタンダードだと思うのですが、琉球船を描いた図を見ると、筵帆だけではなくて和船が使う木綿の帆を付け足して、たくさん帆を並べたものがあるのです。もしかしたら従来型のジャンクではなくて、鹿児島との間を行き来するうちに木綿帆を使用する日本の帆走技術が取り込まれたのかなと思ったのですが、どうでしょう。

木村　ハイブリット化において最初に何が取り入れられるのかというと、帆のような艤装で、次々と新しいものを取り込んでいく現象があることは、中国の造船史を集成したジョセフ・ニーダムが著書で指摘しています。船のハイブリット化が起こるとしたら、船体そのものの構造ではなくて、帆なのだろうということもありえます。琉球の人たちが和船の帆のすぐれた側面を知った段階で、手もとにある材料を利用して導入できるのなら、最初に木綿帆を取り込んだ可能性はあると思います。

荒木　もう一つの質問ですが、琉球で造船がどのようになされていたのかです。進貢船は岡本さんが指摘されているように、十五世紀半ばくらいから福建で注文生産されるという動きがあります。その一方で『朝鮮王朝実録』には、一四三三年に琉球国の船匠が朝鮮に渡って、そこで戦艦を造れといわれて、朝鮮の在来の戦艦と琉球の船匠が造った戦艦を実際に浮かべて、性能実験をしてみたら、琉球の船のほうが若干、早かったという記事があるのです。

琉球の船匠は吾甫也古《オボヤコ》(大屋子?)とか吾夫沙豆《オブサトウ》(大里?)という名前なのでウチナー・シマンチュ(島人)だと思うのですが、戦艦を造ったというからには、それなりの大きさの船を造れたと思うのです。琉球で進貢船に使う船は福建で造るにしても、それだけではなく、琉球独自に生産されていた船があったのかどうかです。たとえば、梵鐘は十五世紀半ばにヤマト(日本)系の鋳物師がたくさん製作していたのに、徐々にウチナーの鋳物師が作るように変わりますよね。

国家が形成され、整備されるなかで必要なインフラがあり、それゆえにヤマトや中国などのいろいろな技術を取り込んで、琉球自前のものにしていくような動きがあるのかどうかが気になります。

また、南シナ海のハイブリッド型の船が琉球で認識されていたというご見解ですが、南シナ海と琉球周辺の海の環境は違うでしょうから、南シナ海型のハイブリッド船が琉球近海で支障なく走ることができたのかどうかも気になります。『朝鮮王朝実録』によると、朝鮮の船は木釘と鉄釘を半々に使うのですが、琉球の船は鉄釘で全て造るということなので、そうした技術からすると、南シナ海のダボで組み立てるハイブリット船と琉球の船は違うのかなという感じがしたのです。

木村　朝鮮半島の造船技術については今回あまり深く踏み込まなかったので説明が難しいのですが、一四三三年に琉球の船匠たちが朝鮮半島に行った当時の時点で、半島在来の船とは明らかに異なる琉球の船が何なのかという議論をしないといけないですね。もし琉球の人たちが外洋で使う自らの大型船を造る段階にあって、外部から影響を受けたのだとすれば、最初に見たのは、十二・十三世紀頃の中国の船だと思うのです。それはおそらく、泉州船のような船だった可能性があります。でも、琉球の人たちが泉州船と同型の船を造れたかどうかわかりません。もしかしたら購入した船を使っていて、技術を受容した可能性もあります。一四三三年の時点でも、泉州船に代表される中国の船は鉄釘で建造されていますから、琉球の人たちが基本的な船の建造において、木釘ではなくて鉄釘を使って船を造ったのだろうということはあるのかもしれません。

朝鮮半島に関しては、伝統的に高麗時代の船は全て鉄釘を一切使わずに、木釘だけで造っていました。これも一つの朝鮮半島の技術の特徴ですが、鉄釘と木釘の半々を利用していたというのは、十五世紀くらいになると、徐々に朝鮮半島でも造船に鉄釘を取り入れていたからです(明代の山東省蓬莱出土の船は、朝鮮半島在来技術と東シナ海技術の融合が確認できる)。船の造りにおいては、木釘と鉄釘を半分ずつ使っていたところに、朝鮮半島に行った琉球の人たちは中国の十二・十三世紀そのままの造船技術を受け継いだかどうかわからないにしても、そうした技術を持っていたとしたら、朝鮮半島の平底の船にくらべて、中国で建造される型式の船のほうがよく走ったという話は、わからないではないですね。

ただし、船を使う海域によって違いますし、平底の船が琉球周辺で使えたかというと、平底船は波の影響を強く受けますから、琉球周辺の海域での使用が難しいのは確かです。でも、なにをもって優れているとか、なにをもって優れていないとか、言えない部分があります。造船技術の優劣は、簡単には議論できないところがあるのです。

琉球の人がどんな型式の航洋船を認識したかというと、繰り返しになりますが、十二・十三世紀の中国の船です。東シナ海沿岸で建造された船がこの海域にあらわれていたのは確実で、船体の遺跡が見つかっているわけではありませんが、久米島では中国船が使う碇石が見つかっていますから、中国船型の船が琉球周辺に来ていたことの証左はあります。

荒木　最後にもう一つだけ質問です。南シナ海でハイブリット型の船が登場することの意義づけです。琉球の船、福建の船は鉄釘を使うけれど、南シナ海では中国の影響を受けつつも鉄釘を使わずに、ダボでつなぎ合わせていて、ハイブリット船が生まれたのだという説明でしたね。鉄釘を使わないという意図は何なのかです。鉄を使えば重くなるので、船を軽くする意味で在来の技術でダボやヒモで結束していくようなことをやったのか、鉄が不足しているから在来の技術を使うのか、そういったハイブリット型の生まれることの意義づけをどう考えていいのかを教えてもらえればと思います。

木村　なぜハイブリット船が登場したのかという議論に関わってくると思うのですが、それを造るメリットですね。一言では答えられませんが、十世紀以前の東南アジア在来の船だと、積載トン数やサイズでいえば、だいたい五〇トン、六〇トンで一〇〇トン未満だと考えられるのです。当然、積載量が増えて、耐航性能・航海性能の高い船を造ろうとしたとき、中国沿岸で造られている十二・十三世紀の船は、東南アジア地域で造られていた船よりも積載能力で優れているという認識を持った時点で、徐々にそのような船を建造するようなグループが登場してきたのではと考えられます。あるいは、中国の造船技術を知る人たちが、東南アジアの在来技術に何らかの形で影響を与えたかです。東南移住とか簡単な言葉では片付けられないとは思いますけど、時期的には十四世紀に東南アジアの造船産業で変革が起こったのだと思います。

鉄釘の利用や鉄の材料問題もあると思うのですが、鉄釘が優れている、木釘が優れているというのは議論が難しいですね。鉄釘は簡単に錆びてしまうけど、使い勝手はいい。中国の造船技術、東シナ海域の造船技術でいえば、錆びないようにする工夫をしていたのです。貝殻を砕いて油と混ぜて、鉄釘を船材に打った後に釘の頭を埋めるという工夫です。そうした工夫をしなくてもいい木釘のほうが優れていたとしても、何がよいのかは難しい。木釘ならば当然、堅い木を使わなければいけないけど、堅い木は東南アジアでは多くても、中国沿岸にはないとか、そうした要素を考えなければならないと思うのです。

ハイブリット型船が登場する意義は、少なくとも十四・十五世紀の時代において、モノの移動がそれまでよりも盛んになったときに、南シナ海型の新たなハイブリット船も登場したという時代性に着目することは重要です。船の登場がモノの移動を盛んにしたのか、モノの移動が盛んになったためハイブリット型の船が登場したのかは難しい議論だと思いますが……

村木　『朝鮮王朝実録』には、琉球の船匠が造った船を見た政府の役人が、上部構造は戦艦としてイマイチだけど、下の船体構造は堅固なので手本にしろ、と言っているところもおもしろいですね。まだ少し時間がありますので、甲南大学の出口晶子さん、コメントをお願いします。

出口　私は船の技術的なことを、特に近現代の建造工程をみながら検討していますから、その視点でいくつか質問をしたいと思います。

まずひとつ、木村さんの報告で船の出土例がその時代のその場所の船であることが事実認識として非常に重要な中で、出土船をもってその時代の代表的な船の形として捉えていくとき、他のものがなかったのかどうか。同時代のバリエーション、つまり一つのタイプだけではなかった場合、大小の規模の違った船だけにとどまらず、大型船の中でもいくつかのバリエーションをもっていることが海域にとっては重要な役割を果たしていたことに関して、どのようにお考えなのかをうかがいたいところです。

木村　そもそも船のバリエーションがないと、海上の輸送は成り立たないので、当然、遠距離に適した船と島嶼部だけで運用される船、港湾内だけで運用される船など、用途の違いや環境の違いなど、さまざまな理由によって同時代にいろいろな船のバリエーションが存在します。

ハイブリット型の船が登場しても、東南アジア在来の船が全て変わってしまうわけではないと思います。今回紹介した十三世紀末～十四世紀初のジェイド・ドラゴンといわれる沈没船は、東南アジアの船がどれだけの期間、中国船と共存したのかを考える上で、おもしろい例だと考えています。中国の船が十二・十三世紀に盛んに東アジア海域で航海している中で、東南アジアの在来の船も引き続き使われていたと思うのです。

東アジア全体でどんな状況だったかは難しくて、平底の船を建造する技術は北東アジアにずっと残っていますね。たとえば近世でもいわゆる南京船や有名な唐船の図に書かれているのは平底の船です。その他に暹羅の船があったり、当然、バリエーションは存在します。今回のハイブリット船は、あくまで一系統の船の話になりますから、全ての航洋船がハイブリット型で支配的に使用されたわけではありません。

出口　中国船の隔壁構造についてお聞きしたいのですが、隔壁と呼ばれるものが中国の中でどのように発達してきたのか、そのことも是非、うかがいたいのです。中国における隔壁のあり方は、いろいろな試行錯誤をしていた可能性が考えられるのですが、中国のジャンク船の骨格構造として隔壁を入れる形、つまり先に竜骨もしくは船底板の上に隔壁をたて、そのあと外板を張る技術がいつ頃から展開していったのかです。ヨーロッパの骨格構造のあり方がパラレルに動いている可能性もあって、そのことは中国の研究者からしますと、中国の隔壁構造がヨーロッパに影響に与えたという議論にもつながるわけですが、少なくとも地中海における状況からみていくと、かなり長い年月をかけながらヨーロッパでは骨格構造が確立していく事実がありま す。その場合、中国船の隔壁が他の船に、たとえば南シナ海の船に導入されるとき、どのレベルでの隔壁なのか。このあたりもうかがいたいところです。

木村　隔壁の構造を考古学的に確認できる事例を追いかけると、唐代の川船には仕切り板の形で採用されています。川船だから平底の船なのですが、仕切り板そのものが構造的に横の強度を与えるのか、船に水が入ってきたとき、他の船倉に移動させないためなのか、導入された目的が何であったのかは、なかなか議論が難しいところです。たとえば、現在の造船に使われているタンカーの水密隔壁の構造をもった仕切り板なのか、そういう目で隔壁をみてよいのか。あるいは横の強度を保つために、骨格として採用された隔壁なのか、構造・機能性の面で、別の議論が必要です。船底を隔てる隔壁がある、船底に仕切り板がある、ということだけでいえば、唐代の事例までさかのぼります。

でも、それがどのように十二・十三世紀の航洋船に採用されるに至ったのかは、まだ解決できていない問題です。隔壁の発展自体が完璧に理解されてはいないのです。資料も見つからないし、竜骨構造をいきなりなぜ採用し始めたのか、十二・十三世紀に竜骨と隔壁構造の組み合わせがなぜ生まれたのかも、現在では説明できない状況です。

出口　最後に、中国船と南シナ海のエリアの船の関係性ですが、中国人の船大工が移動して、そこで新たな船を造っている可能性も、もう一度、確認させて下さい。また琉球をみるとき、南シナ海のハイブリット船が北へ出ていって、琉球でもその船がある程度、受容されたと捉えるのか。むしろマーラン船にみられるように、琉球の場合、日本的な要素も含まれていると思われますが、このあたりでどのような技術交流があったのか、その可能性でも結構ですので、お考えがあればうかがいたいと思います。

木村　ハイブリット型の登場で中国の造船技術をもった集団が東南アジアに移動・拡散したのか、あるいは技術だけが伝搬したのか。これはよくわからない。東アジア・南アジア海域史の背景を含めての説明が必要ですが、元朝の影響も考えないといけないし、タイなどに集団が移動して造り始めたのか、朝貢の形態が変わったのか、全く違う形での造船技術が必要になったのか、いろいろな可能性があります。

いずれにしろ、時期的には十四世紀の転換期と連動していると思います。というのも中国の造船技術をもった集団がある一定程度、移動しない限り、爆発的に十五世紀にハイブリット型の船が生まれる状況は考えられないからです。

マーラン船と琉球船をどう理解するのかですけど、沖縄で船体考古資料が遺跡からみつかることを願うばかりです。どんな部材でも船材でもそこからわかることはあるので、私としては船材に使われている釘の仕様など、今回は報告しなかった細かいこともあるのですけど、そうしたことを丹念にあらっていくことが琉球船の理解につながるのだと思います。琉球船自体も何らかの造船技術的な発展を内々に遂げていたのか、あるいは外部から影響を受けていたのか、日本との関係もあるかもしれないと思っていますので、それを理解していくための材料がもっと欲しいと思います。私も沖縄の水中考古学の発展をみているので、今後みつかる可能性もあると期待をもって待っているところです。

村木　最後に航洋船の基本的な知識として、ハイブリット型は中国船よりスリムという話でしたけど、中国船とハイブリット船、さらに参考までに日本の和船(これが外洋航海に耐えられたかどうかわかりませんけど)、それぞれのサイズがどれくらいのものなのかを教えて下さい。船の長さ・幅・高さ(喫水域)です。

そして、そのサイズの船を動かすのに必要な乗組員の人数、操舵方法(帆・舵・手漕ぎ等)と積載量、出土船体だけではわからないと思いますが、先行の諸研究なども踏まえながら、木村さんのお考えをお聞かせ下さい。

木村　十二世紀末〜十三世紀初の南海一号沈没船は、出土船体の残存長が、約二三㍍、最大残存幅は約九㍍で、十三世紀後半に建造された泉州船は、残存長が約二四㍍で、最大残存幅は約九㍍です。両船の残存船体から、船形を復元すると、船長と船幅の比率が分かり、幅広の船体という特徴を示します。また、船体が良好な状態で出土した南海一号沈没船の残存高は約三㍍です。泉州船の残存高も参考にすると、喫水が浅いことも十二世紀〜十三世紀の東シナ海型の商船の特徴と言えます。

　南シナ海のハイブリッド型の商船ですが、フィリピンのルソン島沖合海底で発掘されたサンタ・クルズ沈没船で、良好な状態の残存船体が、船長で約二八㍍、残存幅六㍍で出土した事例があります。年代は十五世紀末とされています。船底は隔壁に仕切られており、その特徴だけみると東シナ海型の中国船と類似するのですが、船材の樹種や外板の接合方法からハイブリット型と判断できます。残存船体から復元した船長と船幅の比率をみると、十二世紀〜十三世紀の東シナ海型商船と比べて、船幅が狭まったスリムな船形であることが分かります。類例では、フィリピン海域で発掘された十五世紀代のレナショール沈没船も同じような船形である可能性が高いです。船形で言えば、十七世紀の南シナ海型のハイブリット船の事例で、タイのバンカチャイ二号船（残存長約二四㍍、残存幅六㍍）にも同じような特徴が認められます。船長と船幅の比率のみではなく、東シナ海型航洋船と、後世の南シナ海型航洋船の船形の違いは、船体の基本構造と造船技術の違いでもあります。

　東シナ海型と南シナ海型の出土船体には、檣座《しょうざ》（帆柱を立てるための構造物）が残るものがあります。船底には、前檣と大檣が固定され、さらに船によっては後檣があったと考えられます。南シナ海ハイブリッド型だと弥帆（船のへさきに張る、小さな補助帆）を備えるものもありました。東シナ海型は泉州船を事例に、船の中軸上の船尾部、隔壁を延長した梁材に舵身木《かじみき》を固定していたことが分かります。南シナ海ハイブリッド型の船体も初期は、こうした構造であったと考えられますが、近世にはヨーロッパの船のように、船尾に直接舵を固定する構造をもつものが現れます。

　文献資料にも乗船人数の記録が残りますが、航洋船を操船した水夫などの人数を考古学的に考察すると、復元船の航海実験などから検証する方法が確実です。アジアでの出土船体に基づく復元船の航海では、九世紀のインド洋系ダウ型商船で（船長一八メートル、二橋柱）、操船に最低でも八名は必要であったことが検証されています。十二世紀～十三世紀の航洋船では、倍以上の人数で操船されたと考えます。

参考までに、江戸期の内航船について、菱垣廻船を復元した浪華丸（船長約三〇メートル、積載量一三〇トン）のような千石積の船で、一五名程で運航可能で、のちには操船に必要な人数の省力化も行われたとされています。しかし、浪華丸の航海実験では、轆轤一つを回すのに六名もの人数がいりました。イカリの巻き揚げ、帆走には、非常に労力がいります。

討論

司　会：高橋慎一朗・村木二郎
パネラー：池田榮史・黒嶋　敏・木村　淳
コメント：村井章介（東京大学名誉教授）
小野正敏（国立歴史民俗博物館名誉教授）
宮城弘樹（沖縄国際大学総合文化学部講師）

高橋　昨日・今日と三名の方に報告してもらいましたが、村井章介さんに討論の口火を切っていただきたいと思います。個別の報告に対するご意見からお願いします。

村井　二日間に三本の報告があって、しかも研究領域が違うし、方法も違うし、たいへん多様な報告を全てコメントしろと無茶な注文なのですが、くまなく述べるのは不可能ですので、私の問題関心に引っかかった部分を中心に、いくつか質問をしたいと思います。三つの報告についてコメントする形を取りますが、おのずと三本の報告にまたがることも出てくるかと思います。

■喜界島・城久遺跡群と十三・十四世紀の画期
～池田報告へのコメント～

池田報告の最初の部分で重要視されたのは喜界島の城久遺跡群でした。数年前に発見され、たいへん大きな反響をよんだ遺跡です。そのときには、第1期すなわち九・十世紀段階の性格に注目が集まっていました。つまり、大宰府の出先機関、官衙的な遺跡ではないかということです。もしそのような施設があったとするると、想像もしていなかった事態になるわけです。ただその後の調査・研究の展開をみると、最盛期は第1期ではなくむしろ第2期にあって、その性格は官衙的なものではなく交易の拠点ではないか、という方向に関心が移っていきます。

私がよくわからないのは、第1期について当初議論していたことがどうなってしまったのかということです。官衙的な性格を全否定するわけではないようですが、決定的な証拠となる遺構が検出されないこともあって、第1期から第2期への性格の変化をどのように説明するのかが問題です。居住者にしても、連続しているのか、まったく性格の異なる者が新たにやってきたのかという問題があります。これがまず一つです。

この問題とも関係しますが、城久遺跡群やカムィヤキ窯址群はずっと続いていくのではなく、切れてしまいます。十三・十四世紀に大きな画期があるように思うのですが、そのころに消えてしまうのです。モノが消えることを、どのように歴史的に理解したらよいのでしょうか。これは考古学者だけの責任ではなく、ある人間集団が担っていた大きな機能が消えるには、何か大きな要因が働いているに違いないので、それをどのように説明するのかということです。これが一つです。

もう一つは、池田さんが挑発的に問いかけをされましたが、十三・十四世紀に宋・元交代と明朝の登場があって、そのことが人の移動と無関係なのか、人の移動は単に交易路の開拓だとか技術の伝播だとか、そういうことだけで説明できるのか。文献史学に対するそんな問いかけがあったと思います。

答えられるわけではないですが、平安時代の日中間の往来と十三・十四世紀のそれを比較してみると、木村報告とも関係しますが、大きな技術的な進歩があったと思います。簡単に言えば、航海の安全性が飛躍的に高まったように見えます。その結果、東シナ海の船の往来がたいへん頻繁になる。同じ人間が行ったり来たりしている事例も史料で検出できるようになります。そのことがどういう結果を生むのかです。単に交易の増大というだけでなく、日本列島や琉球と大陸との、政治的な距離の短縮でもあったのではないか。ですから、政治的な変動が直接及ぶことも目立ってくるのではないか。その極端なものがモンゴル襲来だと思うのです。

政治的な距離の短縮は戦争だけではなくて、いろいろなところに現れてきているように思います。たとえば、日本列島や琉球の政体が大陸の影響をもろにこうむるような時代に入ってきているのではないか。それが具体的な形をとったのが明との冊封関係だと位置づければ、琉球が国際社会に登場してくる過程ともつながってくるのではないかと思うのです。察度王統と明朝との関係が十四世紀後半に始まります。日本でも足利義満の受封がありました。平安期であれば、貴族的な伝統にしたがって孤立していても問題はなかったのです。それではもたなくなった結果として、貴族的な伝統からは非難を浴びつつも国際関係に入っていくことが、義満の時代に起きるのではないでしょうか。

この時期の画期を考古学のデータから導き出して、問いかけがあったわけですから、それを考古・文献問わず、どういう過程として説明したらいいのかは、大きな課題です。国際社会への琉球の登場はまさしくそれにダブってくる。それは琉球内部の政治形態の変動にも当然つながっているはずだと思いますので、あとで取り上げる時期区分の問題にも関係するわけです。

「琉球国図」の読解と第一尚氏期の港
～黒嶋報告へのコメント～

黒嶋報告で衝撃的だったのは「琉球国図」の「飛羅加泊」でした。謎の記述を見事に解明され、港に真水を供給する泉の名前から来ているという結論は、すごく示唆的です。それも含めて、古琉球における「泊」地域の実態を細かく検証されました。その結果、中世末期から近世にかけての泊の中心、すなわち天久権現のある場所は、古琉球の時代にはそれほど中心的ではなかった。それよりもさらに内陸に入った場所、地域的には安里になるのかもしれませんが、そちらの方にむしろ重要な場所があり、海に出ていく場所にもまた重要なものがあるということで、泊という港湾のもつ域内交通の中心という性格が、最初から不変のものとしてあったわけではない、という指摘は非常に重要です。

港を考えていくと、明瞭な中心があるかどうかも疑わしくて、黒嶋報告では投錨地に注目しましたけれども、そこから艀などで荷物を陸揚げする場所、荷物を保管する場所、さらに媽祖などの宗教施設もあります。天久権現はその一つだと思うのですが、そうした諸々の場の総体として港があるのです。「浦」という言葉は入江の意味ですが、入江の水面全体が港であり、そこにいろいろな要素が組み合わさっている。なかでも重要なのが真水の供給地です。だからこそ、港の名前にすらなる。

こうして捉えてみると、泊が近世において凝縮していくとしても、古琉球時代には、泊と総称できるような空間があり、それが徳之島・大島・喜界島の船が入る場所として描かれていると解釈するなら、従来説とはそれほど変わらないのではないかという印象も受けました。

ただ、「琉球国図」の中で、那覇に関する「江南・南蛮・日本之船入此浦」という記述と、従来泊と解されてきた「毒(徳之島)・大島・鬼界之船皆入此浦」という記述があって、その中間に「此江湖来往有満乾 広一里」とあります。黒嶋レジュメではこの部分に論点③の吹出しがついていますが、「此江湖」がいわゆる泊であって、そこから大島などの船が入る「此浦」に至るという解釈がうかがえます。そうなると、「此浦」は現在の泊とは別の場所に求めなければならない。確かにこの地図の書き方からすると、そういう解釈も不可能ではないように思いました。慶禅寺などのお寺や蓮池をどう比定するかにもつながってくる問題だろうと思います。

那覇でも泊でもない第三の場所となると、これはまた別の意味での困難さがあるだろうという気がします。考古学的な証拠がどれほどあるのか、あるいは港として使われた河川の規模がそれほど大きくないという問題など、いろいろな課題につきあたりそうです。一つの解釈の可能性として示されたのですから、がんばって立証していただければ、新しい局面が開けてくるのではなかろうかと思います。

■ハイブリッド型登場の前提と沈船調査の難しさ

～木村報告へのコメント～

木村報告では、ハイブリッド型の形式設定を強調されたわけですね。その論の成り立ちは、南シナ海の在来の船の形があって、そこに中国の船匠たちがやってきた可能性が高いと言われましたが、そうしたこともあって造船技術に中国的なものが入り込んでくる。でも中国的なものに全部入れ替わるのかというとそうではなくて、部分的に取り入れる形がハイブリッドだと言われたわけです。

そういったことは、南シナ海だけではなくて、日本列島と中国の間にもあり、高麗と中国との間にもある。普遍的にみられる技術伝播のあり方なのですが、このとき問題なのは、「地域固有の形」というものが論の前提になっていることですね。

南シナ海には中国の技術が及ぶ以前には固有のものがある、日本にもある、高麗にもある、というのが自明の前提になっているのですが、果たしてそれは自明なのか。その固有とはいったい何なのか。南シナ海固有といった場合、その広がりはどこまでなのか。日本列島でも同じことが言えると思いますが、そこに踏み込まないと、ハイブリッドという概念は有効ではあるのだけど、十分に論じ尽くしたことにはならないのではないか。あらゆる文化現象で起こり得る話なので、簡単に答えが出る問題ではないと思いますが、船舶技術の領域においても考えてみるべきではないかと思います。

木村報告では東シナ海と南シナ海の沈船の事例をとりあげられました。しばらく見ないでいるといつのまにか事例数が増えているのですが、別の研究会で出光美術館の徳留大輔さんが焼き物の観点から沈船事例を洗い出した図面を出しました。それと木村さんの図とでもズレがあって、どちらかにしかない事例がけっこうある。徳留さんの図では、中国が調査に関わったと思われる事例がたくさん載っていました。

その場合事例が増える要因には、現代の政治問題が大きく関わるのでしょう。とくにフィリピンやベトナムと中国の間で争われている岩礁がありますが、そうしたところに沈船がある。現実の問題として政治的な意図でもって調査が行われ、その結果として、周辺の海域が中国のものだという論拠にされている。そのような世界と無関係ではいられない研究領域だということを考えておくべきかなと思います。

すでに複数の報告にかかわる問題を取り上げましたが、とくに十三・十四世紀の画期をどのように考えるのかは、いずれの報告にも関わると思います。

▩「琉球の中世」の時期区分には異議あり!

最後に、趣旨説明で高橋慎一朗さんから、「琉球の中世」を積極的に打ち出したいという提言がありました。その場合の中世は、一四七〇年の第一尚氏から第二尚氏への交代をその終末とするということです。中世の始まりは農耕の開始に求められていて、それ以降一四七〇年までを「琉球の中世」とする、という提言です。

古琉球という呼び名がほぼ定着しているなかで、その内実があまりにも漠然としていることに対する批判を含んだ、新しい時期区分だと思いますが、私は古琉球という言葉に愛着があって、そう簡単に捨てようとは思いません。やはり琉球の歴史には、近世以前の時代を日本史の常識に沿って古代・中世という風に時期区分することを許さない特性があって、古琉球の呼び名にはそうしたニュアンスが込められていると思います。もちろん、すごく長い時間を含みますから、その中にいくつかの画期があることは言うまでもありません。

たとえば明との関係が始まるのは大きな画期ですし、一四七〇年が大きな画期であることも決して否定できません。

でもそれをあえて、一四七〇年までを「中世」という日本史で定着している用語をもってくる積極的な意味がどれくらいあるのかは、大いに疑問に感じます。中世という言葉を使うとなると、古代はどうなるのかが問題にならないでしょうか。古代抜きの中世になるのでしょうか。

それから、一四七〇年から一六〇九年までをどうするのかも問題になります。内々に聞いたところでは、一四七〇年から近世が始まると考えているようですが、そうなると、島津氏の琉球侵攻の歴史的な意味をどのように捉えるのかという問題があります。薩摩の直接支配が及ぶ前の様相に近世のメルクマールを求めることになるので、近世琉球の定義にも大きく関わりますし、「琉球の中世」という問題提起をより完全なものにするためには、そうした作業が求められることはまちがいないと思います。「琉球の中世」という時期区分にはあまり賛成できない、というのが正直なところです。

高橋　時期区分の重い問題は後にして、各報告に対するコメントについて報告者から返答してもらいたいと思います。報告順にお願いします。

■コメントへの返答1

池田　一番目の問題は、喜界島の城久遺跡群の第1期の評価をどうするのかということでした。喜界島の遺跡が発見されたとき、私どもが最初に注目したのは遺物の内容が半端でなかったことがあります。奄美諸島・沖縄諸島を含めて、九世紀・十世紀の遺物が出てくる遺跡では、狩猟・漁労段階の土器である兼久式土器が出土します。ところが、九世紀・十世紀段階に在地土器を全く使わない須恵器・土師器が出土する城久遺跡群1期の遺跡を、どのように評価するのかが問題になります。

私どもが考えたのは、『小右記』にある記録で、南蛮が九州諸国から人を拉致していく事件が九九七年に起こって、この拉致した南蛮を追討することを鬼界ヶ島に命じていることです。翌年には鬼界ヶ島から南蛮を追討しましたという報告が入ります。こうした記録をみると、十世紀の終わり頃の段階で鬼界ヶ島に政府の下知を受ける存在がある。この存在をどこに置くのかと考えたとき、喜界島にその時期にピッタシの本土系の遺物だけが出てくる遺跡が存在する。ここが『小右記』にある南蛮追討の命令を受けた鬼界ヶ島の実態ではないかと考えました。

現在でもその考えを私自身は続けていますが、それを物語る実態としての遺構が非常に弱い。遺物と遺構の関係をきちんとつかめるデータがないのです。南蛮を追討するような行政施設があるとすれば、それなりの官衙的な役割をもつ建物の構造をもった遺構がたくさん出てくるはずだと思ったのですけど、いまのところ掘立柱建物跡と四面庇建物は一部ありますが、明らかに官衙だと判別できる遺構がない。遺構がないので二の足を踏んでいるところです。

まだ掘っていない場所もあるのですが、城久遺跡群のあり方は、琉球弧の中では決して尋常ではない。尋常でない上に『小右記』の記事を考えると、喜界島が鬼界ヶ島と呼ばれていた古代に、何らかの行政機関があった可能性を捨ててはいません。そのことは今後も調査をしていかなければならないと思っています。

二番目の問題として、城久遺跡群の1期から2期に変わるあり方をどのように考えるのかです。難しいところがあって、遺跡の状態を見ていくと、五〇〇棟や六〇〇棟ほど確認できる掘立柱建物群の半数は、大宰府編年のC期の遺物を伴う遺構です。そうなると、2期に爆発的に遺跡が大きくなって、人がたくさん増えていくことがわかります。

1期の段階は急激な増え方はしていないのですが、ずっと人はいるだろうと考えています。2期になると、非常に遺跡の規模が大きくなって遺物も多くなってきます。遺物の性格を見ても、1期では南九州や大宰府の系統に近かったものが比較的多かったのですが、2期には全国的な広りと朝鮮半島や中国の系統の遺物が増えてくる状況です。この2期に人の移動が拡大したのであろうとしか考えようがないのです。

ただし、大宰府編年C期を十一世紀後半から十二世紀前半としていますけど、C期の遺物は十二世紀代いっぱいずっと出ているわけですから、最大一五〇〇年くらいの時期幅を考えないといけない。もっと新しくなることもありますけど、この時期に綿々と人が入ってきて、喜界島に多くの人が住んでいる。

もう一つは、沖縄本島や宮古・八重山諸島の話もしましたが、C期に喜界島にやってきた人たちが何らかの形で琉球弧に土着していくプロセスがあるのだろうと考えます。

この土着をしていくプロセスの中で、場合によっては在地の有力者になっていくことも考えないといけないとは思っていますが、このあたりは報告では触れませんでした。

報告の主題としては、琉球列島が狩猟採集の段階から農耕社会に変化していくプロセスの要因をどこに求めるかといったとき、内的な要因ではなく、外的な要因が大きいことを強調したかったために、あまりそのあたりの細かい話はしませんでした。これについては、もう少し考えないといけないと思います。

城久遺跡群の1期と2期の居住者の顔ぶれですが、1期は九州系の人たちが多いのだろうと思いますけど、2期には全国的な動き、国際的な人の動きがあると考えています。

カムィヤキの消滅が十三世紀終わりから十四世紀初めくらいになぜ起こるのかと言われると、考古学的な状況からいえば、カムィヤキは基本的に煮沸具ではなく、貯蔵具・供膳具として使う道具で、十三世紀後半以降に貿易陶磁器が圧倒的な量で入ってくる現象が起きると、素焼きのカムィヤキの商品価値が落ちるのだろうと考えています。貿易陶磁器の増大がカムィヤキの相対的な価値を低くする。場合によっては使用目的と使う人々の階層によって使い分けているのかもしれませんが、十四世紀には用済みになって、その結果カムィヤキは廃窯するのだろうと思います。

最後に宋元交代期や明朝の登場によって引き起こされる人の移動の考え方については、村井さんにご教示いただきましたので、私もまた勉強していきたいと思います。

■コメントへの返答2

黒嶋　ご指摘していただいた順にいきますが、まず、港を場の総体として理解する見方から。投錨地であったり、艀で物資を運びこむ先の荷揚げ場だったりと、港はかなり広い範囲に分散するのではないかという指摘ですが、一方で那覇の場合は、かなり狭い範囲に久米村の拠点や王府の拠点、日本系の拠点がきゅっと集まっている印象を持ちます。そうした中核的な拠点となるような施設・機能が、泊の場合、第一尚氏期には未だに分散的・散漫な状態のままで、投錨地と河川交通の拠点が離れていることに大きな特徴があると思います。何をもって港の「中心」と見なすかにもよるのですが、ひとまず泊の場合、王府の拠点になるようなものは、まだ出そろっていないことは指摘できると思います。

次に入江の海水面全体が港ではないかという指摘ですが、報告した海図をみると、浅瀬で囲まれたエリアが広い意味での那覇港として理解できると思います。昨年の中世都市研究大会でも博多港の概念をかなり広げ、箱崎や姪浜も合わせて博多湾一帯を広義の博多港であるとみる理解の仕方が提示されました。港の範囲を広く捉える問題提起は有効だと思いますが、逆にそれぞれ拠点となる投錨・停泊地や陸上の都市が持っている特徴は、ぼやけてしまうと思うのです。

那覇港に話を戻しますと、広義の那覇港として理解していくと、たとえば「琉球国図」では来航する船によって投錨地を使い分けることが図示されているわけですけれども、その明確な棲み分けの意味を見極めにくくなるのではないかと思います。

私の想像になりますが、江南・南蛮・日本の船と、徳之島・大島・鬼界の船との投錨地を書き分けているのは、久米村での交易に直接に結びつく船と、ただ王府への貢納物を運んでくるような船とを区別しておく必要があったのだろうと思っています。投錨地の差異が、当時の交易と支配の線引きにもつながってくるのだとすれば、港を広い範囲で捉える有効性も踏まえつつ、拠点ごとの検討といった作業も必要かなと考えています。

最後に、問題の「此浦」を丁寧に分析せよという宿題ですが、海側の視点でいけば、「飛羅加泊」（坂中樋川の投錨地）と離れている安謝港だろうと思っているのですけど、じつは陸側に記された文字に寺の名前があって、十分に比定できないものばかりなのです。首里城が巨大化して描かれてしまったことと、それぞれに付随する寺院の正確な比定を慎重に進めていかないと、なかなか厄介な問題で、断言するのは難しいかなと思います。

■コメントへの返答3

木村　ハイブリット化の現象を考えるとき、在来固有の技術がなければ現象として成り立たないというのはご指摘のとおりです。南シナ海域でいえば、東南アジアの在来船の出土状況に関しては、沈没船遺跡だけではなくて、船材の確認がベトナム・インドネシア・マレー半島・ボルネオ・フィリピンでされていますので、在来船の姿は徐々にわかってきているところです。

この問題を沖縄に当てはめた場合、琉球の在来の伝統的な造船技術とは何なのか、ということに関しては船舶考古学の立場から十分な知見を提供できないのです。オーストロネシア系といわれる造船技術が台湾を北限としているなかで、琉球列島の島嶼部に展開された伝統的な造船技術の解明は、この議論の中で必須だと考えていますけど、それに関しては、なかなか見通せないのです。引き続き考古学の成果として陸上から船材が出土することを待ちたいと思います。

沈没船船籍一覧の不備ですが、ご指摘のとおり中国沿岸のデータが少なくて、今回の報告で取り上げたものはあくまで航洋船の沈没船遺跡で、中国沿岸の海上輸送に携わったと考えられる資料は省略しております。朝鮮半島の西南海域で韓国のチームが発掘している資料も省いていますので、宿題として何らかの形でデータを文章化できることがあれば、不備を改善した上で提示したいと思います。

沈没船遺跡をとりまく環境は、ご指摘のとおりセンシティブなものがあります。考古学・文献史学、陶磁器の研究者がとりあげる遺跡の中には、引き揚げ遺物の売買が行われたものもあります。倫理的な問題が水中遺跡の保護と絡めて言われていたり、あるいは沈没船の価値をめぐって政治的な議論が行われたりします。沈没船遺跡の取り扱いとそれに絡む倫理的・政治的な問題は、沈没船資料を扱う上で避けるのは困難で、考古学者としては慎重に研究を進める意識が求められます。

■コメントへの返答4

高橋　ひととおり個別の報告に対するリプライをしてもらいましたが、引き続き村井さんからいただいた「琉球の中世」という時代区分は如何なものかという全否定のコメントに対して、少しお答えしたいと思います。

怒られるだろうなと思いながら提示した問題提起で、賛同を得られないのであれば、時代区分としては、撤回しても構わないと思っています。というのは、古代・中世という時代区分そのものにこだわるのではなく、古琉球の中の

「中世的状況」、つまり「中世」という言葉で象徴される分権的・分散的な状況、趣旨説明で「政治権力の分立と交易主体の分立」と表現したような状況を積極的に認めていきたいというところに真意があります。

従来は、十四世紀代の三山時代のあたりから十五世紀代の第一尚氏・第二尚氏にかけて、王府制度が整った強力な国家主導のもとに、統一的な琉球国家が現れていくというイメージが強いものですから、実は第二尚氏王朝以前は意外とゆるい国家とは言えないような状態だったのではないか、といったことを探ってみたいというのが問題提起でした。三名の報告はそれに沿って個別分散的な状況、国家主導の強力なインフラ整備がなくても交易が可能である状況があり得ることを探ってもらったと考えています。

中世という時代区分の呼称を積極的に提起したいわけではないので、そこは固執しません。私が引用した時代区分表のうち、『南島考古入門』の表(趣旨説明の表3)には古琉球という時代区分が取り上げられていませんが、これはまた別の意図があると想定していますので、そのあたりを池田さんから説明してもらえればと思います。

池田　この表を作ったのは私なのですが、考古学的な物質文化を念頭に置きながら区分すると、どのように見えるのかを念頭においています。沖縄の歴史区分や先史文化の編年を組む際に、読者を考えたとき、日本本土とどのようにズレるかということは、沖縄だけでなく本土の方にも沖縄のことをわかってほしいので、日本史の中で使われている時代区分表と沖縄の文化編年表を並べたのです。ほんとうは奄美も入れたかったのだけど、沖縄考古学会の編集でしたから、奄美は遠慮して沖縄と宮古・八重山の形になっています。

編年表を作るときに、転換期がよくわからないので線の入り方も意図的に斜めにしました。沖縄本島で始まる文化も本島内に時間差があるし、宮古・八重山も入れると、もっと時間差がありそうなので、あやしい斜め線の入った文化編年表になっています。

■三山・グスク時代の深まるナゾ

村木　時代区分論はまだ語ることはたくさんありますが、高橋さんが撤回したのでいいことにしましょう。そもそも琉球国は最初からあったわけではないですね。特によくわからない時期は、三山・グスク時代です。考古学からみると、十三世紀後半に画期がありそうですが、三山が成立する少し前の頃、グスク出現直前の琉球弧は、どういった社会状況にあって、どのような集落があったのか。文献史料のない時代ですから、考古学に頼らざるを得ないので、池田さんから十三世紀後半に何が起こりかけていたのかを教えてもらいたいのですが。

池田　報告では「吹出原型掘立柱建物」の類型を出しました。真ん中に二本の中柱があって、まわりに側柱がある掘立柱建物の構造は、沖縄以外の地域にはないのです。ということは、琉球弧の中でこうした建物が出来上がっているのです。この建物がどのくらいの時間幅をもつのかというと、大宰府編年C期(十一世紀後半~十二世紀)から十三世紀代まで使われています。そうすると、琉球弧の外から人がやってきて、地元に住んでいる人たちとも融合して、地元の住人となっていく中で、生活のための建物構造や集落が変わっていく。集落がどういう形で出来上がったのかわかりませんが、少なくとも琉球列島に渡ってきた人たちは、その地域の中でさまざまなスタイルの建物を作って集落も作る。そのプロセスで丘の上に集落があがって、グスクにつながる基本的な状況ができるのだろうと考えています。またこの新しく住み着いた人たちは、宮古・八重山諸島にも影響を与えながら移動していくのだろうと考えてみました。

だけども、集落がどのような形で発展していくのかは難しい。近世になると、井桁状に組んだ集落が登場するのですが、それ以前の集落がよくわからない。このあたりは今後の研究ですね。

村木　北からのインパクトが琉球列島に入ってきて、集落の構造が変わってくるというお話ですね。宮古・八重山諸島でも集落は十三世紀後半に登場しますが、先島特有の集落が作られている印象があります。ですから、沖縄島のインパクトが宮古・八重山に影響を与えたというのは、私としては違和感があるのです。小野さんはどのように考えますか。

小野　村木さんが言われたとおりです。私自身も先島で調査をしていますが、先島には集落のあり方に特徴があって、とくに八重山が典型的です。十三世紀後半くらいから石垣で家々を囲った集落が生まれてくるのですが、それ以前にも石垣を持っていない段階の集落があって、八重山や宮古の中で独自の変化をたどっていることがわかっています。また、この段階の先島の集落においても、集落内の空間構造や所有するモノの格差などから、村立てや統括する権力者の存在があったことは、すでに示した通りです。

「吹出原型掘立柱建物」は、沖縄島で生まれたと私は考えていますが、それ以前の在地型といわれる建物や集落がどんなものだったのか、そこがよくわからない。でも「吹出原型掘立柱建物」が生まれることによって、池田さんは棲み分けだと言いますけど、やはり階層性は生まれていると思います。本土でいえば、鎌倉時代くらいに集落が溝に囲まれて大きく変わっていくような階層性が出てくるイメージと重なってくる印象があります。集落が表現している社会構造が変わったとしか思えない変化です。集落の形態が変化したという以上に、集落の変化から何が読み取れるのかということが大事だと思います。

「吹出原型掘立柱建物」をもつ集落は、もともとの在地の集落とは違うスタイルで、生業の中でも上位にあるような鉄生産を集中的に行っています。想像をたくましくすれば、同じ時期の北の世界の和人と蝦夷の関係とも非常によく似ています。池田さんの報告で衝撃的だったカムィヤキと滑石製石鍋も商品交換の物資ではないとなると、ほかに財産として残るのは鉄になるのです。蝦夷も同じですね。そうすると、似たようなことが北と南の世界で起きている。集落の変化を、一方向の琉球列島の中で北から南への人の移動としてのみ評価するのは、おかしいと思うのです。もともとあったものが何で、そしてそれがどのように地域の中で変わっていくのか。「吹出原型掘立柱建物」のように本島と先島あるいは奄美でも同じ現象が起こる意味は何かを、再整理したほうが生産的だと思います。

池田　言われるとおりです。もともと居た人たちと、外から入ってきた人たちが、どのような関係をもっていたのか、そのことが事象としてどのように現れるのかを考古学的にきちんと調べないといけません。今回は遺物論で追いかけましたけど、遺構論で追いかけるのが難しかったのです。宿題にさせて下さい。

の安全を祈るという記録もありますから、小さな港とその近くのグスク・御嶽が結びついているのは、より古い段階の、それほど大きなレベルではない地域の有力者像につながるのかなと思います。

▩有力者の登場と階層分化はナゾだらけ

高橋　権力が中央集権化していく時期よりも前、農耕が開始されてからグスクが登場して、いつのまにやら三山のような国らしきものが現れてくるのですが、その間に按司と呼ばれる地元の有力者が登場します。こうした人たちが何をパワーの源泉としていたのかが気になります。

また、農耕は池田さんが言うところの移住者といっしょに技術として入ってくることがあったとして、実際に開発が行われると、開発をリードする人がいるはずです。外からやってきた人たちが地域の有力者になるのか、それとも在地に住んでいた人たちと移住者との間の融合があって、結果的に交易ルートなどを独占した人物がいつのまにか有力者になるのか。いろいろなパターンがあると思いますけど、有力者の登場と集落の形態変化は、どこかでリンクし

▩那覇以前の那覇と「琉球国図」

村木　モノの流れである程度わかるのは、十三世紀後半になると、琉球列島には北からも入ってくるし、西からも入ってくる状況があります。琉球までモノが届くには、船と港が必要ですけど、黒嶋さんの話で那覇以前の段階に港があって、銘苅原に集落もあるわけですが、古い港が形成されるという意味では、ある程度の有力者が出現して、集落やモノの動きをコントロールしているというイメージになるのでしょうか。

黒嶋　那覇は大きな港で大型船も入りやすいのですけど、水の手が得にくいところですから、地域に住んでいる人にとって、那覇はそれほど重要な港ではなかった時期があると思うのです。それに対して、水の手が良く、河川交通とも結びつきやすい比較的小さな港のほうが、那覇以前に使われていたと思います。今回報告した泊では、天久グスク・天久御嶽があって「おもろさうし」でも天久がいくつも出てきますから、海に面したグスクであり御嶽であって、海上交通に深く関わる場所になります。天久御嶽では航海

ていないのでしょうか。

　さらに、社会の階層分化や有力者の登場を示すメルクマールがあるとすれば、どういうところにあるのか、これについても単純に知りたいと思います。考古学の立場から沖縄国際大学の宮城弘樹さん、コメントをお願いできますか。

宮城　社会の階層分化や有力者の登場を示すメルクマールについて、今帰仁グスクを調査した経験から少し紹介します。城内と城外でどのような階層差が起きているのか、グスクの一番頂上の郭ではたくさんの陶磁器が出ている一方で、石垣の外に住む人々と質量を比べると差があるので、住む場所によって陶磁器等の遺物からピラミッド状の階層分化を示しているのだろうと考えました。一方、先島ではゆるやかなピラミッドというのでしょうか、リーダーのような人がいても、各屋敷での遺物の質量はさほど違わないことも琉球列島には存在しております。階層分化も地域によってさまざまな形があると考えております。

　この点で、通時的な変化がどのように起こっているのかについては課題なのですが、ほとんどデータがありません。ただ、十一世紀後半~十二世紀初頭の白磁・カムィヤキ・滑石製石鍋の三点セットが出土する遺跡でも、今帰仁グスクで紹介したような階層分化ではないにしろ、リーダーがいて、その中で移住者であったり有力者であったり、人々を束ねるような形で階層差が生じていたかどうかを、きちんと追跡しないといけないとは思います。これについては宿題にさせて下さい。

　質問してもいいですか？　有力者の登場を考えたとき、なぜ沖縄島に王国の拠点が築かれたのでしょう。琉球列島にはたくさんの島々があって、人々が往来していて、按司が島ごとに登場していくとは思いますけど、なぜ沖縄島だったのでしょうか。

池田　十一世紀以前の段階は、伝統的に沖縄島まで人と物が北からやってきます。大宰府編年C期の陶磁器が出土し始める十二世紀段階になると、宮古・八重山にも何らかの形でC期の遺物が持ち込まれていることを考えたとしても、北から人がやってくる目的地は、十二世紀段階は沖縄島だったと思うのです。沖縄島が一番、大きな島ですし、陸地の面積やいくつかの条件を考えても、大きな島に入るのは重要なことなのでしょう。

琉球列島全体を考えても、周辺の島々の中で沖縄島は中心になります。北からみたときの結節点で一番大きな島だった。その後の交易でも琉球列島のど真ん中にあって、北からと西からの結節点になることから考えても、地理的な要因は非常に大きいと思います。現代の米軍基地が置かれているのも、そうした地政学的な条件があるのだと思います。

高橋　ありがとうございます。以上をもちまして今回のシンポジウムを終わりたいと思います。みなさま、ありがとうございました。

座談会　中世の琉球

この座談会はシンポを補うために催したものである。
日　時：二〇一八年十月三日
場　所：国立歴史民俗博物館
参加者：小野正敏・高橋慎一朗・池田榮史・村木二郎

左から；小野正敏・高橋慎一朗・池田榮史・村木二郎

1　島々をつなぐ鎖のネットワーク

■農耕以前

高橋　この座談会では、シンポで論じ残したことを取り上げたいと思います。一つは外からの移住者が琉球に内在化・土着化していく過程で、カムィヤキ・白磁・滑石製石鍋の三点セットが十一世紀後半〜十三世紀までに琉球弧に分布し、吹出原型《ふきだしばるがた》掘立柱建物といった沖縄独自とおぼしき建物ができあがってくる歴史的な背景です。もう一つは、シンポでは全く取り上げられなかったグスクの問題です。按司《あじ》などといわれる有力者が登場して階層分化が起こり、その拠点とされるグスクですが、今帰仁《なきじん》や勝連《かつれん》などの大規模な構造化されたグスクの出現時期とその意味について、意見を交わしたいと思います。

　まずは外からの移住が起こる前段階として、農耕が始まる以前の時期ですが、すでに琉球列島と大和《やまと》(日本)や中国との交流は、何らかの形であったと考えていいのでしょうか？

池田　稲作を含めた農耕の技術や情報は、弥生時代以降、琉球弧にも日本列島から入っていると思うのです。でも、この段階では定着はせず、確実に食料生産の手法として確立するのは十一世紀中頃以降とみています。

高橋　農耕が定着する以前の遺跡は、どんな場所にあるのですか？

池田　海岸砂丘部と台地部分のちょうど境目のところです。沖縄の場合、海岸線は長くても一〜二キロ、短くて一〇〇〜三〇〇メートル程度ですが、砂丘列の後背地に住居を構えたり、砂丘が形成される海岸の窪地や台地の鼻先に住居を構えます。たとえば恩納《おんな》村の熱田《あった》貝塚、那覇市の那崎原《なさきばる》遺跡、奄美では長浜金久《ながはまかねく》遺跡や宇宿《うしゅく》貝塚です。

小野　その場所は水が湧くところだね。

池田　宜野湾《ぎのわん》市の宇地泊兼久原《うちどまりかねくばる》遺跡などでは、台地先端の湧水地を利用します。海岸砂丘の台地側には、隆起した石灰岩層中に浸透した水が湧き出る湧水点があるので、その場所を選ぶのでしょう。

小野　波照間島《はてるまじま》のブドゥマリ浜も砂丘上の段丘から水が出ていて、前浜のイノー（サンゴ礁に囲まれた浅い海）を使った漁業もできるから暮らしていける。逆に言えば、台地上では生活のしようがない。基本的にはそうしたスタイルだと思います。生活に必要なものがそろっている場所に住む。

高橋　遺跡の規模はどのくらいですか？

池田　大きな遺跡はなくて、竪穴住居が二、三棟で一つのグループになると思います。そのグループが二つくらいある程度です。人数にしたら三軒が一つのグループとすれば、一軒の住居に五～六人なら一五人～二〇人で、二つグループがあればその倍です。

小野　琉球弧では日本の縄文時代の大型集落よりも規模の小さい遺跡ばかりで、非常にコンパクトだね。

池田　食料や生活の根幹は自分たちのテリトリーの中でなんとかなる。ほかの石器素材などテリトリーの中では手に入らない品々を得るには、島ごとのネットワークを使うのだと思います。たとえば石器が一番わかりやすい。縄文段階から石器は沖縄島の山原《やんばる》や本部《もとぶ》半島、慶良間《けらま》諸島で取れた石材で作りますが、慶良間諸島の石材は那覇市内の遺跡で出るし、本部の石材は那覇を含めた沖縄島の中南部に広がります。採石方法はわかりませんが、人が移動することによって、素材を供給できるシステムがあると思います。自分のテリトリーで取れないものを手に入れるシステムは、縄文的なモノと人の交流をそのまま使い続けるのでしょう。

高橋　どんな舟で移動するのですか？

池田　沖縄の伝統的な舟がいつまで遡るのかよくわからないのですが、丸木舟が一番、的確だと思います。二隻、三隻を横板でつなげば安定はします。もちろん手漕ぎの舟で、帆を使うことはなかろうと思います。

小野　島ごとの物資の交流がないと暮らしは成り立たないから、島と島をつないで、ないものは供給しあう関係にあるし、それで成り立っているのが琉球弧の社会だと思うのです。そのときのシステムが何なのか、時期による違いがあるのかないのかは、別問題です。

池田　農耕が定着する以前のシステムをしっかりイメージしている研究者は少ないと思います。具体的に社会構造がどうなっていたか、物資の調達システムがどのように機能していたかという研究は、まだほとんどありません。モノを動かすことはしているけど、そのルールまでは解明できていないのです。

高橋　島同士の往来はよいとして、九州との行き来はどうしていたのですか？

池田　島同士の延長です。隣の島は見えるから、丸木舟でも島同士で伝達しあうネットワークはあり得ると思います。

小野　基本的にネットワークです。彼らが突然、九州まで行くのではなくて、一番近いところの島に順番に行くのでしょう。

村木　沖縄島周辺をまわる人、奄美諸島周辺を動く人、種子島あたりをまわる人がいて、お互いにリンクしているのではないですか。

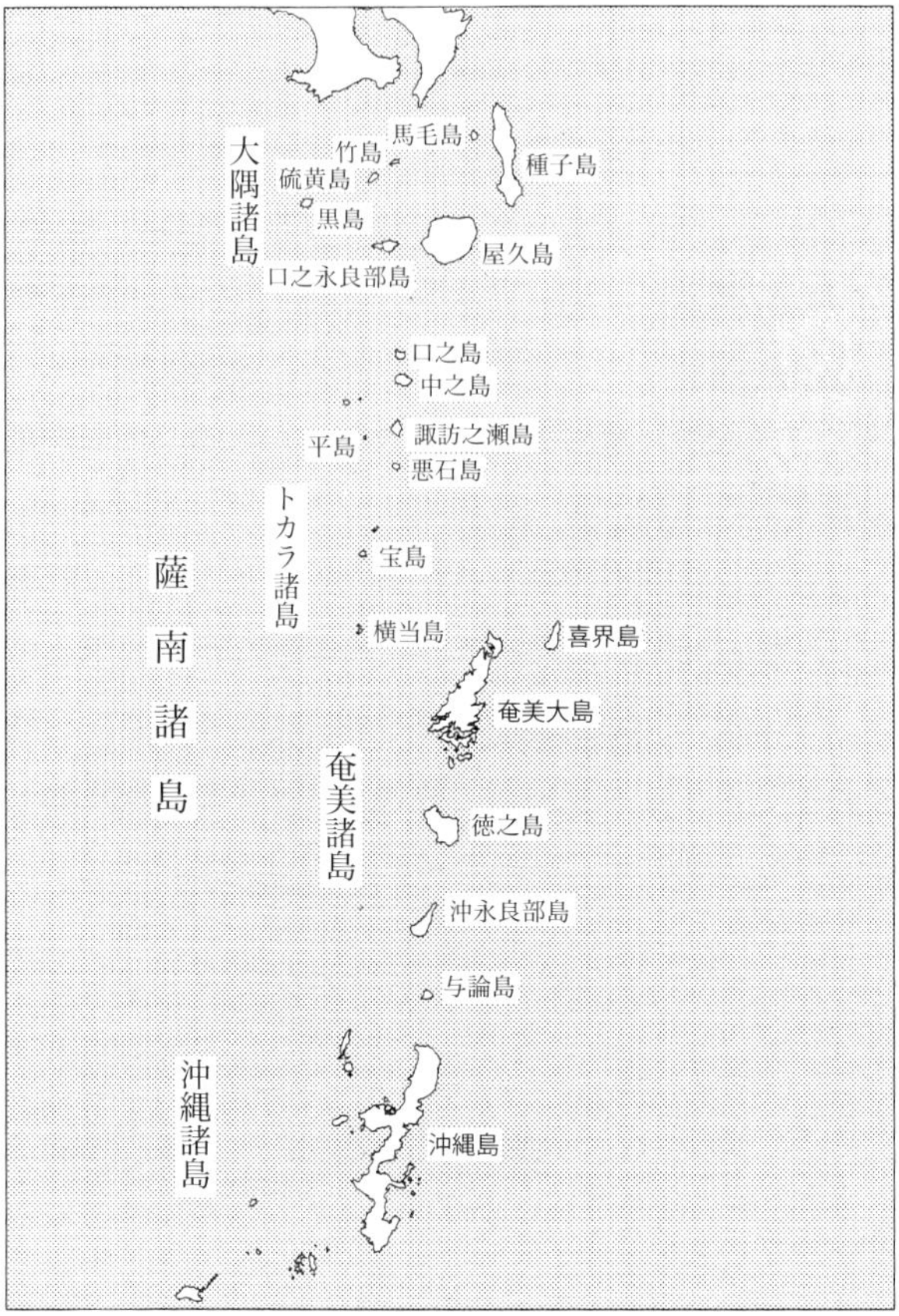

琉球弧北半の島嶼
（高梨修『ヤコウガイの考古学』同成社、2005年所収図を改変）

高橋　島同士が鎖状につながっていくと。

池田　舟を動かすのが得意な人たちと、そうでない人はいるでしょう。社会集団の中に航海の得意な人たちがいて、外からモノや情報を持った人たちが入ってくるわけです。

■古代の夜光貝交易

――　古代に九州から琉球に人が来る目的は夜光貝ですか。

池田　夜光貝でしょう。弥生時代の貝輪《かいわ》もありますが、熊本大学の木下尚子さんの復元によると、北部九州人が島伝いのネットワークを利用しながらやってきて、貝の調達をするのが最初の段階にある。その次に南九州の人たちが介在して、そのネットワークを引き継いでいく。古墳時代になると、種子島あたりを中心とした人たちが窓口になって交易をする。交易主体は北部九州から南九州、種子島と変わるけど、使うネットワークは同じだと思うのです。

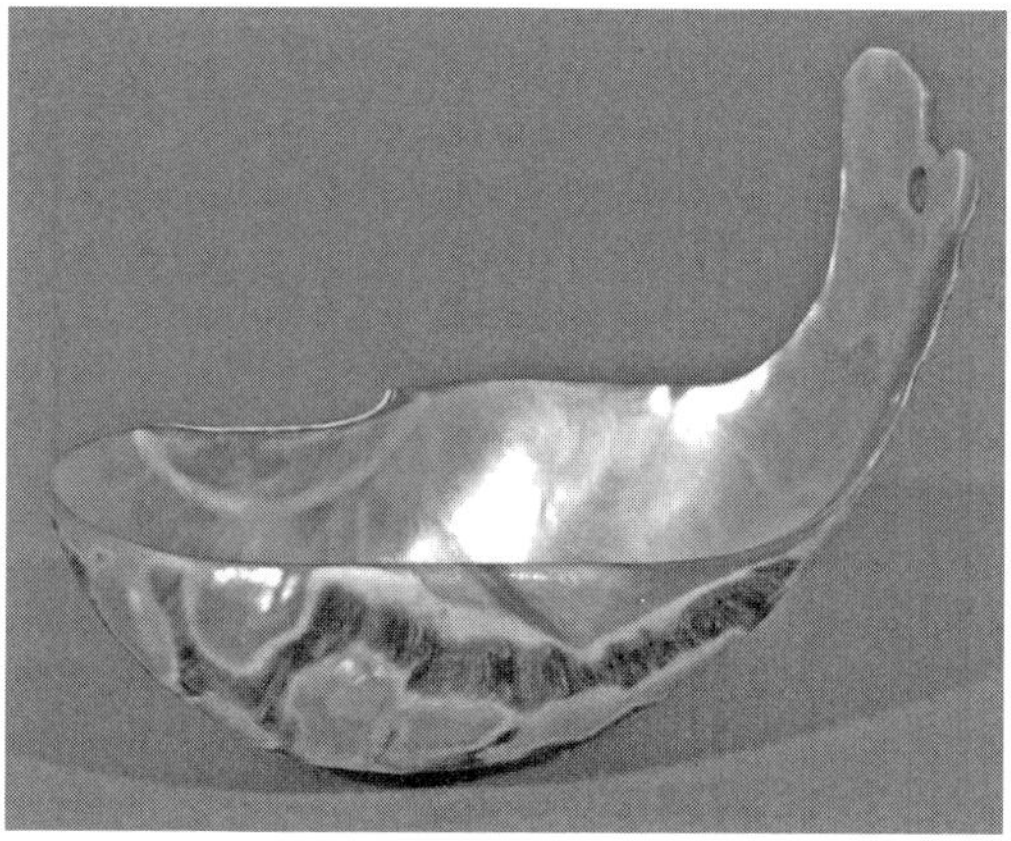

ヤコウガイ製貝匙のレプリカ
（高梨修『ヤコウガイの考古学』同成社、2005年）

でも北部九州の人が島に常駐してモノを調達するシステムを作ったとは思えない。あくまでモノの調達にやってくる人がたまにいるのです。弥生土器をみると、沖縄本島では北部九州や南九州の土器が一部入りますが、基本的に大隅半島から奄美で作った土器が多い。

次の古墳段階になると、沖縄では日本本土の人々との交流・交易の痕跡があまり見えなくなる。種子島あたりの人たちが動き始めるらしくて、彼らが使う土器は、須恵器・土師器ではなくて、地元の成川《なりかわ》式土器を使うので、この土器群と南の土器群が連動するように型式変化していきます。典型的な日本の古墳文化の土器がないのです。

古墳時代終わり頃の五世紀中頃～六世紀後半くらいに夜光貝の調達はあるけど、その痕跡はよくみえない。地元の兼久《かねく》式土器の型式編年からいくと、六世紀後半くらいに夜光貝の貝匙《かいさじ》生産は始まっていると言われています。この兼久式土器は十一世紀に消えて、沖縄島の在地土器は十三世紀でなくなります。外から入るカムィヤキや滑石製石鍋などがメインに変わる状況は、土器の変化で追えるのです。

高橋　弥生並行期や古墳並行期の集落遺跡は、立地などに変化はあるのですか？

池田　変わりません。

小野　夜光貝の生産はどの集落でもやるわけではなくて、かなり特化された、数えられる程度の遺跡に限られます。夜光貝は大和側との交流のシンボリックなモノではあるし、夜光貝を生産する集落にとっては大事な資源だけど、琉球弧全体が土器を含めて変わっていくときに、何かもう一つかまさないと、今ひとつ見えないですね。

――土器が変わっても集落の立地や生活環境は変わらない？

小野　変わらないわけです。

池田　夜光貝の調達は、在地ではなくて、調達する側の問題です。夜光貝の貝匙も大量に必要でないとすれば、奄美大島の北部で夜光貝の採集できる場所の中で、なおかつ技術的に貝匙生産に適した貝を採集する遺跡として、名瀬市のフワガネク遺跡が選ばれたと思うのです。フワガネク遺跡以外にも奄美大島北部には夜光貝をストックするような遺跡があって、夜光貝生産を支える地域のネットワークがあると思うのです。

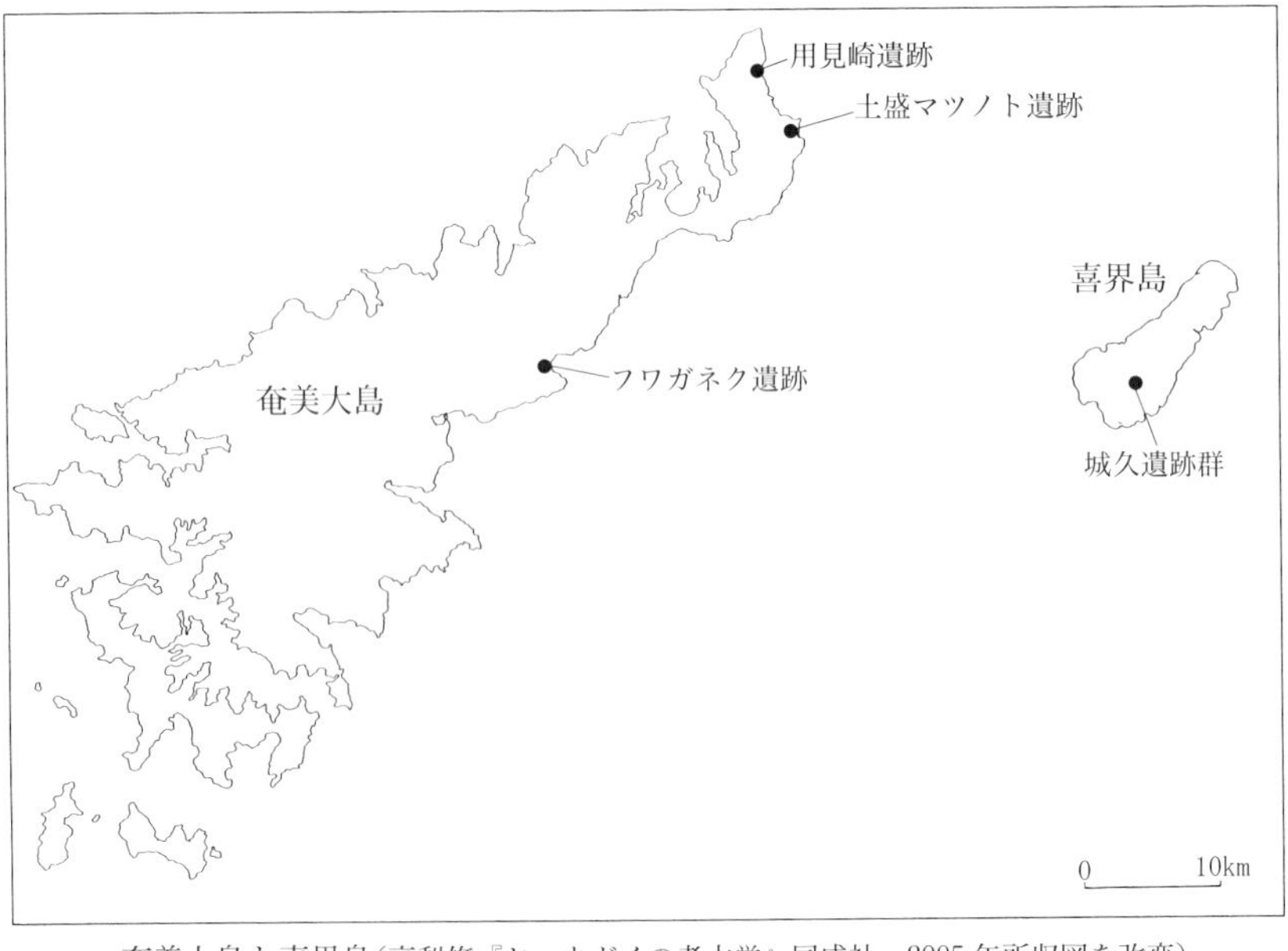

奄美大島と喜界島（高梨修『ヤコウガイの考古学』同成社、2005年所収図を改変）

でも琉球の多くの遺跡では集落立地など何も変わらないままですから、在地社会を変えるようなインパクトは与えていない。奄美諸島の中で夜光貝がたくさん出るのは、用《よう》見崎《みざき》遺跡（笠利町）や土盛《つちもり》マツノト遺跡で殻は出ますけど、貝匙を生産している痕跡はありません。夜光貝の貝匙生産遺跡はフワガネク遺跡だけです。貝匙の生産もオーダーがたくさんあるわけではなく、特化しているところで生産して、オーダーがなくなったら作らない状況でしょう。

貝匙をオーダーするのは、朝鮮半島につながる九州の人たちです。夜光貝の貝匙は福岡県行橋市の竹並横穴群で六世紀段階のものが一つ、あとは基本的に韓国の古墳で副葬品に使われています。明らかに交易品です。だから古墳文化が終わると、貝匙も作らなくなるのです。フワガネク遺跡は六世紀後半〜七世紀初めころで終わるので、韓国の貝匙盛行期とは少しズレはありますが。

村木　日本で酒の盃に使う夜光貝・螺杯《らはい》は、もっと遅いですね。『小右記』（永観二年〔九八四〕十一月十二日条等）や『政事要略』（巻二八・賀茂臨時祭、一〇〇二年頃）、『江家次第』（巻六・石清水臨時祭、一一一一年頃）などに出てきます。

池田　『枕草子』一四二段は「かはりかはり盃とりて、はてには屋久貝といふ物して飲み立てつ」とあるから貝殻で飲むのではないですか。

小野　屋久貝と書いてあっても、まさか貝殻で飲むことはないと思う。いわゆる貝匙なのか、盃型なのか。取手がついているかどうかだね。

池田　耳盃型《じはい》だったらカットして磨けば使えるので比較的作りやすいですね。

小野　耳盃のほうがいい。貝殻で飲んでいる姿はあまりいただけません。

池田　そうですね。

——　北部九州などの人たちが島の人にオーダーして、都まで持っていくのですか？

池田　調達する人たちは、大隅国に赴任している受領クラスです。彼らが都の貴族たちにプレゼントするために、島のネットワークを使うのでしょう。島同士のネットワークが解明できていないのに話をするのは危ういのですけど、喜界島で九世紀あたりに本土系の人が住み着くのも、そのあたりと連動するのかなと思うのです。

平安時代になると、南九州系の土師器が出土し始めます。その分布は喜界島を中心とした地域と、奄美大島の北部でも出ますから、モノが拡散する方向性をもっています。

そして十一世紀になると、一気に拡散し始めます。シンポでも言いましたけど、島の需要と特産物だけの問題ではなく、人が来ない限りは、モノはそれほど広がらないというのが僕の到達している今の結論です。人が移動するには、プル要因とプッシュ要因がありますけど、琉球弧が人を引きつけるのではなくて、押し出す要因は何かないのかと考えたのです。琉球弧の産物が交易品として重視されたからといって、いきなりたくさんの人が宮古・八重山まで行くとは思えない。何かそこに、人が移動する理由がないのかなとシンポでも言いましたが、結論は出なかったですね。村井先生は東アジアの海が縮まるという言い方をされていましたが。

高橋　十三世紀後半には、宋元交代の混乱の中で、福建から直接琉球へ渡るルートが現れますね。

小野　一つの要因で大きな変化が起きるのではなく、いろいろな要因が重なっていたはずです。池田さんは外からのインパクトで動くと言うけど、何が契機になったのかです。

——　南の世界で気になるのは船です。中国の大型船が登場して人の移動が大量にかつ頻繁になれば、いろいろなものが入り込むでしょうし。

小野　それはどっちの都合？　船が来ることによって島の人が欲しいものが手に入るという論理なのか、それとも大和側がこれまで細々とやっていたのを航海技術に長けた中国商人などが介在することによって、もっと簡単に船が動いて入るようになるのか。要するにどちらの論理で大きく変化していくのかです。船が発達したから人が来るということではなく、船は手段であって、何か原因がないとね。

池田　たとえば硫黄がありますね。

小野　それは特定のピンポイントな材料で、硫黄などのある特殊な島の産物が大きな原動力になって、それだけで多くの人が動くことはないね。夜光貝もそうでしょう。夜光貝の場合は下支えする島があったけど、琉球弧の中に大量に人が動くような、必然性がよく見えてこない。

——　十一世紀には京都で御願寺造営が盛んになるので、螺鈿材の夜光貝が大量に求められたのかなと思ったのですが。
池田　平泉中尊寺の金色堂は十二世紀ですね。
小野　螺鈿はまた全然別ですので、いわゆるモノとしての商品がどこまで遡るかです。
高橋　人が琉球に行く動機ですね。
池田　シンポでも言いましたけど、島の中だけではそれがどうも説明できないのです。結果としての現象は見えるけど、動機がわからないところにたどり着いているのです。

2　大和系文化の第一波

■大和系文化の南下

高橋　カムィヤキ・白磁・滑石製石鍋の三点セットですが、これまでは在地の人たちが欲しがっていたモノで、それを持っていくことによって、たとえば夜光貝などと交換してくるという解釈だったと思うのです。池田さんの報告はカムィヤキも滑石模倣土器も、在地の人が欲しているモノではないという話でしたね。
池田　そのことを最初に言ったのは高梨修さんです。喜界島で出土するカムィヤキを調べたら、完形品のカムィヤキの壺が出る確率は南島の中でも圧倒的に喜界島が高かったのです。高梨さんは喜界島の城久《ぐすく》遺跡群に供給するためにカムィヤキを作っていたのではないかと言ったのですが、その主体者となる人間を考えると、もともと陶磁器などを知っている大和系の人たちのニーズに応えるため、カムィヤキ生産が開始されたと考えたほうがよいと思うのです。
小野　ただそこで問題は、カムィヤキの器種には壺と鉢しかないことです。大和から島に移住した人たちのニーズがあるとすれば、大和の人たちはそれ以外の器種を知っていたし、その供給のほうが嬉しかったと思うのです。カムィヤキの器種が壺と鉢しかないとすれば、本当に大和の人たちのニーズに特化したものなのかどうか、そこがよくわからない。とくに甕がないのが問題です。
池田　十一世紀後半の南九州を含めた九州の焼き物は壺・甕・鉢ですが、カムィヤキでは器種構成に甕はあるけど数が少なくて、メインの器種は小・中型の壺です。五〇〜六〇《チセン》くらいの壺がたくさんあって、大きな甕がないのは、古代末の九州の陶器生産のあり方とそれほどズレていないのです。
小野　そんなに大きな壺があるのですね。
池田　玉縁の白磁碗を真似した碗もあるし、注口を持っている壺もあります。多様な器種をオーダーに合わせて作ろうとしているけど、大量生産化していく中で、壺と鉢に特化している。九州の状況をみると、器種構成の中で碗皿の類は貿易陶磁器でまかなっていて、木器もあるのではないかと思うのです。

カムィヤキ（城久遺跡群出土）

白磁２類（城久遺跡群出土）

滑石製石鍋破片（城久遺跡群出土）

小野　木器は沖縄にもあるでしょう。
池田　沖縄ではあまり木器が出ていないので、器種構成としてはカムィヤキが壺・甕・鉢の機能を果たして、碗皿類は中国産の白磁などでまかなうと思うのです。でもこれはごく限られた人しか使いません。
高橋　カムィヤキを作っているのは在地の人ですね。
池田　作るのは高麗から連れてきた人たちと、日本本土から来た人たちも含むでしょう。

小野　最初の技術指導はそうだと思うけど、その後はあれだけの窯を大量に作るのを外の人たちがやっているとは思えない。

池田　そうですね。十一世紀後半から十三世紀後半まで操業していて、窯の数として支群が二二箇所あって、窯の推定総数は一〇〇基を超えるほど、相当に大規模ですから、在地の人も生産に携わるのでしょう。

村木　カムィヤキを作り始めて、徳之島の在地社会が変化していく様相はあるのですか？

池田　わからない。カムィヤキと在地社会がつながっているとは、どうも見えないのです。

小野　ところで、木器や漆製品は沖縄では出るのですか？　特殊な器形ではなくて碗皿類の漆とか。

池田　漆は覚えがないですね。浦添ようどれの中には漆製品はありましたし、百按司墓《ムムジャナバカ》の厨子は十二世紀まで遡ると言われていますが、本土から持って来たものかもしれません。

小野　というのは、大和系の人たちのニーズだとしたら、単に中国の焼き物だけではなく、日常的に使う漆の碗皿の需要はあったと思うけど、そのあたりが見えないね。ないものねだりかもしれないけど、その時期の大和系のモノって、他に何がありますか？　たとえば鏡など日常的なモノがいろいろありますね。陶磁器以外に日常的な什器のセットは何なのか、木製品はないのか、箸はないのか、といったことが知りたいね。大和系だったらスプーンではなく箸だろうという話だけど、そうした基礎的な部分がまだ見えないね。南九州では十三世紀くらいの墓には、刀子やハサミ、太刀、鏡、陶磁器といった副葬品があるのに、なにかしら副葬品を入れるだろうと思うけど、十二・十三世紀代の後兼《くしかね》久原《くばる》遺跡（中頭郡北谷町）で墓をいくつか掘っていますが、副葬品はなかったね。

池田　そうですね。今のところ墓の中から漆器などの副葬品が出た話は聞かないです。

小野　そのあたりが検討する鍵になりそうです。もし大和系だというにしても、その人たちの性格付けをするときのヒントがそういうところにあるような気がします。

池田　十一世紀以降に琉球弧にやってくる人たちは、島の人とは違う社会構造をもっていて、当初は住み分けていたと考えています。喜界島は一気にたくさん住み着いて、島の人はあまり数がいない可能性が高い。沖縄本島では、落下傘みたい外来者がやってきてモノを持ち込んで、小さなコロニーを作り、次第に在地の人たちと関係を作って土着化していくのですが、その過程を具体的な遺構・遺物でどのように証明するかはこれからの課題です。

小野　喜界島の第一段階では今のような理屈が語りやすいと思うけど、次の段階で沖縄本島から先島まで広がっている様子をみると、もうすでに「大和」でもない、「喜界島」でもない、もう少しマージナルな形で融合した母体が琉球弧にできて、その母体から先島に広がっていったと見たほうがいい。どこか一箇所の様相が色濃く出るという問題ではないような気がするのです。典型的な吹出原型掘立柱建物の分布にしても、南九州にもみつからないし、喜界島にさえないわけです。そのルーツを探しようがない状況にあると思うのです。

▩吹出原型掘立柱建物を問う

高橋　吹出原型《ふきだしばる》掘立柱建物の始まりはいつ頃ですか？

池田　十二世紀〜十三世紀です。吹出原型掘立柱建物は、中柱をもつ主屋と高床倉庫のセットだと読谷村教育委員会の仲宗根求さんは言っていますが、確かに南九州に当てはまる例はないですね。

小野　仲宗根さんは喜界島城久遺跡群に一例あると言っていますが、亜種のような感じです。そうした亜種も含めて考えると、わりとドンドン変わりながら広がるようなので、ルーツが一箇所だと限定的にみるより、新しいものが沖縄のどこかで生まれてインパクトを与えながら、広がっていったと考えたほうがいい。最初のインパクトは大和系かなとは思うけど、それに見合う大和側のモノが伴わないことからすれば、すでに「大和」といった意識のない人たちが関わっているのではないかという気がします。

池田　内在化の結果として、吹出原型掘立柱建物ができあがる時期があるということですね。十一世紀代にモノと人が入り始める段階があって、十二世紀に土着化した家屋構造などの様々な文物の構成要素が定式化していくと考えたほうがいいですね。

小野　そこで大事なのは、大多数の集落が吹出原型掘立柱

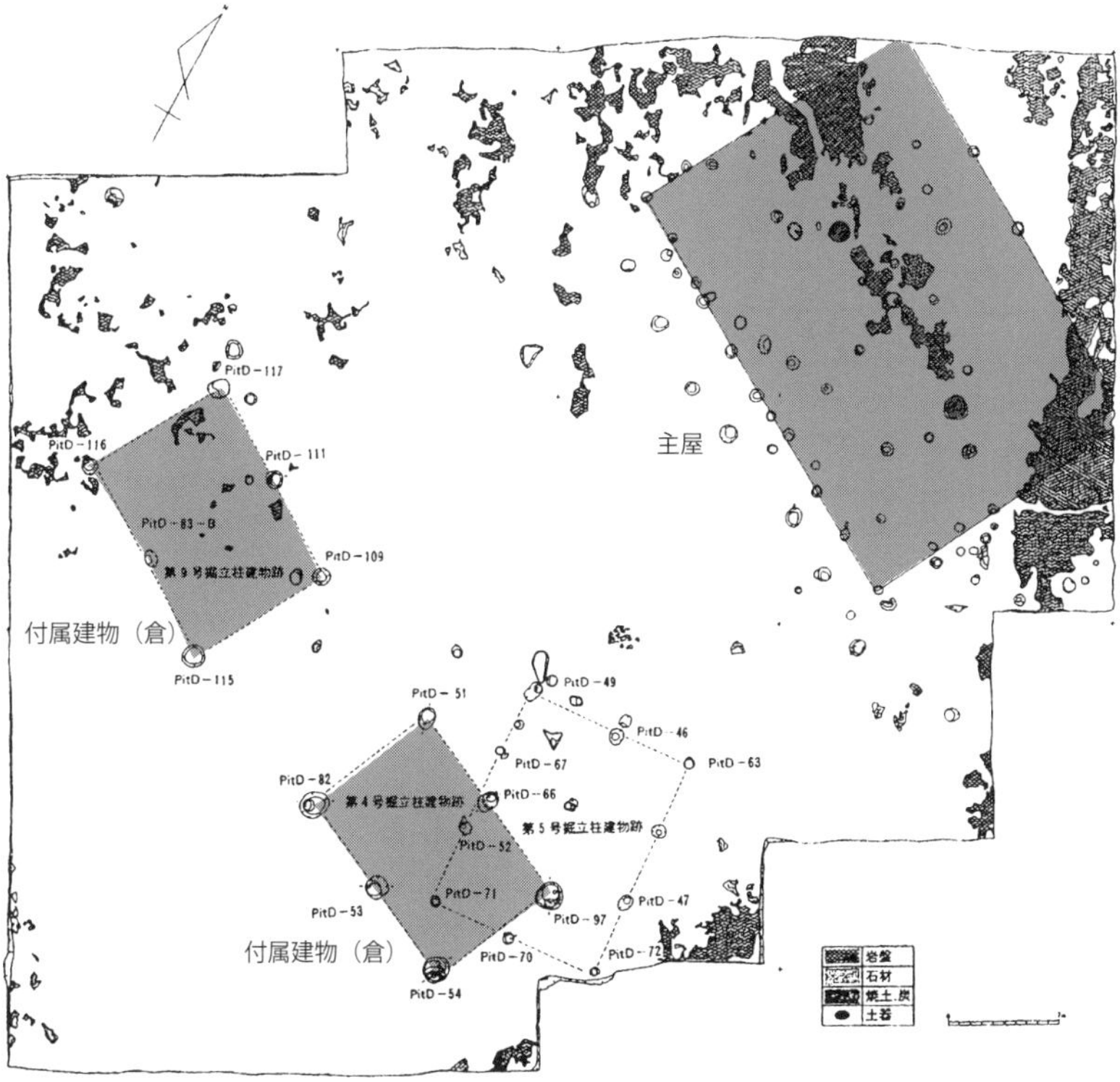

吹出原遺跡遺構平面図（読谷村教育委員会 1990 に加筆）

建物に変わらないことです。彼らが担っていた、たとえば流通に関係している人たちなど、特性ある役割を持った人たちの中で吹出原型掘立柱建物をもった集落が作られていく。そこがミソかな。

――吹出原型掘立柱建物のある遺跡は、琉球弧のあちこちにあるわけではない？

小野　宮古島などにもあるけど、その島全体にあるかというと、そうではない。やはり限られた集落として吹出原型掘立柱建物がある。ただし、琉球弧の中では点々とあるのです。そこが意味の深いところです。島全体に同じ集落が広がるのではなくて、宮古島などの先島まで分布はしているけど、決して大多数の遺跡として面的に広がるわけではない。点として琉球弧内に広がりがあるのだから、少し特殊な意味づけがあると思うのです。これまで吹出原型掘立柱建物は、海沿いの集落に多いと思っていたのだけど、高い山にもあるの？

池田　宜野湾市の米軍海軍病院の遺跡は一〇〇メートルくらいの高さにあります。同じ宜野湾市の伊佐《いさ》前原《まえばる》遺跡は標高二〇メートルの砂丘の少し上です。

高橋　たとえば交易を担っている人たちに特化した集落であるといった考え方も可能なのですか？

小野　私はそういう思いがあったのだけど。

池田　吹出原型掘立柱建物は砂丘部にはないので、農業経営と交易に主として関わる人たちの遺跡に多い気がします。交易には不便ですが、周辺を見渡せるし、浜辺の港と農業生産の両方に目配りが効く場所に自分たちのコロニーを作るのだと思います。吹出原遺跡(読谷村)も台地上にあって、地形としては海が見える丘の上です。風の防風林になる森が背後にある丘陵斜面に遺跡が作られています。

村木　吹出原型掘立柱建物を設定したときの発想は、高床倉庫が穀物倉でしたね。

小野　発掘資料だから簡単に言えないけど、遺物のセットを見ると、それほど特別なものは持っていないし量もないから、卓越した集落という感じではないね。高床があるから富を蓄積したんだと言うけど、それでいいの？

池田　遺物はグスク系の土器プラス一部陶磁器が少し出るくらいですね。吹出原型掘立柱建物はグスク式の住居だと評価されてはいるけど、遺物の組み合わせまで分析していないので、宿題にさせてください。もう少し整理してみます。

高橋　土塁などの防御的なものはないのですか？

池田　ないです。丘の上に主屋と付属建物の組み合わせがいくつかあって、まわりに空間地があり、その組み合わせが集落をなしていくというイメージで、堀や柵で囲う例はないのです。

■鉄問題

――吹出原型掘立柱建物のある集落では鉄を生産していたということですが。

小野　三点セットのほかに、鉄の問題があったね。島々にとって鉄はかなりニーズがあるから、なにか大きな変化は起こらないのですか？

池田　小鍛冶の遺跡が増えるは十一世紀以降で、集落内で加工を始めます。弥生から古墳段階の鍛冶遺跡は奄美大島のサウチ遺跡(奄美市笠利町)で鞴羽口が一個出ています。この遺跡が一番古いと思うのですが、他に遺跡がない。奄美のフワガネク遺跡は鉄を使った釣り針も出ているので、鉄を加工していたと思うけど、その他の沖縄県内の遺跡では、製品は出土しても、小鍛冶の遺跡がほとんどないのです。

小野　そこですよ、一番大きな分かれ目は。

池田　十一世紀に入ると、集落内に小鍛冶の遺構がかなり出てくるので、製品を受け入れるだけでなく、鉄を使いこなして再加工する技術も入るのです。しかもかなりの数で入ってくる。鉄の技術は、人間がいっしょでないと入らないでしょう。

伝説では察度《さつと》王や尚巴志《しょうはし》は鉄を手に入れて、鉄を農民に分け与える形で権力を掌握していくという話があるので、十四世紀段階なら、鉄の加工技術と素材の入手が大きな権力につながることはあるのだと思うのです。ただ、グスクや集落を掘っても鉄の所有関係はわからない。村やグスクで管理していて貸し出すような形だったのか、あるいは個人所有なのか。三山時代の鉄であれば、農具を作って分け与えると農民が喜ぶというのではなく、農具を使って労働に狩り出していたのではないかなと想像します。

■喜界島と城久遺跡群

高橋　少し話題を変えましょう。大和系の人たちが琉球に来る動機に関して、文献史学でよく引き合いに出されるのは、南蛮の海賊を退治するために奄美に大宰府から命令が出て、それを受け入れるだけの組織が奄美にあって、それが喜界島の城久遺跡群ではないかと言われています。政治的な意図をもって大和から人が送り込まれ、南島支配の拠点を設けたのだという見方ですが、この考え方はどうですか？

池田　最初の頃は、喜界島の遺構と遺物のあり方が在地の歴史展開の中では説明できないものなので、大宰府の出先機関があっても良いのではないかと話をしていたのですが、考古学的には証明できませんでした。喜界島城久遺跡群全体を見ても官衙らしい遺構がないからです。遺構論で判断できないのは表土が全て吹き飛ばされて柱根だけしかなかったからで、そこから遺物の組み合わせを判別するのも非常に難しいし、掘立柱建物は四〇〇棟から五〇〇棟あっても、住居の年代を決める情報は建物の方向しかないのです。同時期にどのくらいの建物が建っていたのかもわからない。

高橋　物資の調達がそれほど強い動機にならないのであれば、政治的な圧力がないと、人が一気に入ることは考えられないのではないかと素朴な疑問としてありますね。

池田　文献史学の立場からすると、そうだろうと思うのですが、考古学ではわかりませんね。

高橋　喜界島に何をしに来たのでしょうね。なぜ喜界島なのでしょう？　奄美大島でもよさそうに思うのだけど。

池田　喜界島は小さいからだろうと言われています。二〇〇㍍の比高がある高い島でハブもいないし、島には東と西に入江があって大型船が碇泊できる港もあります。

城久遺跡群：山田半田遺跡の建物跡
（澄田直敏・野崎拓司「喜界島 城久遺跡群」（『古代中世の境界領域―キカイガシマの世界』高志書院、2008 年所収）

小野　喜界島に最初に行ったとき、大宰府の出張所がみつかったという話でしたが、官衙的な様相なんてなくて、なんだかわからない建物がたくさんあって、大宰府の出張所ではありえない。北の世界では中央の出先機関はきちんと中央のコピーをしていて、北の世界からみれば公的な形で喜界島に移住があったとは思えない。ではなぜ、喜界島に大和系の遺物が入り、新しい様相として人が行くのか、その理屈は何でしょう？

池田　むしろ民間ベースで考えたほうがいいと。

小野　民間ベースで行くときの契機、餌は何かです。そこが気になります。池田さんに確認したいのは、喜界島では最近、海岸に近い方が発掘されて、新しい時代がわかってきましたね。喜界島が今見えている姿だけではなく、今後発掘される余地はあるのですか？

池田　城久遺跡群は十二世紀前半までの遺構がたくさんあって、十二世紀後半以降に遺構が少なくなって、喜界島の役割は終わるのかと思ったら、海岸部に十四世紀から十五世紀中頃までの大規模な集落が出ていて、山の上から海岸部へ機能が移っているのは確かです。喜界島のポテンシャルは、十五世紀半ばまで継続しているのです。

なぜ喜界島に人が来るのかを考えると、北と南の中間地点、入口・窓口の意味しかないですね。喜界島が持っている要素としては、北から入りやすい島なのかなと思うのです。喜界島からは奄美諸島も徳之島も見えますし、舟で渡ることもできる。ところが奄美大島に行くと隣の島が見えない。そうしたロケーションからしても喜界島がいいのかな。目視できるのは航海では大事ですしね。第一尚氏は喜界島を滅ぼすことによって奄美の統合を図ろうとしますが、これに対抗した日本的な拠点が喜界島なのでしょう。

小野　喜界島あたりが国境のようになれば、それが根っこになって広がっていくのでしょう。大和との国境線という意識はあるのでしょうね。

■十二世紀代の第一波

池田　三点セットが広がるのは十一世紀後半から十二世紀前半、吹出原型掘立柱建物は十二世紀から十三世紀にかけて成立していくとすれば、沖縄本島から吹出原型掘立柱建物のような情報が宮古・八重山あたりまで伝わっていくまでの時間幅は、どのように考えておられるのですか？

小野　沖縄本島までとその先はものすごく落差があるという気がするのです。陶磁器をみていると、先島は十一世紀後半～十二世紀初頭の大宰府編年C期の遺物は一万単位の遺物で一〇点くらいだから、第一波の十二世紀代より少し後にズレる気がします。遺物の中心は十三世紀後半以降ですから、宮古・八重山はこの段階ではないのかな。

池田　一気に先島に行かず、ワンクッション考えたほうがいいと。

小野　沖縄本島で新たな文化形成があって、次の段階に沖縄島発で先島に行くのではないかと思います。

池田　これまで同時並行的に考えていたのですが、その説明であれば、非常にわかりやすいです。気になるのは、宮古・八重山の土器の変化です。土器の組成では、在地土器が滑石の石鍋を模倣している状況は沖縄本島も先島も同じなので、時間軸は同じだと考えていたのです。沖縄本島周辺でグスク系土器が出土するのも同時並行に進むと思っていたことをどのように捉えるかです。

小野　私があくまでこだわるのは、吹出原型掘立柱建物という特定の集落の動きと先島に滑石混入土器が行く論理とは別ではないかということです。

池田　吹出原型掘立柱建物が成立した後に分布が広がることと、文化様相が先島に伝わっていくのは別だと。

小野　そこを分けて考えたほうがいいと思う。

池田　そうか、それを分けるわけですね。そうすると、最初の第一波は及ぶけれども、次の波の影響が大きいということですね。

小野　先島では十二世紀代の土器は数えるほどしかないので、第一波の波は弱い。

池田　いわれてみれば、宮古・八重山でも滑石製石鍋の模倣土器はたくさん出ていませんね。北からのインパクトを型にはめて考えるのではなく、島ごとの波の大きさも考えたほうがいいですね。僕らは沖縄本島から先島に一気に動くと考えていたので、波長が違ったり影響が違ったりと、いくつかの段階があることを考えないといけないようです。

3　グスクを考える

▩グスク論争

高橋　そろそろグスクを取り上げたいと思います。いわゆるグスク論争で私が理解しているのは、グスクの原初的形態は集落・共同体の聖地があって、その中から聖域を含んだ有力者の居城が出てくるとするのが定説化しているように感じていますが、そこはどうですか？

池田　グスクとは何かというのは、伊波普猷先生も含めた言語学者が「グ」は敬称で、「スク」は要塞の「塞」の字で、囲まれた場所を指す意味合いがあるから居城説が出てくるのです。その後、仲松弥秀先生がグスクとはもともと墓があった場所を取り囲む形で成立していくのだから、根源的なものは墓を含めた聖地だという説を提示します。そこに嵩元政秀先生がグスクの中には名も知れず石垣がめぐっているものもあって、それはもともと集落であって、集落の中から特定の家族が住むところの按司の居城・グスクになっていくと唱えるのです。

小野　グが付かないでスク・シュクなどもあって、根っこの意味だと言われているね。先島では集落遺跡に「――スク」とつく例がありますね。

池田　そうですね。グスク論争の当初は、語源とグスクのオリジナルは何だという議論でしたが、高良倉吉先生がグスク・モデルを作り、時間の経過の中でグスクも変わっていくだろうから、いろいろなものが付与されて、複合的な要素をもつのだという説を出されるのです。

一九七二年に沖縄が復帰した後、大規模グスクが国指定になるとき、整備に向けた発掘調査が進み、今帰仁グスクの場合、遡っても十三世紀後半、十四世紀前半から構造化が始まることがわかりました。そうすると、集落から構造化したグスクへの転換が十四世紀代に位置づけられるとすれば、グスク時代はいつから始まるのかという議論になるのです。それまでグスク時代には、農耕が始まって、グスクを作る社会となり、琉球王国につながる段階までを考えていたので、農耕とグスクの始まりを同時並行で考えていたのです。

しかし、ここにズレが出てきたので、安里進さんが農業

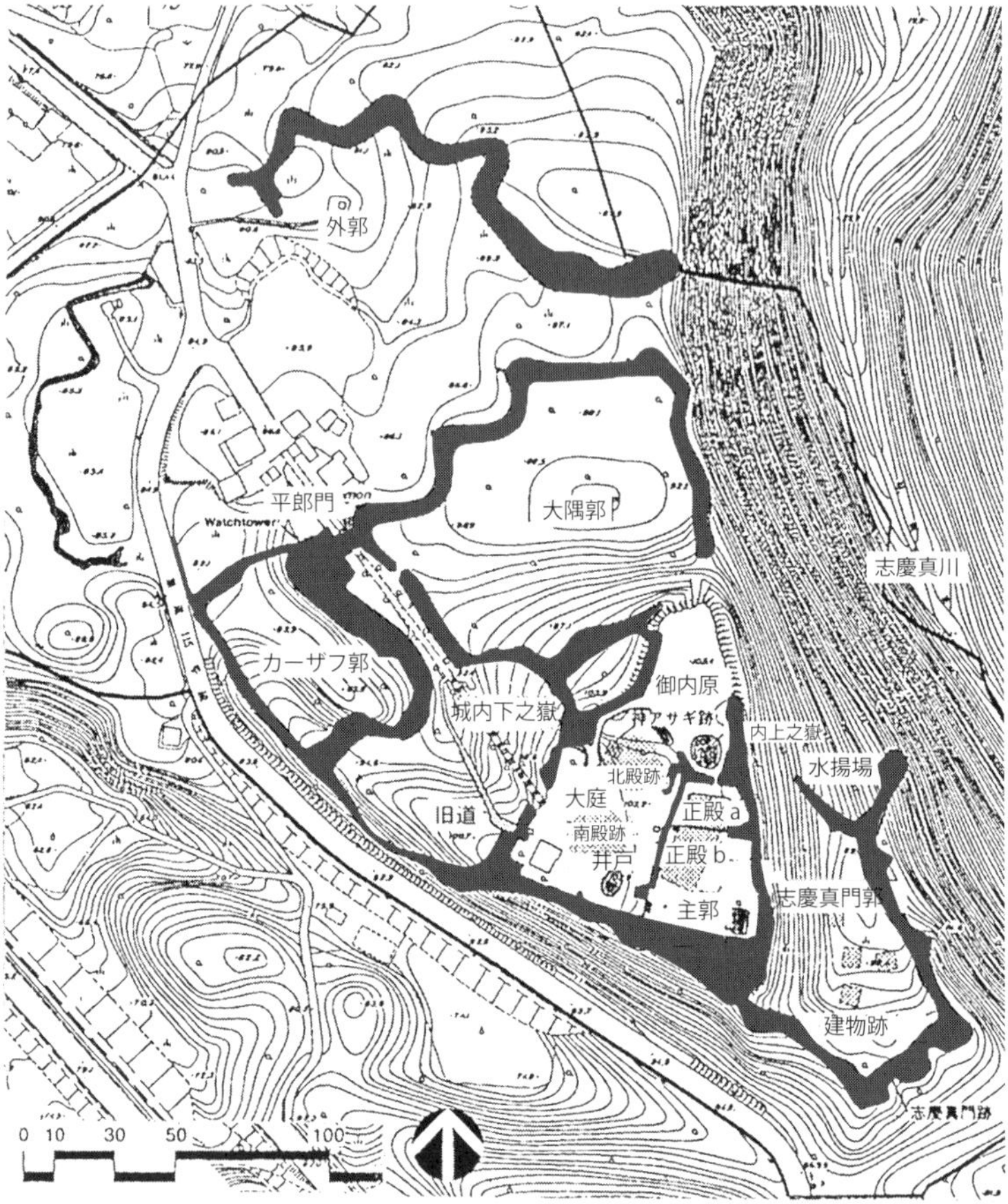

復元平郎門(内側から)▶

今帰仁グスク平面図(金武正紀「考古学からみる今帰仁城跡の歴史」『グスク文化を考える』新人物往来社、2004 所収図を改変)

生産の始まる原グスク時代と政治的な社会のグスク時代に分けようと提唱します。となると、グスクの研究は支配者の居城になっていくプロセスに議論が集中します。では、支配者の居城としてのグスクの成立過程は、どのように展開していくのか。嵩元先生が言うように支配者の居城とは思えないグスクもたくさん存在するわけで、本当にグスクは支配者の居城だけなのかという議論になって、またまた混沌としてきます。現在の研究では、グスクの発展段階論と集落の成長過程を組み合わせて説明しようとしているのですが、なかなかうまくいかない。

――グスクの構造化とは何でしょう？

池田　石垣で囲まれた中に基壇建物（正殿）があって、何らかの儀礼をするような空間ができあがるというのを考えています。

■多様なグスクのあり方

高橋　大規模グスクの中でも切石を使った石垣のある巨大な今帰仁や浦添、勝連がありますね。グスクがこうした形になるのは、時期的にはいつ頃ですか？

池田　大規模グスクの構成要素である石垣と基壇建物（正殿）が登場するのは、十四世紀前半から中頃です。粗製白磁（ビロースクタイプと今帰仁タイプ）の分析によると、今帰仁では丘の上に人が柵列をもって住み始めるのが十三世紀後半、まわりに石垣をめぐらし、翼廊付きの基壇建物ができるのは十三世紀末〜十四世紀初頭で、グスクの構造が整うのは十四世紀中頃くらいと考えています。

今帰仁グスク大隅郭の復元された石垣

沖縄本島南部の琉球石灰岩がある地域では石垣に切石を使いますが、今帰仁グスクは岩盤の上にあるから切石ではなく岩盤の割石を野面積みにしています。今帰仁の石は横長に採れるので、虎口の部分などに横積みしていますが、ただ単に積むのではなく、計画的に石垣を組む技術は持っています。

十四世紀前半にその技術がどこから入るのかは、いまのところよくわかりません。韓国の山城の石垣にも似ているので、韓半島からの影響だという説もありますが、この時代には陶磁器など中国からの情報が多く入るから、基本的には中国的な技術だろうと思います。

大規模なグスクになるのは今帰仁が一番早いのですが、安里進さんは浦添グスクと浦添ようどれの高麗瓦、浦添ようどれの厨子などから、浦添グスクは十三世紀後半に構造化していると言います。でも、他のグスクの発掘情報とあ

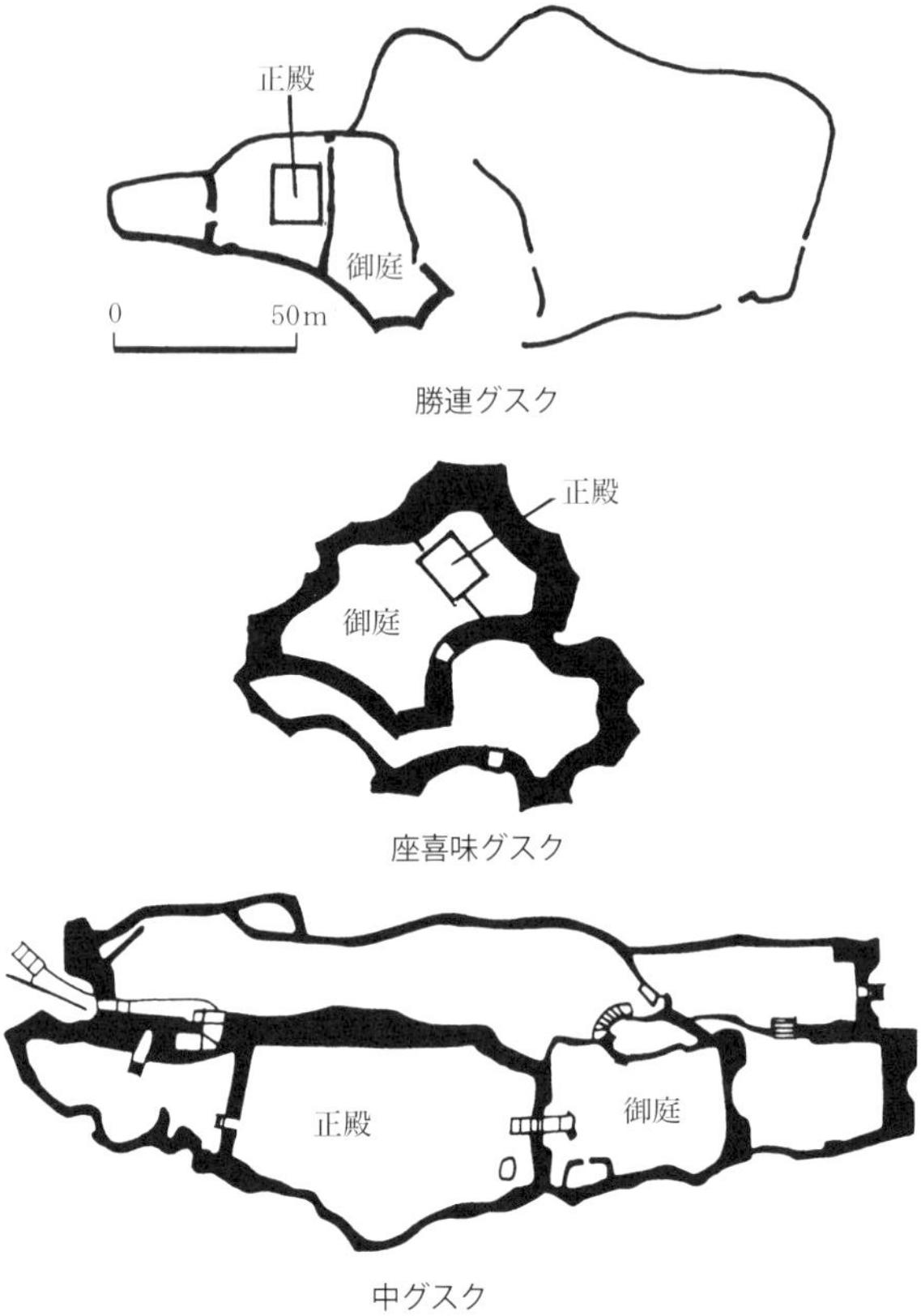

勝連・座喜味・中グスクの石垣・正殿・御庭
(『図解・日本の中世遺跡』東京大学出版会、2001 年所収図を改変)

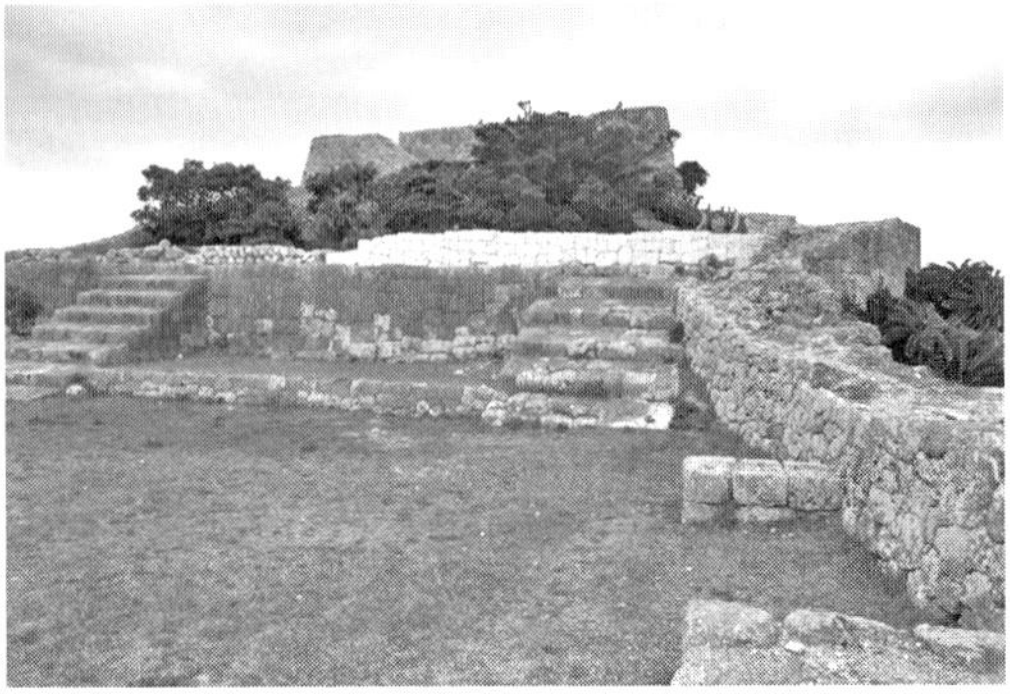
勝連グスク正殿(御庭から)

わせて考えれば、十四世紀前半にならないと構造化しないだろうとみています。
高橋　構造化された大きなグスクは、例外的なものですね。
池田　沖縄本島と周辺離島でグスクは約二二〇例ありますが、石垣と基壇建物のセットを持つのは二〇例ほどで、ほぼ一割です。
高橋　他のグスクの成立時期はいつ頃ですか？

座喜味グスクの門跡

中グスクの石垣囲い

池田　十四世紀中頃に構造化していくのは今帰仁・浦添・勝連で、座喜味《ざきみ》グスク（読谷村）・中《なか》グスク（北中城村）・大里《おおざと》グスク（南城市）はその後になります。石垣は一部しかない大城《うふぐしく》グスク（南城市）も、糸満市の南山《なんざん》グスクも、石垣のない北部の名護グスクも同じ時期かもしれない。大宜味村の根謝銘《ねじゃめ》グスクも石垣はないけど、グスクとしての機能はできあがっていそうです。その意味でいうと、十四世紀中頃以降は拠点的なグスクができあがる時期になります。
高橋　沖縄本島に集中しているのですか？
池田　宮古・八重山ではスクやシュクと言われている遺跡は合わせて三〇〜四〇例しかないと思います。奄美諸島全体でも山に堀切などがある例は五〇〜六〇箇所です。悉皆調査をすれば増えると思いますが、石垣を持った沖縄本島的な要素を備えているのは、与論グスクと沖永良部島の後蘭孫八《ごらんまごはち》グスクです。グスクの文化は沖縄本島から奄美に上がっていくもので、沖永良部と徳之島の間が境目にな

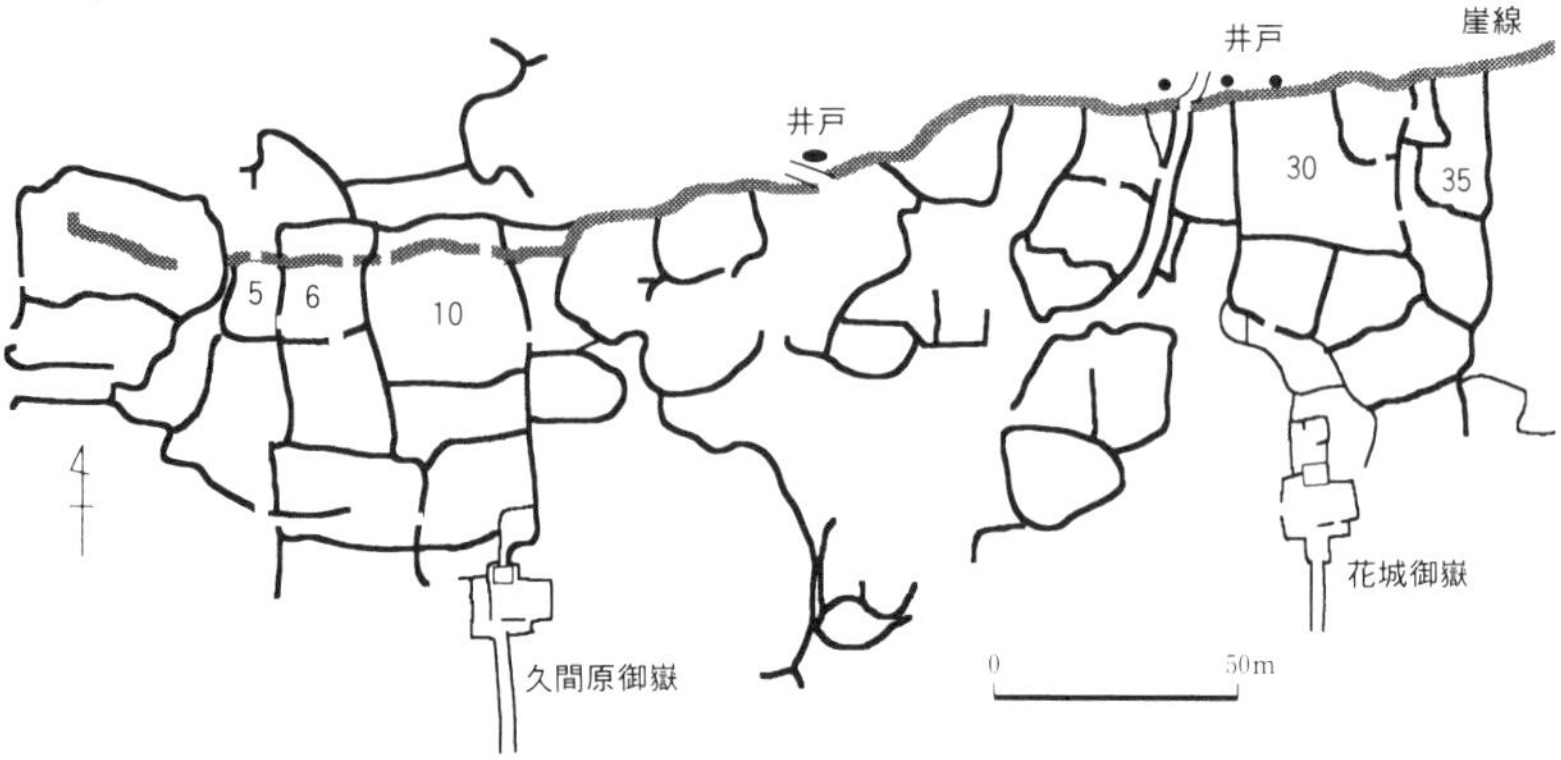

竹富島・ハナスク遺跡(『図説・日本の中世遺跡』東京大学出版会、2001 年所収)
海岸の崖線に沿って石垣が築かれ、屋敷地を石垣で囲い込んだ集落遺跡。30 メートル四方の 10・30 の屋敷を中心に中・小型の屋敷を付属させた約 50 × 60 メートルの方形ブロック、その周囲の屋敷群よりなる同心円状の構造が東西ふたつ隣接する。後世に中心屋敷の一部を聖域とした村立て英雄伝説をもつ御嶽が祀られる。

る感じです。

高橋　そうすると、沖縄本島と奄美ではタイプは違うけれども、有力者の居城のようなものができると？

池田　奄美のグスクは有力者の居城とは思えません。有力者の居城的な例の北限は沖永良部の後蘭孫八グスクですが、それより北でグスクと呼んでいるところは、辺留《べる》グスク（奄美大島）や湊《にゃと》グスク（同）などあっても、丘の上にちょっとした建物を作るとか、丘陵の先端部分に堀切を入れたりする程度です。

高橋　区画施設はないのですか？

池田　区画は段差で作り分けています。構造としては本土の中世山城に近い。

高橋　そのグスクに人は住まない？

池田　正殿がほとんどないので、逃げ城的だと思うのです。

小野　沖縄本島でも基壇付きの正殿があって、前面に御庭《うなー》があって石垣でもって何重かに囲まれているのは、十四世紀からの権力を握った人たちが作ったレアなもので、特殊なグスクです。それ以外に同じ時期にあっても正殿をもたないグスクはたくさんある。沖縄本島には石垣が目立つ大規模なグスクが集中しているという権力のあり方を反映した地域性の問題があるけど、それらも空間構造や施設によって階層化がいくつかできる。
　そうした沖縄本島の例と、奄美や先島を直接比べる必然性はなくて、奄美や先島でグスクとは言っても、沖縄本島とはぜんぜん違うスタイルがあるのだから、別の論理だと思ったほうがいい。グスクの中でも内容的に階層性があって、有力者がいる場所もあれば、集落全体が防御的になっている場所もあるというように、地域と時期によって多様性があることを前提にして考えるべきです。

池田　沖縄本島では、集落が囲いを持ってグスクになるというより、集落と密接な関わりをもった背後の丘の上にグスクができると思うのです。本島の丘の上の遺跡をみると、集落とグスクは別です。小野さんが言われたように、その地域の有力者が住まうグスクに成長するタイプと、全く成長しないタイプがある。
　十三世紀後半から十四世紀初頭に、最初は柵列をもったグスクができて、次第に構造化していくプロセスを踏むと思うので、社会的緊張が高まったとき、沖縄本島では集落の近くで防御的な機能を持つ高台を選び、逃げ城的なグスクを作るのでしょう。おそらく最初は、小さなテラスが一つ二つしかない、本土でいう

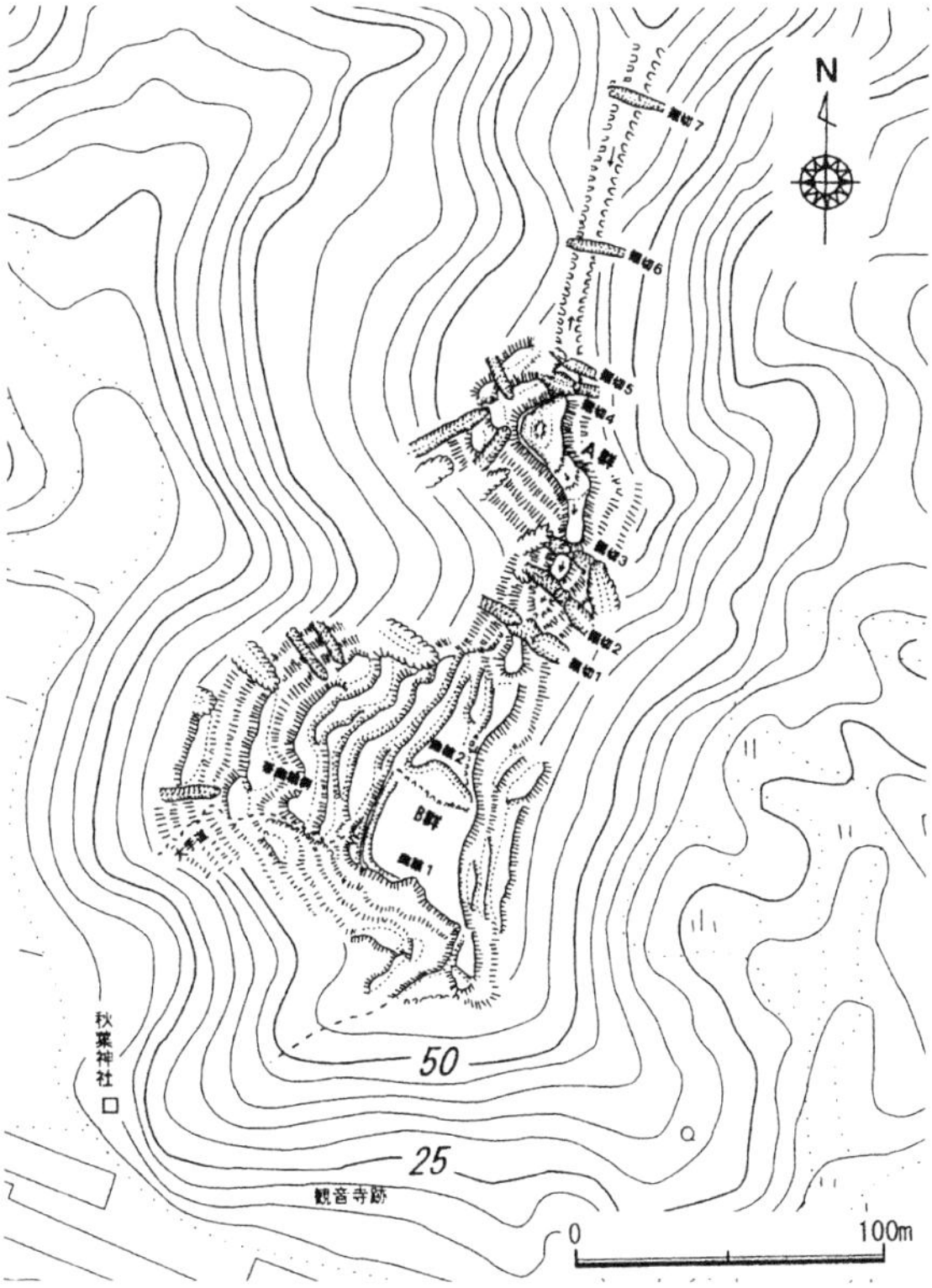

奄美大島・赤城名城跡縄張図
（奄美市教育委員会『赤城名城』2009 年）

「村の城」くらいですが、その中から次第に周辺の利権を獲得していった勢力によって大きなグスクが作られる。構造化したグスクは十四世紀中頃にはできるから、村レベルで作られるタイプと、地域の有力者が住むグスクに分岐していくと思います。本島中南部のグスク群は集落に一つずつグスクがある感じで、居住性のない本土の逃げ城的な中世山城と同じです。

小野　同じです。それに加えるならば、正殿や御庭を持って政庁的な儀式空間の機能を果たしているのか、権力の主体者としての性格はどうなのかと考えた方がいい。全てのグスクが石垣を持っているはずだとか、正殿を持たないからグスクではないといった議論ではなく、同じ時期にいろいろなランクやスタイルがあるとみたほうがいい。

高橋　グスクと水場との関係はどうですか？

池田　居住性のあるグスクに井戸はありますが、小さなグスクの場合、たとえば石一個をグスクと言ったりもしますから、井戸のないグスクは多いのです。でも構造化したグスクは、ある程度の居住空間をもつから、水場が必要になります。佐敷《さしき》グスク（南城市）は象徴的ですが、真ん中に平場を作り、正殿の空間があって井戸は持ちますけど、その中に常時住んでいるとは思えないタイプです。正殿の空間が異常に発達するわけでもなく、そうした構造をもつグスクが集落の近くに作られるのです。

今帰仁グスクにも周辺に集落があり、勝連も浦添もグスクのまわりに集落があります。グスクだけが独立して存在するのではなく、空間の中で集落とセットになっていることは考えないといけない。正殿をもたない場合、集落の近くにあって、逃げ込むような場所に作る感じのグスクが多い気がします。

――グスクは祭祀の場ではないのですか？

池田　グスクでお祭りすることはあるので、祭祀の場にもなるのです。沖縄では御嶽《うたき》という聖域があって、その背後をグスクと呼んだり、御嶽を取り込んでグスクと言ったりしています。稲福《いなふく》グスク（南城市）がそうです。

■社会的緊張と石垣囲い

池田　グスクが石垣で囲われるのは、それほど古くはならないと思うのです。

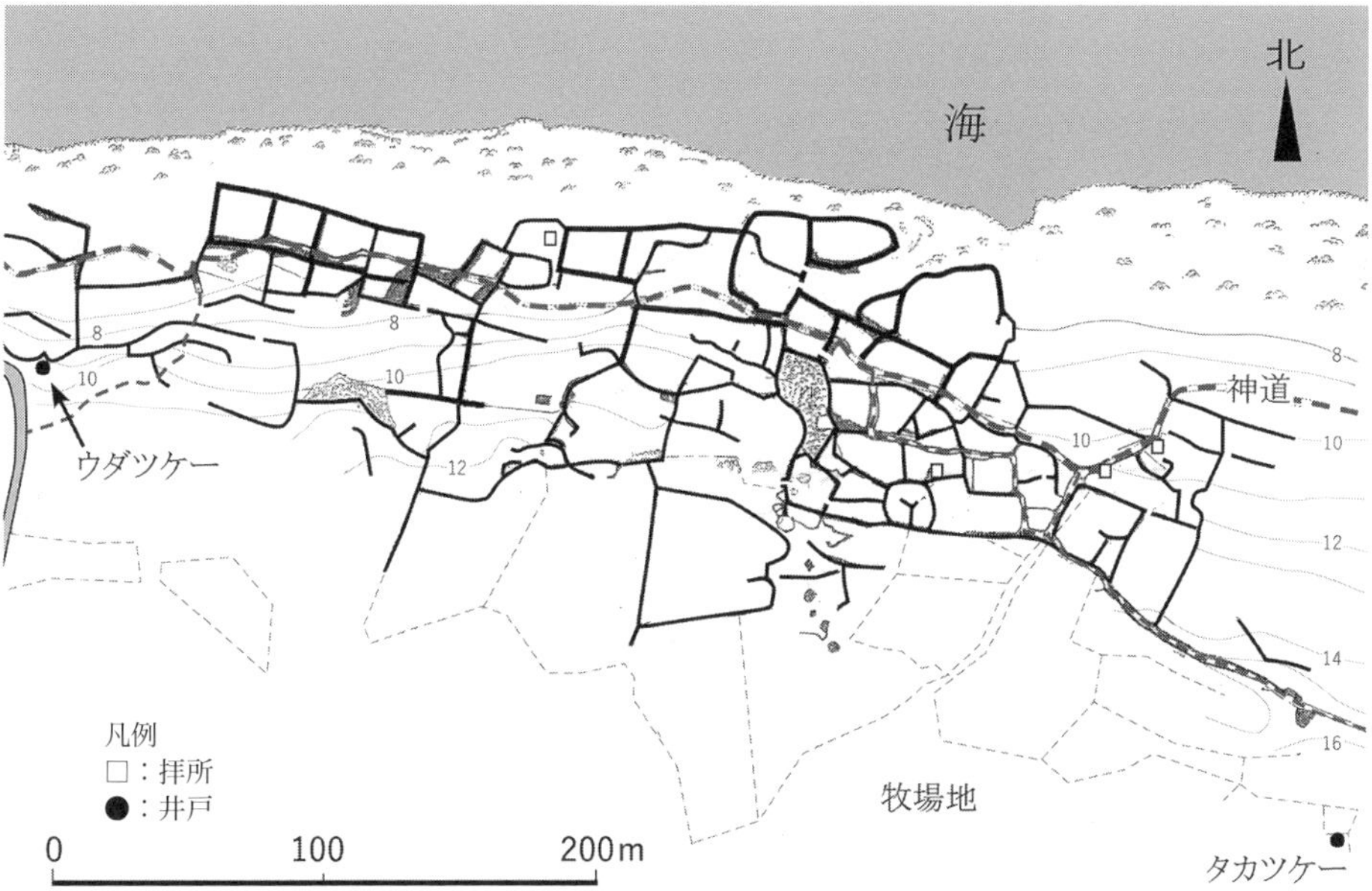

波照間島・マシュク遺跡模式図（国立歴史民俗博物館測量図1994年より小野正敏作成）

小野　古くないというのは、いつ頃のこと？

池田　吹出原型掘立柱建物のある集落には石垣や柵列はないから、十三世紀後半以降。

小野　山本正昭さんたちが問題にしている沖縄の防御性集落は、単に集落を指すのではなく、日本で言えば中世的な館があってまわりに民家が集まっているイメージだと思うのです。勝連や今帰仁のように大きなグスクの場合、グスク部分とそのまわりに別の形で階層性をもって集落の空間が付いてくると、山本さんは言っています。

沖縄本島の場合はそういう言い方になりますが、先島では、本島的なグスク部分だけを切り離している例はないから、集落イコールその地域の領主層の屋敷とともに、その下にいる人たちの屋敷も付いていて、それをひっくるめて防御性を持っているという言い方になるのです。集落を囲んでいる防御的な石垣は、先島のほうが時期的に早くて、沖縄本島では、基本的に集落は囲わず、按司の屋敷部分しか囲わない。集落には区画もなければ防御の施設もない。

波照間島にあるマシュク遺跡などの集落は、十三世紀後半くらいに石垣で囲いますが、中の区画こそ方格ではない

マシュク遺跡の石垣(撮影：小野正敏)

けれども、屋敷ごとを囲っているし、さらに集落全体を防御的に囲っている。一方、囲わない集落もあるわけです。本島でいう領主がいる集落と、領主がいない集落の差になるのかも知れないけど、現在、石垣がないのは、結果としてないのであって、もしかしたら当時はあったかもしれない。

もう一つ重要なことは、石垣島のフルストバル遺跡やビロースク遺跡には二時期あって、石垣を持たない時期が下層にあります。石垣を持たない時期は、建物が東西南北を軸にして建っているのですが、石垣で囲まれると、地形にあわせて石垣を作るので、石垣に規制された建物の向きに変わるのです。出土する陶磁器からすれば、石垣で集落を囲う時期は十三世紀後半です。今帰仁グスクでも石垣がなかった時期まで考えれば、石垣ができるのは十三世紀後半よりも、もう少し後ろになる可能性がある。今帰仁で見つかった柵列が防御的であるかどうか、わからないでしょ。

池田　柵列を作るのは社会的な緊張がない限りやらないと思うのですが、今帰仁は一部しか掘っていないので何とも言えませんね。今帰仁が石垣に変わるのは十四世紀に入ってからでよいと思うのです。
小野　そのあたりです。ただ、集落を囲う発想は沖縄本島にないので、先島とは明らかに違う。先島は集落と領主館が一体になったところが多いね。
――先島にも領主がいるのですか？
小野　領主という言い方はよくないかもね。村長さんくらいかな。
高橋　要するに仕切り役ですね。
――沖縄の言葉でいえばウフヤ（大屋）。
小野　村の開発領主として語られる村立てのムトゥヤ（元屋）のなかで、一番のトップがウフヤだね。
――先島の集落は何から身を護るのでしょう？
小野　外からやってくる敵から集落を護るのだと思います。先島の集落遺跡にある石垣はかなり崩れているけど、残っているところでは高さが三㍍くらいあって、海側に向けた崖の上に積んでいる石垣が、最も高くなっています。外に向けての仕かけでしょう。
池田　防御と言ったとき、何に対する防御かです。地域の有力者は権益を守るために他の地域と軋轢が起きて、軍事拠点化せざるを得ないことはあるけど、集落同士の問題だけでなく、十三世紀後半～十四世紀初頭であれば交易物資の争奪戦といったことはあるのかもしれません。

■交易利権と階層分化～港とグスク～

――争奪しあうのではなくて、分かち合うという発想はない？

小野　この時代の分配は、権益や権力を維持するための仕組みですから、心地よく分け合うわけではないね。先島の集落では、ヒエラルキーがはっきりしていて、中心になる屋敷は方形で大きいし、そこから出土する遺物はそれなりに威信財的なものがあります。それに比べて周囲にある屋敷は区画も小さくて形も不整形です。

　沖縄本島の大型グスクと周辺の集落が持つ階層性とよく似たそのミニ版が、先島の集落で生まれていると見てよいと思います。小さい集落だけれども、階層性をもつから、当然、軋轢もあるでしょうし、社会集団ごとのリーダー同士が衝突することもあるでしょう。

　とくに十四世紀以降、石垣囲いが顕著になっていくのは、社会的に大きな変化があったのだと思います。先島の集落遺跡は十五世紀末まで残っていて、一五〇〇年に琉球王府が先島に侵攻してからこうした集落が一気に消えるのです。それ以前にも本島側との小競り合いみたいなものはあったはずだし、かなり驚異は伝わっていたと思います。

池田　先島の集落が石垣で囲われるのは十三世紀後半で、沖縄本島のグスクで石垣が築かれるのは十四世紀初頭以降ですから、ほぼ同じタイミングで起こっています。ただ沖縄本島の場合、島自体が大きいので、そこにうごめく社会集団が多数あって、その中で階層分化が進み、構造化した大規模グスクが登場するのだと思うのです。先島では三つ四つの集落単位での秩序をめぐる争いで終わるけど、沖縄本島では権益の奪い合いが先鋭化するのではないかな。

小野　十四世紀以降になると、中国との関係や経済権益をめぐって、争いが起こるわけです。面白いのは沖縄本島の場合、有力者のところだけが防御施設をもつけれど、先島では空間を分けないで集落全体が防御する仕組みになることです。池田さんの話につけ加えれば、大型化していく本島のグスクは港とセットになっているね。

池田　そうです。交易の利権がグスクの成立に大きな影響を与えていると思うので、港とのセットが必要になるのです。たとえば今帰仁には今泊港があり、浦添は牧港があり、勝連も南風原《はえばる》港がある。中グスクは新しい十五世紀中頃ですが、下に港がある。座喜味も長浜港があるし、第一尚氏が出てくる佐敷グスクには馬天《まてん》港がある。大里グスクも下の馬天港から上がっていける場所に立地している。基本的に港を見下ろす丘の上に大型化したグスクは作られています。

――交易利権をめぐって階層分化が起きると？

池田　そうだと思います。ただ階層分化といっても、今帰仁グスクの主郭の裏側にある志《シ》慶《ゲ》真《マ》門《ジョウ》郭《カク》では、三《メートル》四方の掘立柱建物が三棟ほどあるのですが、建物構造は集落の建物とそれほど変わらない。二郭・三郭にも掘立柱建物はありますが、本土の中世城郭でいうところの居宅のようなものはなくて、ポツン・ポツンとある。これをみると、グスクに住んでいるからといって、豪勢な建物があるのではなく、グスクに住む人と集落の人との生活レベルは、極端な階層差を示すようなものではないようです。社会的なステータスとしては、グスクに住む人と外にいる人に違いはあっても、文化レベルとしてはそれほど変わらない。今帰仁の場合、正殿は四間×五間の礎石建物ですが、祭祀の場所・儀礼の場所として存在しても、正殿以外は掘立柱建物しかないので、グスクの内と外で見事なくらいに階層差を示すような状況はないのです。ただ出土する遺物には違いがある。

今帰仁で宮城弘樹さんが研究しているのは、グスクの中に住んでいる人、石垣の外に住んでいる人、さらに海岸部の集落に住んでいる人たちがいて、グスク内と海岸部の集落では貿易陶磁器の保有率に大きな差がある。これを階層性で考えると同時に、一定地域の中の社会集団のありようを考えたいと言っています。けれど、それがどの時点でどのようにできあがるのかが難しい。

―― グスクに住む有力者の世代交代は、どうなるのですか?

池田　グスクが作られる以前の段階では、集落の有力者は交代でしょうね。おそらく一番有力な意見を述べる信頼の厚い人物が選ばれて集落の有力者になっていく。でもグスクができあがる十三世紀後半から十四世紀初頭以降になると、有力者が自分の権限を確立し始めて、世襲化が起こるのではないですか。

高橋　特定の「家」の者が代々継いでいくようになると。

小野　沖縄の伝承には開発領主の系譜を引いたムトゥヤ(元屋)があると語られているね。

池田　各地のグスクには天孫氏王統の神話や按司の伝承があって、グスクがある程度完成していく頃に何らかの系譜関係で説明できる話ができあがってくるのだと思うのです。

―― 日本の中世社会とあまり変わらない?

小野　非常に近いと思うけど、少し時代がずれるかな。

池田　中世日本の「家」的な要素はもっと後だと思うけど、有力者の権限が特定のムトゥヤに引き継がれるという社会の仕組みは、十三世紀後半には芽生えているのではないですか。

小野　その違いを集落レベルでいえば、先島の防御的な集落と沖縄本島の純粋な集落との違いですね。空間のヒエラルキーやモノの持ち方が違っていて、それが伝承になって英雄伝説として語られていく。生命を維持する井戸もみんな英雄伝説がつきます。本島では集落はただの集落で誰も上にはいない。上にいるのはグスクの中にいる人で、それが一体となっている先島とは違うわけです。しかも、先島の集落遺跡は存続時間が結構長くて、琉球王府が攻めてくるまで使われているのです。

村木　集落のヒエラルキーを解体する意味で集落が終焉するわけですね。遺跡が廃絶するのは、地元の論理で作られた地域社会が解体されてしまうわけですから。

小野　先島の集落遺跡は、村木さんがいうように、それまで使っていた集落の場所を琉球王府が全く別のところに移らせて、ヒエラルキーが見えていた集落構造を解体して代官所だけが付く形の集落に変わるのです。そこまでして潰すは、そこに権力があったということです。王府流のものに変えないと旧権力のイメージが尾を引くだろうという思いがあるのではないですか。

■十三世紀後半~十四世紀初頭の画期

――　十三世紀後半~十四世紀初頭は、先島の集落が防御的になったり、グスクが構造化したりと大きな画期ですね。

村木　モノの流れが十三世紀後半になると明らかに変わりますね。

池田　その要因は東アジア全体の動向が絡んでいて、僕は南宋滅亡と元朝の建国、蒙古襲来、日本の鎌倉幕府の滅亡と南北朝内乱が背景にあると思っています。日宋貿易の拠点は、日本は博多で中国の窓口は寧波です。日本に向かう中国商人は寧波で出国手続きを済ませてから出航するのですが、蒙古襲来の後、鎌倉幕府は中国船の出入国に対してはかなり厳しく管理し始めます。取締は厳しいけど、交易そのものはやめないのですが、南宋が滅亡する一二七〇年代あたりから、福建・広東の商人たちは寧波で手続きせず、私貿易で宮古・八重山の先島にダイレクトに入り始めるようです。福建産の粗製白磁・ビロースクタイプが先島で出土することが考古的な物証の一つです。

村木　文献史学の方は何を求めて中国商人は先島に来るのだと言いますけど、人が住んでいるところは経済のフロンティアでもあるから、とくに対価を気にすることはないと思っています。文字記録にはありませんけど、与那国・石垣・宮古の島々に福建産の陶磁器が分布する現象は動きま

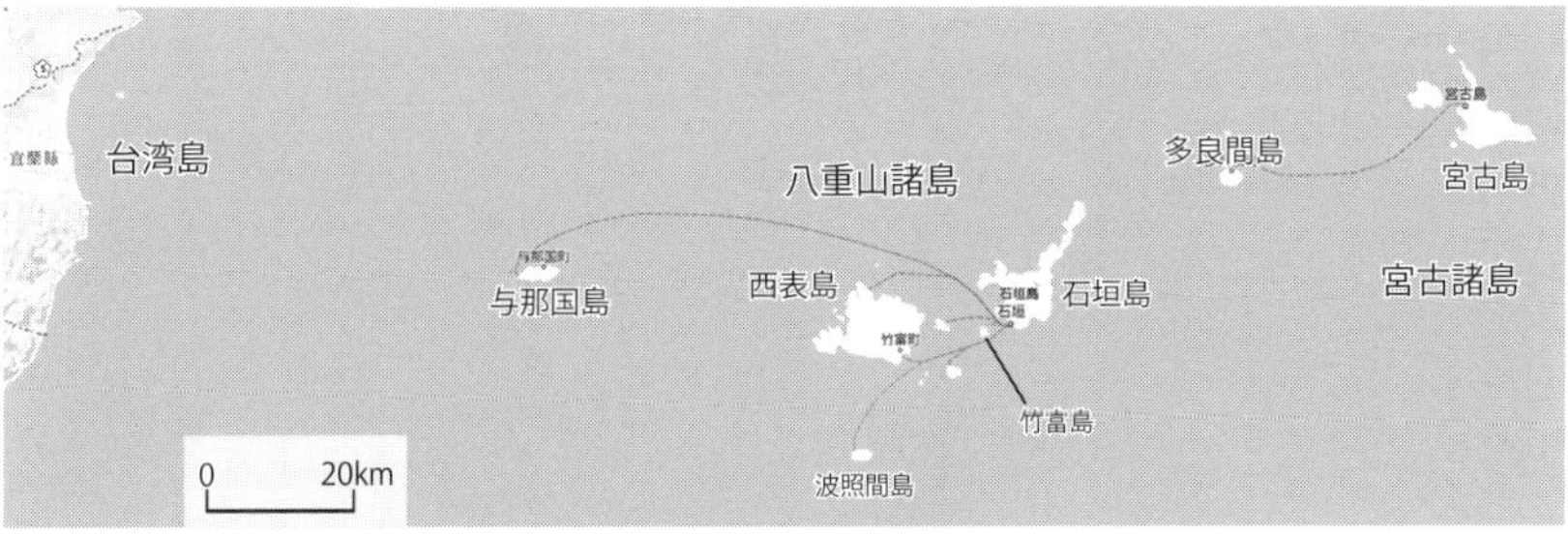

宮古・八重山諸島の主な島嶼（細線は現在の航路）

◀粗製白磁（今帰仁タイプ）
（新石垣空港予定地内遺跡出土）

せん。

池田　亀井明徳さんもすでに指摘していることですが、十一〜十二世紀までの日本と琉球との交易ルートは北から南への流れだったのに、十四世紀になると南から北にあがっていくルートに変わります。十三世紀後半になると福建・広東の海商たちが先島に入り始め、十四世紀前半には沖縄本島の今帰仁にまで到達します。ビロースクタイプが今帰仁グスクで出土するのです。この南ルートが活発に利用されるのは十四世紀中頃だと思うのです。

村木　中国船は与那国・石垣・宮古の島々にたまたま漂着したのではなく、先島をめざして恒常的にやってくるのだと思います。しかも沖縄本島を目的に立ち寄っているわけではない。先島にしか出土しない陶磁器がありますから、先島向けの品物があるのです。

池田　先島の販路に活路を見出した中国商人がいる。

村木　与那国経由で入る先島には中国の商人を呼び寄せるものがあるのです。もちろん海商が島々をめぐらなくてもよくて、島々が持っている鎖のネットワークを使ってもよいのです。後の時代の八重山のオヤケアカハチのように、島のネットワークを仕切っている人物がいて、海商が話を通すのではないですか。

池田　「おう、よう来たの、われ」みたいな世界だなあ。

4　三山時代から琉球王府まで

▩交易ルートの転換と利権の争奪

――北のルートは同時に機能しているのですか？

（以下、池田氏の単独インタビュー）

池田　博多を経由する北ルートは十三世紀後半〜十四世紀前半に絶えてくる感じです。一二七九年にモンゴルが南宋を滅ぼすと、博多の宋商人たちは故国を失うし、鎌倉幕府のチェックも厳しくなるし、南宋の支配地域だった福建省や広東省あたりは、モンゴルの締め付けが入ります。モンゴルの外交は海禁ではないので日元貿易は続きますが、日本や朝鮮半島と交易していた福建あたりの海商たちは、これまでのように自由に日本の産物を動かせなくなったと思うのです。

北海道大学の橋本雄さんは、十四世紀に倭寇が暗躍することも含めて、寧波あたりが胡乱な状況になって、その時点で琉球弧と福建をつなぐ南ルートがメインに昇格していくのだと言います。中国と日本の事情もあって既存の交易路が使われなくなり、琉球ルートが登場するのです。

十四世紀初めから中頃は、東アジア海域全体が混沌としてきますが、一三三三年に鎌倉幕府が滅び、日本は南北朝内乱期になります。日本本土が内乱状態になると、とくに九州は南朝方と北朝方の争いが激しいから、北ルートが大きくゆらめき始め、琉球に関わっていた本土の人たちの秩序も怪しくなってくるはずです。

このとき宮古・八重山で活動していた福建あたりの中国商人は、北の交易ルートのゆらめきを把握しながら、南からあがってきて、交易路を再編成していくのだと思うのです。十四世紀初頭には今帰仁まで南ルートの交易エリアに入るので、南ルートに関わった人々は日本の情報や物品を調達するため、中国向けの交易システムをコントロールしようとし始めたのではないでしょうか。そうすると、北ルートで活動していた琉球側の交易者と、南からあがってくる中国側の交易者の間で、物資調達のシステムに対する軋轢が起きるのだと思います。

―― この時代の中国海商の経営はわかるのですか？

池田　記録が残っていないのでよくわからないのですが、中国の歴史書『宋史』『元史』『明史』などには「倭寇（海賊）」記事が比較的残っています。海商が政府の公認のもとに交易すれば商人ですが、非合法の密貿易をしながら略奪などの暴力行為に及ぶと、倭寇とみなされて記録されるのです。中国の海上貿易は基本的に船ごとの民間経営者が国家の認可（公憑）を得て担うものなので、実態としては海商も倭寇も変わらないのでしょう。明時代の王直《おうちょく》などは典型かもしれません。

―― 海商の船は構造船ですか？

池田　そうでしょう。沖縄県では船体が出土する遺跡がみつかっていないので確かなことはわかりませんが、竜骨と隔壁を備えた船で、マストに帆をはって航行する帆船でしょう（木村報告参照）。

宋商人が博多に居留地を持っていたように、福建あたりの海商も琉球の寄港地近くに交易拠点が必要だったはずです。しかも彼らは国家管理の枠外にある密貿易ですし、武装もしているでしょう。彼らは交易品をプレゼントしに来るわけではなく、琉球や日本の物資を入手しようとしているので、それ以前から琉球の港に拠点を持っていた琉球側の交易者は、自らの利権を守るために防衛せざるを得なくなります。あるいは中国海商の誘いに乗った琉球側の交易者もいるでしょう。その施設として構造化したグスクが港の見える丘の上に作られたと思うのです。もし仮に石積みの技術や石垣で囲い込む防御施設の発想が中国的だとすれば、構造化したグスクの成立背景に中国の影響は考えておく必要があるかもしれません。

北ルートがまだ機能しているときには、琉球弧の各地域に分配と物流のルールが決まっていて、北からのオーダーにあわせて調達していくので、内部で利権を争う必要はないのだと思うのです。しかし、十三世紀後半〜十四世紀前半に北ルートがゆらぎ始めると、政治的な権限と経済的な利権をもつ交易者集団が武装化し、十四世紀中頃には中国からの働きかけが強くなって、交易利権をめぐる争奪戦が起こり、軍事的・政治的に成長したグスクができあがるのではないかと思います。

――構造化したグスクを作るのは交易に携わる人たちなのですか？

池田　遺跡の立地からしてもそうだと思います。そもそも琉球側の交易者は、外から来た人たちで、十二世紀代に琉球に移住してきた大和系の人たちが土着化しているのだと考えています。古代末・中世初期の日本の社会組織や文化レベルなどを身に着けた人たちが、ポツン、ポツンと丘の上に住み着いて、イノー漁で暮らす地元住民と必要な品物を交換しながら、地元の人とも婚姻関係を結びつつ、ハイブリッドな人間が琉球に育って交易に従事していたのだとイメージしています。十二世紀代が第一世代なら、大規模グスクが登場するまでの間に、三〇〇年は経ちますから、完全に土着化しています。

大和系の遺物が出ないので考古学では難しいのですが、形質人類学の成果をみると、十三世紀の人骨が沖縄で出土すれば、本土系の形質的な特徴をもち、遺伝子レベルの分析でも本土系の要素を持つとされています。医学的な見地からも本土系の人間がたくさん琉球に来ているのは指摘されているので、琉球と本土との往来は断続的に続いていたと思うのです。

彼らは航海が得意な交易者として、琉球弧内の島々に結ばれたネットワークを使い、本土との交易をしていたのだと思うのですが、その中で中国からの働きかけに乗って、対外交易を積極的に推し進めることに成功したのが後の中山《ちゅうざん》・山北《さんぽく》・山南《さんなん》の勢力になるのでしょう。

■三山時代から琉球王府へ

――三山の勢力は中国と結託したのですか？

池田　中国商人が琉球の交易者を中心とした政治勢力と手を結びながら、中国向けの交易システムに変えていくのだと思うのです。明朝は一三六八年に成立しますが、東アジア海域では倭寇が跋扈していた時代になります。明朝は常に倭寇問題に苦慮していますが、琉球列島も倭寇の拠点の一つだろうと言われるように、明朝としては倭寇対策を含めて、琉球にさまざまな利権を与える形で懐柔したのだと思うのです。

明朝は一三六九年、日本に冊封を要求するため楊載《ようさい》を派遣します。彼は九州の大宰府を抑えていた南朝方の懐良《かねよし》親王のもとに行きますが、帰国の際には琉球経由のルートを使っているといわれています。楊載は日本で情報を集め、琉球にそれなりの政治組織があることを摑んだのでしょう。翌年、二度目に日本国王の任命書を持って日本に行ったら、懐良親王は北朝方に敗れて大宰府にいなかったので、楊載は琉球の中山にやってくるのです。

一三七二年に中山察度の弟が中国に行き朝貢貿易を開始します。その後、一三八〇年に山南、一三八三年に山北が朝貢を始めます。三山が統合されるのは一四二九年頃ですが、その間に中山王察度が三〇回以上朝貢し、山北が一五回、山南が三五回ずつ朝貢していると思います。中国に行けばモノがもらえて、琉球内で分配するのではなく、日本などに持って行って売りさばく。あるいは売りさばきに行かなくても、日本側から買いに来る商人がいるかもしれません。よそに出かけて行って売りさばけば儲かる、という発想も中国的です。

三山が成立したのは、あくまで中国が目をつけたことによる話で、琉球側が積極的に中国に働きかけたわけではないと思います。中国の誘いに乗ったのが中山であり、山北であり、山南であり、あるいはその前身になる社会集団だったのです。中山は浦添、山北は今帰仁に比定されていて、山南は二説あって大里グスク(南城市)か南山グスク(糸満市)と考えられていますが、中山・山北・山南は中国との交易ができればいいわけです。

これに対して、中国の立場からすれば、交易システムを持ってコンタクトが取れ、なおかつタイアップできる勢力を選んだと思うのです。琉球内には中国とタイアップできる候補はもっとたくさんあったはずで、石垣をもっているようなグスクの中には中国から目をつけられる可能性をもったグスクが他にもあったかもしれません。場合によっては八重山でもよかったのかもしれない。

中国明朝が認めたから琉球国になるのです。琉球内部から成長した権力ではありませんから、交易利権を強く意識して、一つの国家に統合してゆくのは、言わば中国の入れ知恵だと思います。明朝は海禁政策をとって朝貢貿易しか認めませんから、中国との関係を築くための体制や儀礼、政治組織などは、中国側がサゼッションしているのだと思うのです。

交易主体は中国側にあって、政治主体は島の地元にありますが、経済的なイニシアチブは交易主体の中国側がとります。一四〇六年に第一尚氏が立ち上がり、一四一六年に中山が山北を滅ぼすのも交易利権の争いがあったのでしょう。一四一一年に第一尚氏の国相に懐機《かいき》が就きますが、彼は中国人で交易利権を一手にまとめたほうが経済的な利潤が高いことはわかっていたはずです。

しかも三山統一の一四二九年頃は、日明貿易が絶えていた時代です。中国にも日本の物資を求めるオーダーはあるのに、日本との貿易ができなければ、琉球経由で日本の物資を調達せざるを得なくなる。それに加えて明朝の方針転換で琉球の朝貢自体は右肩下がりで回数も減ってくるから、一つのパイを三山で分けるより、一本化したほうが効率は良い。交易窓口を分散させるより、一本化したほうがよいという動きも、中国側のサゼッションだったのかもしれません。

十五世紀段階になれば、中国も琉球を優遇する意味がなくなってきますから、交易利権のパイは縮む一方です。縮んだパイを奪い合い、最終的には独占しようとする思考が働くのだと思います。その延長線上に奄美を攻めたり（一四四七年）、喜界島を攻めたり（一四六六年）もするのです。

第二尚氏の成立や尚真《しょうしん》王が登場する十五世紀後半には、貿易自体が落ち込んでいます。そのときに沖縄島以外の奄美や宮古・八重山諸島へ支配領域を広げようとし始めるのです。第一尚氏の終わり頃に領域支配をめざす動きが始まり、第二尚氏の段階には琉球弧全域を一つの政治組織にまとめていこうとします。交易がうまくいかなくなる時に利権の統合化が進むのかもしれません。一五〇〇年の八重山侵攻もその一環でしょう。琉球王府が中央集権の領域国家をめざしていくのです。

琉球国の役人組織は「ヒキ」といい、船の乗組員の組織がそのまま使われているといいます。中国と交易をするための船の乗組員の組織が国家組織の一翼を担うのです。朝貢貿易の際の船頭は中国人で、使者になるのも中国人です。沖縄船の中で働く人たちは福建・広東の人たちが多くて、沖縄のヒキの組織のベースになるのは、中国からやってくる人です。当然、その中に琉球の人々も組織化されていくのだと思うのです。

―― 三山時代や第一尚氏期の統治システムはわかるのですか？

池田　一定領域の中での支配システムはあると思うけど、内実がさっぱりわからないのです。新里恵二さんは『沖縄史を考える』（勁草書房、一九七〇年）の中で、薩摩藩が来るまで琉球弧には検地がなかったと指摘していますから、土地からの収取は考えていなかったようです。薩摩藩は八重山に人頭税を課しますが、民衆を働かせて税を取る体制は薩摩藩が入ってからで、それ以前の段階は人に対する支配のありようはとても緩やかな気がします。

　交易型の国家は、内部の生産力が低いからこそ交易で利益を得るのでしょうから、内部での生産をあまり期待していないのでしょう。食料は食べる分だけ作ればいいし、何かあったときの労働力として地元の人を使役するレベルだったのかもしれません。

―― 朝貢貿易で稼ぐようになれば、島の人たちの生活は向上するのですか？

池田　朝貢貿易が始まったからといって、島の人たちの暮らしがよくなることはないと思います。南の島では、きつい労働をしないと食料が手に入らないわけではないので、生きていける最低限の食料を獲得できる状況であれば、必要以上に働かないと思うのです。狩猟・漁労と雑穀栽培で暮らしているのに、外からいきなり人がやってきて、「働け！」なんて言われながら沖縄の社会が変わっていくのかなと僕は考えているのです。

■島の生活環境と外的インパクト

池田　これまでの沖縄の歴史研究は、琉球列島の中で政治権力がどのように成長していくのかという内的発展段階論でストーリーを作ってきました。でも、内的な発展だけでなく、外からの働きかけと島内部がうまく結びつく形で社会が変わっていくとみたほうが考えやすいのです。常に何らかのきっかけは外からの働きかけがあり、それが琉球弧に土着化していくというプロセスを踏んでいくと考えざるを得ないと思います。

―― 外からやってくる人たちによって社会の変化が起きると？

池田　琉球弧の島々ではイノーでの漁もできるし、雑穀だって稲作ほどに手間暇かけなくても育ちますし、夜中に外で寝ていても凍死することはありません。生きるための糧を確保しないと死んでしまうような環境の中にいる人たちは働かざるを得ないし、備蓄して死なないように努力するけど、さしあたって死なないとなると、備蓄の必要もあまりない。島の中には交易に従事する集団がいる一方で、農耕や交易に頼らない生活を続けている島々も琉球弧にはいくらでもあったと考えられます。全ての島の人たちが交易に携わるわけではないのです。

本土では農耕や鉄は、権力や階層分化を生み出すエネルギー源と評価されますが、琉球で階層分化が起きるのは、そのような社会を知った人々が外からやってこない限り、島の中からは育たないと思うのです。人類学や民俗学の成果では、沖縄の民俗社会は基本的に年齢階梯やオナリ神信仰などヨコの人間関係をとても大切にすると言われています。そこにタテ社会の規範を身にまとった日本や中国の人たちが琉球に土着化・内在化することで、父系的な一族意識や「家」の世襲化、祖先祭祀などもブレンドされて、社会の構造変化や階層分化が起こるのでしょう。

歴史を研究するときに、地域の環境と人間の生存システムは念頭に置いておかないといけないのかもしれません。本土の中世の世界と琉球の世界はパラレルな関係にはなくて、同じように物事を考えて行動する人がいたわけではないと思うのです。

島の中で資源を奪い合うといっても、もともと資源が乏しいのですから、「この海は俺のものだ」ということはないと思うのです。農耕が始まれば、自分のところより他所の土地のほうがよさそうだからという理由で奪い合うこともあるかもしれませんが、たとえば十四世紀代に済州島民が漂着した記録が残る波照間島の場合、キビやヒエを作るだけの記録が残されており、島の中で独自に階層分化が進み、社会が組織化されて権力が生まれてくるという姿はみえにくい。これに対して十三世紀後半には福建あたりから先島に中国船が入ることを考えれば、モノの分配と交易利権をめぐって島の中に防御的な集落が登場してくると考えた方が良いのではないでしょうか。

外からのインパクトを考えたほうがわかりやすいことが、琉球弧の歴史にはたくさんあると思うのです。

執筆者一覧

高橋慎一朗（たかはし しんいちろう）　一九六四年生れ、東京大学史料編纂所教授。［主な著書］『武家の古都、鎌倉』（山川出版社）、『中世都市の力―京・鎌倉と寺社―』（高志書院）、『日本中世の権力と寺院』（吉川弘文館）

池田榮史（いけだ よしふみ）　一九五五年生れ、琉球大学国際地域創造学部教授。［主な著書］『海底に眠る蒙古襲来―水中考古学の挑戦―』（吉川弘文館）、『ぶらりあるき沖縄・奄美の博物館』（共著・芙蓉書房出版）、『古代中世の境界領域―キカイガシマの世界―』（編著・高志書院）

瀬戸哲也（せと てつや）　一九七六年生れ、沖縄県立埋蔵文化財センター主任専門員。［主な論文］「琉球王国の中継貿易と貿易陶磁」（『考古学ジャーナル』七二二号）、「沖縄本島におけるグスク時代の階層化」（『考古学研究』第65巻第3号）、「琉球から見る中世後期の流通」（『考古学と室町・戦国期の流通　瀬戸内海とアジアを結ぶ道』高志書院）

黒嶋　敏（くろしま さとる）　一九七二年生れ、東京大学史料編纂所画像史料解析センター准教授。［主な著書］『中世の権力と列島』（高志書院）、『海の武士団　水軍と海賊のあいだ』（講談社）、『琉球王国と戦国大名　島津侵入までの半世紀』（吉川弘文館）

木村　淳（きむら じゅん）　一九七九年生れ、東海大学海洋学部海洋文明学科講師。［主な著書］『海洋考古学入門：方法と実践』（共編・東海大学出版部）、『Archaeology of East Asian Shipbuilding』（University Press of Florida）

中世学研究 2
琉球の中世

2019 年 7 月 10 日第 1 刷発行

編　者　中世学研究会
発行者　濱　久年
発行所　高志書院

〒101-0051 東京都千代田区神田神保町 2-28-201
TEL03 (5275) 5591　FAX03 (5275) 5592
振替口座　00140-5-170436
http://www.koshi-s.jp

印刷・製本／亜細亜印刷株式会社

ISBN978-4-86215-196-4

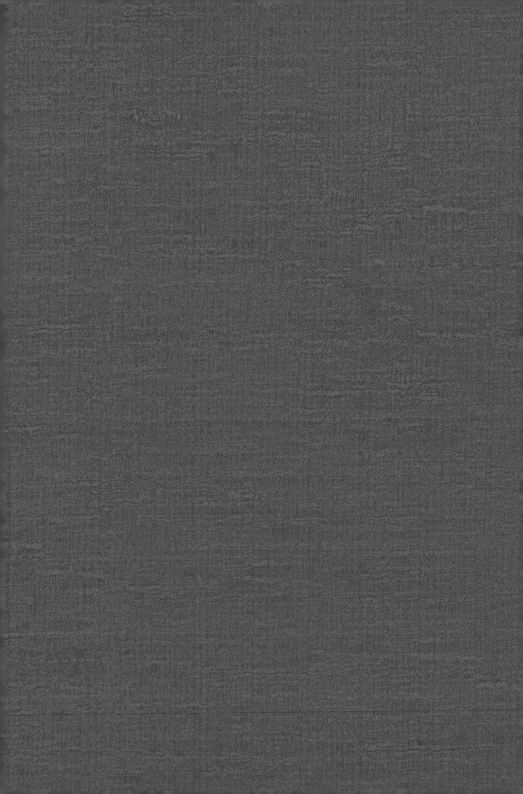